興味の尽きることのない漢字学習

漢字文化圏の人々だけではなく、
世界中に日本語研究をしている人が数多くいます。
漢字かなまじり文は、独特の形を持ちながら
伝統ある日本文化を支え、
伝達と文化発展の基礎となってきました。
その根幹は漢字。
一字一字を調べていくと、
その奥深さに心打たれ、興味がわいてきます。
漢字は、生涯かけての
勉強の相手となるのではないでしょうか。

「漢検」級別 主な出題内容

10級 …対象漢字数 80字
漢字の読み／漢字の書取／筆順・画数

9級 …対象漢字数 240字
漢字の読み／漢字の書取／筆順・画数

8級 …対象漢字数 440字
漢字の読み／漢字の書取／部首・部首名／筆順・画数／送り仮名／対義語／同じ漢字の読み

7級 …対象漢字数 642字
漢字の読み／漢字の書取／部首・部首名／筆順・画数／送り仮名／対義語／同音異字／三字熟語

6級 …対象漢字数 835字
漢字の読み／漢字の書取／部首・部首名／筆順・画数／送り仮名／対義語・類義語／同音・同訓異字／三字熟語／熟語の構成

5級 …対象漢字数 1026字
漢字の読み／漢字の書取／部首・部首名／筆順・画数／送り仮名／対義語・類義語／同音・同訓異字／誤字訂正／四字熟語／熟語の構成

4級 …対象漢字数 1339字
漢字の読み／漢字の書取／部首・部首名／送り仮名／対義語・類義語／同音・同訓異字／誤字訂正／四字熟語／熟語の構成

3級 …対象漢字数 1623字
漢字の読み／漢字の書取／部首・部首名／送り仮名／対義語・類義語／同音・同訓異字／誤字訂正／四字熟語／熟語の構成

準2級 …対象漢字数 1951字
漢字の読み／漢字の書取／部首・部首名／送り仮名／対義語・類義語／同音・同訓異字／誤字訂正／四字熟語／熟語の構成

2級 …対象漢字数 2136字
漢字の読み／漢字の書取／部首・部首名／送り仮名／対義語・類義語／同音・同訓異字／誤字訂正／四字熟語／熟語の構成

準1級 …対象漢字数 約3000字
漢字の読み／漢字の書取／故事・諺／対義語・類義語／同音・同訓異字／誤字訂正／四字熟語

1級 …対象漢字数 約6000字
漢字の読み／漢字の書取／故事・諺／対義語・類義語／同音・同訓異字／誤字訂正／四字熟語

※ここに示したのは出題分野の一例です。毎回すべての分野から出題されるとは限りません。また、このほかの分野から出題されることもあります。

日本漢字能力検定採点基準 最終改定：平成25年4月1日

❶ 採点の対象
筆画を正しく、明確に書かれた字を採点の対象とし、くずした字や、乱雑に書かれた字は採点の対象外とする。

❷ 字種・字体
① 2～10級の解答は、内閣告示「常用漢字表」（平成二十二年）による。ただし、旧字体での解答は正答とは認めない。
② 1級および準1級の解答は、『漢検要覧 1／準1級対応』（公益財団法人日本漢字能力検定協会発行）に示す「標準字体」「許容字体」「旧字体一覧表」による。

❸ 読み
① 2～10級の解答は、内閣告示「常用漢字表」（平成二十二年）による。
② 1級および準1級の解答には、①の規定は適用しない。

❹ 仮名遣い
仮名遣いは、内閣告示「現代仮名遣い」による。

❺ 送り仮名
送り仮名は、内閣告示「送り仮名の付け方」による。

❻ 部首
部首は、『漢検要覧 2～10級対応』（公益財団法人日本漢字能力検定協会発行）収録の「部首一覧表と部首別の常用漢字」による。

❼ 筆順
筆順の原則は、文部省編『筆順指導の手びき』（昭和三十三年）による。常用漢字一字一字の筆順は、『漢検要覧 2～10級対応』収録の「常用漢字の筆順一覧」による。

❽ 合格基準

級	満点	合格
1級／準1級／2級	二〇〇点	八〇％程度
準2級／3級／4級／5級／6級／7級	二〇〇点	七〇％程度
8級／9級／10級	一五〇点	八〇％程度

※部首、筆順は『漢検 漢字学習ステップ』など公益財団法人日本漢字能力検定協会発行図書でも参照できます。

日本漢字能力検定審査基準

10級

程度　小学校第1学年の学習漢字を理解し、文や文章の中で使える。

領域・内容

《読むことと書くこと》　小学校学年別漢字配当表の第1学年の学習漢字を読み、書くことができる。

《筆順》　点画の長短、接し方や交わり方、筆順および総画数を理解している。

9級

程度　小学校第2学年までの学習漢字を理解し、文や文章の中で使える。

領域・内容

《読むことと書くこと》　小学校学年別漢字配当表の第2学年までの学習漢字を読み、書くことができる。

《筆順》　点画の長短、接し方や交わり方、筆順および総画数を理解している。

8級

程度　小学校第3学年までの学習漢字を理解し、文や文章の中で使える。

領域・内容

《読むことと書くこと》　小学校学年別漢字配当表の第3学年までの学習漢字を読み、書くことができる。

- 音読みと訓読みとを理解していること
- 送り仮名に注意して正しく書けること（食べる、楽しい、後ろ　など）
- 対義語の大体を理解していること（勝つ―負ける、重い―軽い　など）
- 同音異字を理解していること（反対、体育、期待、太陽　など）

《筆順》　筆順、総画数を正しく理解している。

《部首》　主な部首を理解している。

7級

程度　小学校第4学年までの学習漢字を理解し、文章の中で正しく使える。

領域・内容

《読むことと書くこと》　小学校学年別漢字配当表の第4学年までの学習漢字を読み、書くことができる。

- 音読みと訓読みとを正しく理解していること
- 送り仮名に注意して正しく書けること（等しい、短い、流れる　など）
- 熟語の構成を知っていること
- 対義語の大体を理解していること（入学―卒業、成功―失敗　など）
- 同音異字を理解していること（健康、高校、公共、外交　など）

《筆順》　筆順、総画数を正しく理解している。

《部首》　部首を理解している。

6級

程度　小学校第5学年までの学習漢字を理解し、文章の中で漢字が果たしている役割を知り、正しく使える。

領域・内容

《読むことと書くこと》　小学校学年別漢字配当表の第5学年までの学習漢字を読み、書くことができる。

- 音読みと訓読みとを正しく理解していること
- 送り仮名や仮名遣いに注意して正しく書けること（求める、失う　など）
- 熟語の構成を知っていること（上下、絵画、大木、読書、不明　など）
- 対義語、類義語の大体を理解していること（禁止―許可、平等―均等　など）
- 同音・同訓異字を正しく理解していること

《筆順》　筆順、総画数を正しく理解している。

《部首》　部首を理解している。

5級

程度　小学校第6学年までの学習漢字を理解し、文章の中で漢字が果たしている役割に対する知識を身に付け、漢字を文章の中で適切に使える。

領域・内容

《読むことと書くこと》　小学校学年別漢字配当表の第6学年までの学習漢字を読み、書くことができる。

- 音読みと訓読みとを正しく理解していること
- 送り仮名や仮名遣いに注意して正しく書けること
- 熟語の構成を知っていること
- 対義語、類義語を正しく理解していること
- 同音・同訓異字を正しく理解していること

《四字熟語》　四字熟語を正しく理解している（有名無実、郷土芸能　など）。

《筆順》　筆順、総画数を正しく理解している。

《部首》　部首を理解し、識別できる。

4級

程度　常用漢字のうち約1300字を理解し、文章の中で適切に使える。

領域・内容

《読むことと書くこと》　小学校学年別漢字配当表のすべての漢字と、その他の常用漢字約300字の読み書きを習得し、文章の中で適切に使える。

- 音読みと訓読みとを正しく理解していること
- 送り仮名や仮名遣いに注意して正しく書けること
- 熟語の構成を正しく理解していること
- 熟字訓、当て字を理解していること（小豆／あずき、土産／みやげ　など）
- 対義語、類義語、同音・同訓異字を正しく理解していること

《四字熟語》　四字熟語を理解している。

《部首》　部首を識別し、漢字の構成と意味を理解している。

3級

程度　常用漢字のうち約1600字を理解し、文章の中で適切に使える。

領域・内容

《読むことと書くこと》　小学校学年別漢字配当表のすべての漢字と、その他の常用漢字約600字の読み書きを習得し、文章の中で適切に使える。

- 音読みと訓読みとを正しく理解していること
- 送り仮名や仮名遣いに注意して正しく書けること
- 熟語の構成を正しく理解していること
- 熟字訓、当て字を理解していること（乙女／おとめ、風邪／かぜ　など）
- 対義語、類義語、同音・同訓異字を正しく理解していること

《四字熟語》　四字熟語を理解している。

《部首》　部首を識別し、漢字の構成と意味を理解している。

※常用漢字とは、平成22年（2010年）11月30日付内閣告示による「常用漢字表」に示された2136字をいう。

準2級

程度　常用漢字のうち1951字を理解し、文章の中で適切に使える。

領域・内容

《読むことと書くこと》　1951字の漢字の読み書きを習得し、文章の中で適切に使える。

- 音読みと訓読みとを正しく理解していること
- 送り仮名や仮名遣いに注意して正しく書けること
- 熟語の構成を正しく理解していること
- 熟字訓、当て字を理解していること（硫黄／いおう、相撲／すもう　など）
- 対義語、類義語、同音・同訓異字を正しく理解していること

《四字熟語》　典拠のある四字熟語を理解している（驚天動地、孤立無援　など）。

《部首》　部首を識別し、漢字の構成と意味を理解している。

※　1951字とは、昭和56年（1981年）10月1日付内閣告示による旧「常用漢字表」の1945字から「勺」「錘」「銑」「脹」「匁」の5字を除いたものに、現行の「常用漢字表」のうち、「茨」「媛」「岡」「熊」「埼」「鹿」「栃」「奈」「梨」「阪」「阜」の11字を加えたものを指す。

2級

程度　すべての常用漢字を理解し、文章の中で適切に使える。

領域・内容

《読むことと書くこと》　すべての常用漢字の読み書きに習熟し、文章の中で適切に使える。

- 音読みと訓読みとを正しく理解していること
- 送り仮名や仮名遣いに注意して正しく書けること
- 熟語の構成を正しく理解していること
- 熟字訓、当て字を理解していること（海女／あま、玄人／くろうと　など）
- 対義語、類義語、同音・同訓異字などを正しく理解していること

《四字熟語》　典拠のある四字熟語を理解している（鶏口牛後、呉越同舟　など）。

《部首》　部首を識別し、漢字の構成と意味を理解している。

準1級

程度　常用漢字を含めて、約3000字の漢字の音・訓を理解し、文章の中で適切に使える。

領域・内容

《読むことと書くこと》　常用漢字の音・訓を含めて、約3000字の漢字の読み書きに慣れ、文章の中で適切に使える。

- 熟字訓、当て字を理解していること
- 対義語、類義語、同音・同訓異字などを理解していること
- 国字を理解していること（峠、凧、畠　など）
- 複数の漢字表記について理解していること（國―国、交叉―交差　など）

《四字熟語・故事・諺》　典拠のある四字熟語、故事成語・諺を正しく理解している。

《古典的文章》　古典的文章の中での漢字・漢語を理解している。

※　約3000字の漢字は、JIS第一水準を目安とする。

1級

程度　常用漢字を含めて、約6000字の漢字の音・訓を理解し、文章の中で適切に使える。

領域・内容

《読むことと書くこと》　常用漢字の音・訓を含めて、約6000字の漢字の読み書きに慣れ、文章の中で適切に使える。

- 熟字訓、当て字を理解していること
- 対義語、類義語、同音・同訓異字などを理解していること
- 国字を理解していること（怺える、毟る　など）
- 地名・国名などの漢字表記（当て字の一種）を知っていること
- 複数の漢字表記について理解していること（鹽―塩、颱風―台風　など）

《四字熟語・故事・諺》　典拠のある四字熟語、故事成語・諺を正しく理解している。

《古典的文章》　古典的文章の中での漢字・漢語を理解している。

※　約6000字の漢字は、JIS第一・第二水準を目安とする。

※常用漢字とは、平成22年（2010年）11月30日付内閣告示による「常用漢字表」に示された2136字をいう。

個人受検を申し込まれる皆さまへ

協会ホームページのご案内

検定に関する最新の情報（申込方法やお支払い方法など）は、公益財団法人　日本漢字能力検定協会ホームページ https://www.kanken.or.jp/ をご確認ください。
なお、下記の二次元コードから、ホームページへ簡単にアクセスできます。

受検規約について

受検を申し込まれる皆さまは、「日本漢字能力検定 受検規約（漢検PBT）」の適用があることを同意のうえ、検定の申し込みをしてください。受検規約は協会のホームページでご確認いただけます。

1 受検級を決める

受検資格　制限はありません

実施級　1、準1、2、準2、3、4、5、6、7、8、9、10級

検定会場　全国主要都市約170か所に設置
（実施地区は検定の回ごとに決定）

検定時間　ホームページにてご確認ください。

2 検定に申し込む

インターネットにてお申し込みください。

注意

①家族・友人と同じ会場での受検を希望する方は、検定料のお支払い完了後、申込締切日の2営業日後までに協会（お問い合わせフォーム）までお知らせください。

②障がいがあるなど、身体的・精神的な理由により、受検上の配慮を希望される方は、申込締切日までに協会（お問い合わせフォーム）までご相談ください（申込締切日以降のお申し出には対応できかねます）。

③申込締切日以降は、受検級・受検地を含む内容変更および取り消し・返金は、いかなる場合もできません。また、次回以降の振り替え、団体受検や漢検CBTへの変更もできません。

団体受検の申し込み

自分の学校や企業などの団体で志願者が一定以上集まると、団体単位で受検の申し込みができる「団体受検」という制度もあります。団体受検申込を扱っているかどうかは先生や人事関係の担当者に確認してください。

3 受検票が届く

受検票は検定日の約1週間前から順次お届けします。

注意

①1、準1、2、準2級の方は、後日届く受検票に顔写真（タテ4㎝×ヨコ3㎝、6か月以内に撮影、上半身無帽、正面）を貼り付け、会場に当日持参してください。（当日回収・返却不可）

②3級～10級の方は顔写真は不要です。

4 検定日当日

持ち物　受検票、鉛筆（HB、B、2Bの鉛筆またはシャープペンシル）、消しゴム

※ボールペン、万年筆などの使用は認められません。ルーペ持ち込み可。

注意

①会場への車での来場（送迎を含む）は、交通渋滞の原因や近隣の迷惑になりますので固くお断りします。

②検定開始時刻の15分前を目安に受検教室までお越しください。答案用紙の記入方法などを説明します。

③携帯電話やゲーム、電子辞書などは、電源を切り、かばんにしまってから入場してください。

④検定中は受検票を机の上に置いてください。

⑤答案用紙には、あらかじめ名前や生年月日などが印字されています。

⑥検定日の約5日後に漢検ホームページにて標準解答を公開します。

5 合否の通知

検定日の約40日後に、受検者全員に「検定結果通知」を郵送します。合格者には「合格証書」・「合格証明書」を同封します。欠席者には検定問題と標準解答をお送りします。受検票は検定結果が届くまで大切に保管してください。

進学・就職に有利！　合格者全員に合格証明書発行

大学・短大の推薦入試の提出書類に、また就職の際の履歴書に添付してあなたの漢字能力をアピールしてください。合格者全員に、合格証書と共に合格証明書を2枚、無償でお届けいたします。

合格証明書が追加で必要な場合は有償で再発行できます。

申請方法はホームページにてご確認ください。

お問い合わせ窓口

電話番号　フリーコール **0120-509-315**（無料）
（海外からはご利用いただけません。
ホームページよりメールでお問い合わせください。）

お問い合わせ時間　月～金　9時00分～17時00分
（祝日・お盆・年末年始を除く）
※公開会場検定日とその前日の土曜は開設
※検定日は9時00分～18時00分

メールフォーム　https://www.kanken.or.jp/kanken/contact/

「漢検」受検の際の注意点

【字の書き方】

問題の答えは楷書で大きくはっきり書きなさい。乱雑な字や続け字、また、行書体や草書体のようにくずした字は採点の対象とはしません。

特に漢字の書き取り問題では、答えの文字は教科書体をもとにして、はねるところ、とめるところなどもはっきり書きましょう。また、画数に注意して、一画一画を正しく、明確に書きなさい。

《例》

○熱　×熱

○言　×言

○糸　×糸

【字種・字体について】

(1)日本漢字能力検定2～10級においては、「常用漢字表」に示された字種で書きなさい。つまり、表外漢字（常用漢字表にない漢字）を用いると、正答とは認められません。

《例》

○交差点　×交叉点　（「叉」が表外漢字）

○寂しい　×淋しい　（「淋」が表外漢字）

(2)日本漢字能力検定2～10級においては、「常用漢字表」に示された字体で書きなさい。なお、「常用漢字表」に参考として示されている康熙《こうき》字典体など、旧字体と呼ばれているものを用いると、正答とは認められません。

《例》

○真　×眞

○飲　×飮

○弱　×弱

○渉　×涉

○迫　×迫

(3)一部例外として、平成22年告示「常用漢字表」で追加された字種で、許容字体として認められているものや、その筆写文字と印刷文字との差が習慣の相違に基づくとみなせるものは正答と認めます。

《例》

餌 → 餌　と書いても可

遜 → 遜　と書いても可

葛 → 葛　と書いても可

溺 → 溺　と書いても可

箸 → 箸　と書いても可

注意

(3)において、どの漢字が当てはまるかなど、一字一字については、当協会発行図書（2級対応のもの）掲載の漢字表で確認してください。

漢検

漢検 分野別問題集

改訂三版

2級

漢検 公益財団法人 日本漢字能力検定協会

もくじ

本書の特長と使い方

本書は、「日本漢字能力検定」の2級合格を目指した問題集です。読み、部首、熟語の理解、対義語・類義語、四字熟語、送りがな、同音・同訓異字、書き取りの分野で構成しており、学習をスムーズに進められるように工夫されています。また練習問題は、「ウォーミングアップ」→「練習1」→「練習2」と基礎的なものから順にレベルアップしていきますので、無理なく学習に取り組むことができます。

1 まずは、要点整理 漢検おもしろゼミ

各分野の問題に取り組む前に、ぜひ知っておいてほしい基礎知識を解説しています。

❶ 漢字のまめ知識なども取りあげていますので、読書感覚で読むことができます。

❷ わかりにくい項目などは、表やイラストで解説しています。

2 練習前の肩ならし ウォーミングアップ

基礎力をチェックしましょう。

❶ **チェック欄**
できなかった問題、間違えた問題、自信のない問題はここにチェックして、復習に役立てましょう。

❷ **ミニコラム（ONE Point）**
問題を解く上でのテクニック・注意点・ポイントなどを述べています。

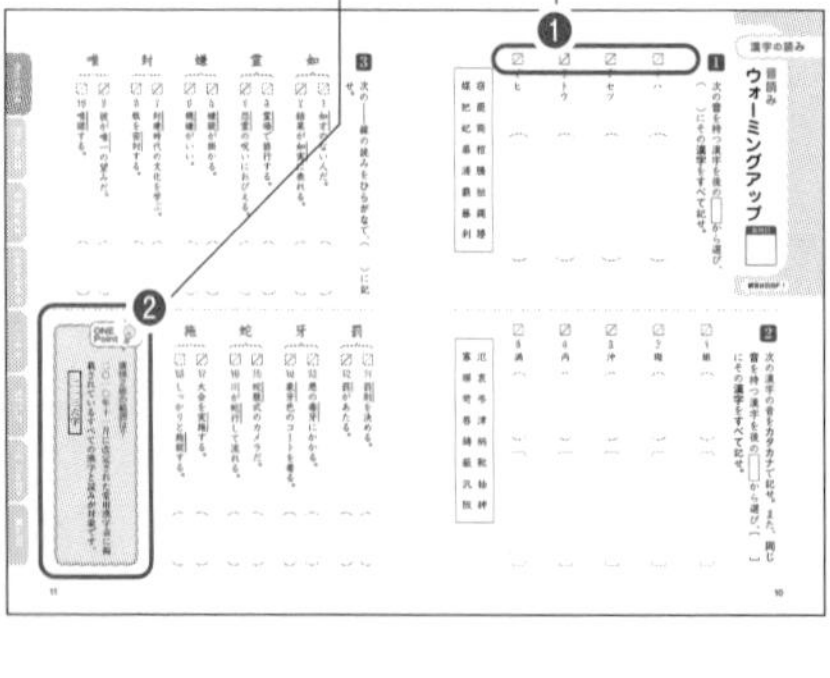

3 いろいろな練習問題に挑戦 練習1・練習2

練習1→練習2と学習を進めることで、検定に必要な漢字能力を正しく確実に身につけましょう。

❶実施日記入欄
❷解答の手助けとなる「ヒント」や「意味」を掲載しているので、漢字の成り立ちや意味などをきちんと理解した上で、問題を解くことができます。
❸間違えやすい問題や難易度の高い問題にはアイコンをつけています。アイコンのついた問題を解くことができれば、自信を持ってよいでしょう。

練習1

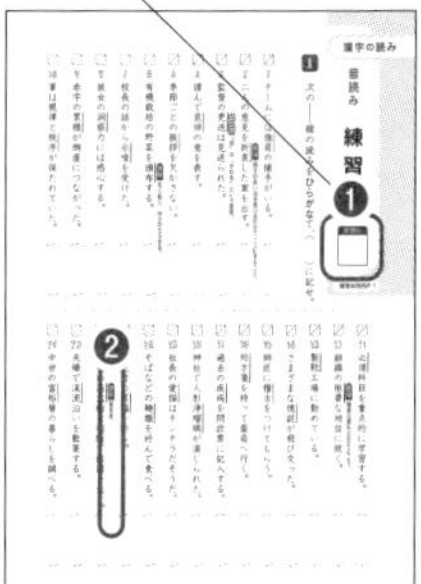

練習2

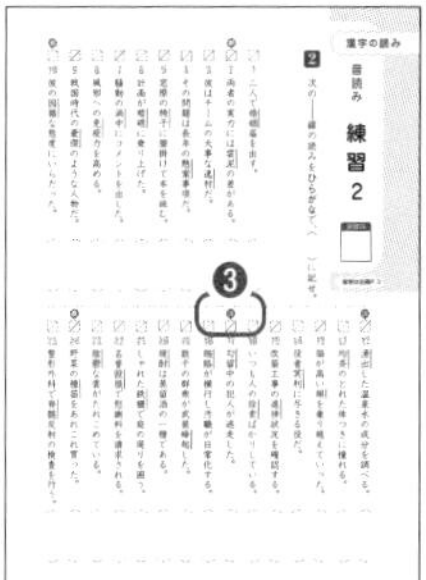

この本で使っているアイコン

ヒント　解答の手助けとなるヒントを示しています。
意味　難しい言葉の意味を解説しています。
注　間違えやすい問題です。
難　難易度の高い問題です。

4 バッチリ力をつけよう　実力完成問題

全分野の練習を終えたら、審査基準に則した出題形式の実力完成問題にチャレンジしましょう。自己採点して、苦手分野は再度復習しましょう。

5 検定直前ポイント整理　巻末資料

配当漢字の一覧や四字熟語など、確認しておきたい資料や、各種漢字表をまとめました。日々の学習や検定直前の見直しに活用しましょう。

漢検 おもしろゼミ 01

漢字の音と訓

歴史が詰まった漢字の「読み」

「菊」の読みは訓読み？　音読み？

菊を採る東籬《とうり》の下《もと》　悠然として南山を見る（陶淵明《とうえんめい》）
心あてに折らばや折らむ《ん》初霜のおきまどは《わ》せる白菊の花（凡河内躬恒《おおしこうちのみつね》）

古来、中国でも日本でも「菊」は人々にたいへん愛されてきました。冒頭に挙げた漢詩は中国の詩人・陶潜《とうせん》（字《あざな》は淵明）の「飲酒」という詩の一節。また、和歌は『百人一首』にも採られて愛唱されています。

ところで、漢字には訓読みと音読みがあります。漢字は中国から伝わった文字ですから、基本的には、全ての漢字に「音《おん》」があります。これに対して、漢字の意味に合わせて和語（日本語）を当てはめた読み方が訓読みです。

では、タイトルに掲げたように「菊」の読みは訓読みでしょうか、音読みでしょうか。ふつう訓読みは平仮名、音読みは片仮名で書かれますが、「常用漢字表」には「キク」と片仮名で書かれています。ですから「菊」は音読みということになります。中国で「キク」と発音されていた「菊」という文字が日本に

■漢字の「音」
日本に伝来した当時の中国での発音をまねた読み方。

■漢字の「訓」
漢字そのものが持つ意味と、和語（漢字が伝わる以前から使っていた日本の言葉）を結びつけた読み方。

■呉音・漢音・唐音
一つの字に呉音・漢音・唐音がある場合も。

脚気《かっけ》	脚本《きゃくほん》	脚立《きゃたつ》
呉音…奈良時代以前の五～六世紀。長江（揚子江）下流一帯（呉の地方）から伝えられた南方系の音。	漢音…奈良時代～平安時代の七～八世紀。隋《ずい》・唐の時代。遣唐使や、留学僧・留学生などによって伝えられた北方系の音。	唐音…鎌倉時代～江戸時代。宋《そう》・元《げん》・明《みん》・清《しん》の時代。禅宗の僧や貿易商人などによって伝えられた音。

入ってきたとき、「キク」という読みでそのまま日本語に定着したことから、「キク」は音読みというわけです。

そのほか「絵《エ》」「肉《ニク》」「茶《チャ》」なども音読みですが、逆に音読みと勘違いしそうな「蚊《か》」「貝《かい》」「江《え》」などの訓読みの漢字、あるいは「生」のように、音読みが二つに対して、訓読みが十通りもある漢字もあります（7ページ下段参照）。決してひとくくりにはできない多彩な漢字の世界を、存分に満喫してください。

それでは、現在の日本での読み方が定着するに至った漢字の歴史を、ひもといてみましょう。

漢字の音は大別して三つ

中国から伝わった漢字を、中国での発音をまねて読んだのが「音読み」です。その発音は、漢字が日本に伝来した時代や、中国のどの地域から伝わったのかによって異なり、**呉音《ごおん》・漢音《かんおん》・唐音《とうおん》**の三つに大別されています。例えば、「生」でいえば、「ショウ」が呉音、「セイ」が漢音となります。

ほかにも、日本で生じた**慣用音**というものもあります。

[呉音]…仏教用語が中心

日本が奈良時代以前の五～六世紀に、長江（揚子江）下流一帯（呉の地方）から伝えられた、南方系の音は「呉音」といわれています。当時の中国は南北朝時代で、非常に仏教が盛んでした。特に南朝の梁《りょう》の武帝《ぶてい》は熱心な仏教信者として知られ、首都・建康《けんこう》（今の南京《なんきん》）に五百に余る仏寺を建立したといわれるほどでした。そのありさまを、後に杜牧《とぼく》（唐代の詩人）はその詩「江南《こうなん》の春」で次のように歌っています。

仏教用語に残る呉音の例

回向《えこう》…死者のために仏事を営み、霊を慰めること。

開眼《かいげん》…新しく作った仏像や仏画に目を描いて、仏の魂を迎え入れること。

功徳《くどく》…善行に対する神仏のよい報い。ご利益。

化身《けしん》…人々を救うために、姿を変えてこの世に現れた仏。

解脱《げだつ》…迷いや悩みから解放されて、悟りの境地に達すること。

還俗《げんぞく》…一度出家した者が、再び俗人に戻ること。

衆生《しゅじょう》…命あるすべてのもの。特に人間のこと。

殺生《せっしょう》…生き物を殺すこと。また、むごいこと。ひどく残酷なこと。

日常語に見られる「呉音」と「漢音」

漢字	呉音	漢音
有	有無《うむ》	有益《ゆうえき》
会	会釈《えしゃく》	会社《かいしゃ》
遠	久遠《くおん》	永遠《えいえん》
仮	仮病《けびょう》	仮説《かせつ》
虚	虚空《こくう》	虚無《きょむ》
極	極上《ごくじょう》	極地《きょくち》
期	最期《さいご》	期間《きかん》

漢字	呉音	漢音
寂	静寂《せいじゃく》	寂然《せきぜん》
精	精進《しょうじん》	精神《せいしん》
相	真相《しんそう》	首相《しゅしょう》
厳	荘厳《そうごん》	厳格《げんかく》
食	断食《だんじき》	粗食《そしょく》
柔	柔和《にゅうわ》	柔道《じゅうどう》
煩	煩悩《ぼんのう》	煩雑《はんざつ》

千里《せんり》鶯《うぐいす》啼《な》いて緑紅《みどりくれない》に映《えい》ず　水村山郭酒旗《すいそんさんかくしゅき》の風《かぜ》
南朝四百八十寺《なんちょうしひゃくはっしんじ》　多少《たしょう》の楼台煙雨《ろうだいえんう》の中《うち》

このような背景があり、現在の日本で使用される呉音の語は仏教用語に多く残っています。また、日常語には「会釈・気配・強引」などがあります（「配」「引」は漢音も同じ）。

［漢音］…最も多い漢字音

七〜八世紀の隋《ずい》から唐の時代にかけて、洛陽《らくよう》（今の河南《かなん》省の都市）や長《ちょう》安《あん》（今の西安《せいあん》）から日本の遣唐使や留学僧・留学生などによって伝えられた、北方系の音が「漢音」です。漢音は、日本で平安時代に漢字の標準音として学者たちの間で重用され、呉音よりも広く一般的に使われるようになりました。現在、日本で使用される漢字の音の中で最も多いのが漢音といわれています。

漢音の語としては「会見・極力・直接」などがあります。（「見」は呉音も同じ。「接」は慣用音）

［唐音］…道具の名前などに残る

鎌倉時代には留学僧や貿易商人によって、江戸時代には来日した禅僧などによって漢字は伝えられました。これらの漢字音は「唐音」と呼ばれますが、必ずしも唐代だけの音という意味ではありません。唐以後の宋《そう》・元《げん》・明《みん》・清《しん》などの音も含まれ「唐宋音《とうそうおん》」ということもあります。

■道具などの名に多い「唐音」

行火《あんか》　行灯《あんどん》　杏子《あんず》　銀杏《ぎんなん》
和尚《おしょう》　布団《ふとん》　提灯《ちょうちん》　風鈴《ふうりん》
花瓶《かびん》　椅子《いす》　暖簾《のれん》

■呉音・漢音・唐音の読み分け

漢字	呉音	漢音	唐音
清	清浄《しょうじょう》	清潔《せいけつ》	清朝《しんちょう》
行	行列《ぎょうれつ》	行動《こうどう》	行宮《あんぐう》
経	経文《きょうもん》	経書《けいしょ》	看経《かんきん》
外	外科《げか》	外国《がいこく》	外郎《ういろう》
京	東京《とうきょう》	京師《けいし》	南京《なんきん》
明	明年《みょうねん》	明月《めいげつ》	明朝《みんちょう》

■主な慣用音

愛想《あいそ》　音頭《おんど》　合戦《かっせん》　激流《げきりゅう》
懸念《けねん》　攻撃《こうげき》　格子《こうし》　早速《さっそく》
煮沸《しゃふつ》　情緒《じょうちょ》　消耗《しょうもう》　信仰《しんこう》
出納《すいとう》　憎悪《ぞうお》　反物《たんもの》　茶会《ちゃかい》
弟子《でし》　南無《なむ》　納戸《なんど》　女房《にょうぼう》
法度《はっと》　拍子《ひょうし》　由緒《ゆいしょ》　輸入《ゆにゅう》

その内容は極めて雑多で、日常語における使用範囲も狭く、今日では一部の道具の名前などに残る程度に過ぎません。唐音の語としては「外《うい》郎《ろう》・饅頭《まんじゅう》・椅子《いす》」などがあります（「郎《ろう》」「椅《い》」は呉音・漢音、「饅《まん》」は呉音）。

【慣用音】…使い慣らされて広く通用

呉音・漢音・唐音のいずれでもなく、日本で広く使われて一般的になった音を「慣用音」といいます。

冒頭で「音読みである」と説明した「茶《チャ》」も、実は慣用音です。日本に伝来した当初「茶」の読みは「茶飯事」などと使われる唐音「サ」のみでしたが、「茶の湯」「番茶」などの「チャ」の読みも生まれました。

「耗」も同様で、もともと音は「コウ」（呉音・漢音）でしたが、旁《つくり》の「毛」の音に引かれて「モウ」とも発音されるようになり、「消耗」「損耗」などは「ショウモウ」「ソンモウ」と読まれるようになりました。ただし、「心神耗弱」は、今も「シンシンコウジャク」と読まれています。

訓読みは漢字の翻訳

漢字が日本に伝えられたとき、漢字は音読みしかありませんでした。しかし、漢字が表す内容と同じ意味の日本の言葉（和語）が、すでに多く存在していました。そこで、音読みしかなかった漢字には、字そのものが持つ意味と和語を結びつけた読み方が開発されました。

このように、漢字が持つ意味に近い日本語を当てはめて誕生したのが訓読みです。例えば、「亀」という漢字は伝来した頃の読みは「キ」のみでしたが、意味は日本語の「かめ」なのだから「亀」という字は「かめ」とも読もう、というように訓読みは作られてきました。

注意したい多くの訓を持つ漢字

	音	訓
生	セイ・ショウ	い-きる・い-かす・い-ける・う-まれる・う-む・お-う・は-える・は-やす・き・なま
上	ジョウ・ショウ	うえ・うわ・かみ・あ-げる・あ-がる・のぼ-る・のぼ-せる・のぼ-す
明	メイ・ミョウ	あ-かり・あか-るい・あか-るむ・あか-らむ・あき-らか・あ-ける・あ-く・あ-くる・あ-かす
揺	ヨウ	ゆ-れる・ゆ-る・ゆ-らぐ・ゆ-るぐ・ゆ-する・ゆ-さぶる・ゆ-すぶる

送りがなのつく「語幹が3音節以上の2級配当漢字」

憧（あこが-れる）
羨（うらや-む・うらや-ましい）
遡（さかのぼ-る）
綻（ほころ-びる）
嘲（あざけ-る）
諦（あきら-める）
貪（むさぼ-る）
罵（ののし-る）
蔑（さげす-む）
弄（もてあそ-ぶ）

このように、訓は日本人により次々に作られてきました。多くの訓を持つ漢字も出てきましたが、さまざまな歴史の中で整理され、今日に至っています。

訓読みを学習する際には、「潔（いさぎよ）い」のような一字多音節の語や、「治める・収める・修める・納める」のような同訓異字に注意を払いましょう。

音読みや訓読みのない字もある

冒頭で述べたように、「常用漢字表」で「菊」に訓読みはありません。これは、「菊」という漢字が日本に伝わったとき、日本には菊の花自体が、存在していなかったためなのです。

これは、「忠」「信」「孝」といった漢字も同様で、これらの漢字が表す道徳的思想のなかった当時に渡来したことから、現在の読みも伝来当時の音のみで訓はありません。

また、もとは訓読みがあったけれど次第に使われなくなって音読みだけが残った漢字や、逆に「誰《だれ》」、「頰《ほお》」など「常用漢字表」では訓読みだけ記載があり、音読みのない漢字もあります。

さらに、漢字には日本で作られた「国字」もあります。ほとんどが訓読みのみの漢字ですが、中には「働」のように、音読み（ドウ）と訓読み（はたら-く）の両方を持つ国字もあります。

「常用漢字表」に記載のある国字は「込」「腺」「働」「峠」「匂」「畑」「枠」など。「常用漢字表」外の字でも「樫《かし》」「裃《かみしも》」「笹《ささ》」「凪《なぎ》」など、今日でも通用している漢字も多くあります。

「常用漢字表／付表」熟字訓・当て字（高校で学習するもの）

あま－海女・海士
いぶき－息吹
うわき－浮気
おみき－お神酒
おもや－母屋・母家
かぐら－神楽
かし－河岸
かや－蚊帳
くろうと－玄人
こじ－居士
ざこ－雑魚
さじき－桟敷
じゅず－数珠
しろうと－素人
しわす（しはす）－師走
すきや－数寄屋・数奇屋
だし－山車
ちご－稚児
つきやま－築山
てんません－伝馬船
とあみ－投網
とえはたえ－十重二十重
どきょう－読経
なこうど－仲人
のら－野良
のりと－祝詞
もさ－猛者
やおちょう－八百長
ゆかた－浴衣
よせ－寄席

「常用漢字表」中の特別な音訓と用語例（高校で学習するもの）

依	エ	帰依《きえ》
疫	ヤク	疫病神《やくびょうがみ》
益	ヤク	御利益《ごりやく》
遠	オン	久遠《くおん》
火	ほ	火影《ほかげ》
華	ケ	香華《こうげ》
回	エ	回向《えこう》
格	コウ	格子《こうし》
眼	ゲン	開眼《かいげん》
期	ゴ	最期《さいご》
脚	キャ	脚立《きゃたつ》
久	ク	久遠《くおん》
宮	ク	宮内庁《くないちょう》
声	ショウ	大音声《だいおんじょう》
青	ショウ	緑青《ろくしょう》
政	ショウ	摂政《せっしょう》
清	ショウ	六根清浄《ろっこんしょうじょう》
盛	ジョウ	繁盛《はんじょう》
請	シン	普請《ふしん》
赤	シャク	赤銅《しゃくどう》
節	セチ	お節料理《せちりょうり》
説	ゼイ	遊説《ゆうぜい》
想	ソ	愛想《あいそ》
団	トン	布団《ふとん》
壇	タン	土壇場《どたんば》
着	ジャク	愛着《あいじゃく》

特別な読み方をする漢字

旅人とわが名呼ばれん初時雨
五月雨をあつめて早し最上川《もがみがわ》

ご存じ、松尾芭蕉《ばしょう》の俳句です。

さて、この句に詠まれている「時雨」や「五月雨」は、それぞれ、「しぐれ」、「さみだれ」と読みますが、この読みを漢字に対応させるとどうなるでしょうか?

実は、これらの読みは、漢字一字一字に対応させて分解することができません。特別な読み方として「常用漢字表」で「付表」にも挙げられている「熟字訓《じゅくじくん》」というものです。「熟字訓」は日本にもともとあった言葉(和語)に、内容に合った漢字を後からあてたものです。ほかにも「玄人(くろうと)」「山車(だし)」「祝詞(のりと)」など、たくさんあるので、きちんと読めるようにしておきたいものです。「付表」のほかにも「紫陽花(あじさい)」「団扇(うちわ)」「煙草(たばこ)」「河豚(ふぐ)」など多様な「熟字訓」があります。

熟字訓とは逆に、日本語(和語)に音だけが一致した漢字を当てはめたものを「当て字」といいます。「付表」の語では「野良」の「良」が当て字になり、「付表」にはありませんが外来語に漢字を対応させた「型録(カタログ)」「珈琲(コーヒー)」なども当て字です。

なお、漢検では「熟字訓」や「当て字」については、2級以下は「常用漢字表」の「付表」によっています。

熟字訓

時雨《しぐれ》

五月雨《さみだれ》

- 虚 コ 虚空《こくう》
- 供 ク 供養《くよう》
- 勤 ゴン 勤行《ごんぎょう》
- 建 コン 建立《こんりゅう》
- 権 ゴン 権化《ごんげ》
- 験 ゲン 霊験《れいげん》
- 懸 ケ 懸念《けねん》
- 厳 ゴン 荘厳《そうごん》
- 庫 ク 庫裏《くり》
- 功 ク 功徳《くどく》
- 行 アン 行脚《あんぎゃ》
- 香 キョウ 香車《きょうしゃ》
- 貢 ク 年貢《ねんぐ》
- 殺 サイ 相殺《そうさい》
- 殺 セツ 殺生《せっしょう》
- 仕 ジ 給仕《きゅうじ》
- 事 ズ 好事家《こうずか》
- 質 チ 言質《げんち》
- 若 ニャク 老若《ろうにゃく》
- 寂 セキ 寂然《せきぜん》
- 主 ス 法主《ほっす》
- 就 ジュ 成就《じょうじゅ》
- 衆 シュ 衆生《しゅじょう》
- 従 ショウ 従容《しょうよう》
- 従 ジュ 従《じゅ》○位《い》
- 祝 シュウ 祝儀《しゅうぎ》
- 女 ニョウ 女房《にょうぼう》
- 上 ショウ 上人《しょうにん》
- 情 セイ 風情《ふぜい》
- 食 ジキ 断食《だんじき》
- 神 こう 神々《こうごう》しい
- 数 ス 人数《にんず》
- 成 ジョウ 成就《じょうじゅ》

- 通 ツ 通夜《つや》
- 度 ト 法度《はっと》
- 棟 むな 棟木《むなぎ》
- 頭 ト 音頭《おんど》
- 道 トウ 神道《しんとう》
- 南 ナ 南無《なむ》
- 納 ナ 納屋《なや》
- 納 ナン 納戸《なんど》
- 博 バク 博労《ばくろう》
- 鉢 ハツ 衣鉢《いはつ》
- 反 ホン 謀反《むほん》
- 煩 ボン 煩悩《ぼんのう》
- 病 ヘイ 疾病《しっぺい》
- 富 フウ 富貴《ふうき》
- 風 フ 風情《ふぜい》
- 歩 フ 歩《ふ》
- 法 ハッ 法度《はっと》
- 法 ホッ 法主《ほっす》(はっしゅ)
- 亡 モウ 亡者《もうじゃ》
- 謀 ム 謀反《むほん》
- 凡 ハン 凡例《はんれい》
- 耗 コウ 心神耗弱《しんしんこうじゃく》
- 目 ま 目深《まぶか》
- 由 ユイ 由緒《ゆいしょ》
- 唯 イ 唯々《いい》諾々《だくだく》
- 遊 ユ 遊山《ゆさん》
- 立 リュウ 建立《こんりゅう》
- 律 リチ 律儀《りちぎ》
- 流 ル 流布《るふ》
- 糧 ロウ 兵糧《ひょうろう》
- 緑 ロク 緑青《ろくしょう》
- 和 オ 和尚《おしょう》

音読み ウォーミングアップ

実施日

解答は別冊P.1

1 次の**音**を持つ漢字を後の□から選び、（　）にその**漢字**を**すべて**記せ。

1 ハ（　　）

2 セツ（　　）

3 トウ（　　）

4 ヒ（　　）

窃 罷 筒 棺 騰 拙 縄 謄
媒 把 妃 扉 浦 覇 藤 利

---

2 次の漢字の音を**カタカナ**で記せ。また、**同じ音**を持つ漢字を後の□から選び、〔　〕にその**漢字**を**すべて**記せ。

1 娠（　　）〔　　〕

2 斑（　　）〔　　〕

3 沖（　　）〔　　〕

4 丙（　　）〔　　〕

5 渦（　　）〔　　〕

氾 衷 弔 津 柄 靴 抽 紳
寡 塀 苛 唇 鋳 蔽 汎 阪

3 次の――線の読みを**ひらがな**で、（　）に記せ。

如

1 如才のない人だ。（　）
2 結果が如実に表れる。（　）

霊

3 霊場で修行する。（　）
4 怨霊の呪いにおびえる。（　）

嫌

5 嫌疑が掛かる。（　）
6 機嫌がいい。（　）

封

7 封建時代の文化を学ぶ。（　）
8 瓶を密封する。（　）

唯

9 彼が唯一の望みだ。（　）
10 唯諾する。（　）

罰

11 罰則を決める。（　）
12 罰があたる。（　）

牙

13 悪の毒牙にかかる。（　）
14 象牙色のコートを着る。（　）

蛇

15 蛇腹式のカメラだ。（　）
16 川が蛇行して流れる。（　）

施

17 大会を実施する。（　）
18 しっかりと施錠する。（　）

ONE Point

漢検2級の範囲は?

二〇一〇年十一月に改定された常用漢字表に掲載されているすべての漢字と読みが対象です。

二一三六字

音読み 練習 1

実施日 ／

解答は別冊P.1

1 次の――線の読みをひらがなで、（　）に記せ。

1 チームには強肩の捕手がいる。（　）

2 二人の意見を折衷した案を出す。（　）
意味 両方の良い点を取り合わせて一つにすること。

3 監督の更迭は見送られた。（　）
ヒント 「迭」は「かわる」という意味。

4 謹んで哀悼の意を表す。（　）

5 季節ごとの挨拶を欠かさない。（　）

6 有機栽培の野菜を頒布する。（　）
意味 広く配り、ゆきわたらせる。

7 校長の話から示唆を受けた。（　）

8 彼女の洞察力には感心する。（　）

9 赤字の累積が倒産につながった。（　）

10 軍は規律と秩序が保たれていた。（　）

11 必須科目を重点的に学習する。（　）

12 組織の枢要な地位に就く。（　）
意味 物事の最も大切なところ。

13 製靴工場に勤めている。（　）

14 さまざまな憶説が飛び交った。（　）

15 師匠に稽古をつけてもらう。（　）

16 処方箋を持って薬局へ行く。（　）

17 過去の疾病を問診票に記入する。（　）

18 神社で人形浄瑠璃が演じられた。（　）

19 社長の愛猫はチンチラだそうだ。（　）

20 そばなどの麺類を好んで食べる。（　）

21 戦死者の冥福を祈る。（　）

22 部長の恣意的な判断で信用を失う。（　）
意味 気まま。

23 夫婦で渓流沿いを散策する。（　）

24 中世の富裕層の暮らしを調べる。（　）

25 今回の釣果はまずまずだ。

26 両国間の借款が成立した。
意味 国と国との間の貸借。「款」は契約の条項の意味。

27 不正に対する弾劾演説を聞く。
意味 罪をあばきたてて攻撃すること。

28 誘拐事件が解決する。

29 堪忍袋の緒が切れる。

30 外国の大使が国王に謁見する。
意味 手続きをとり身分の高い人や目上の人に会うこと。

31 一対一の均衡を破るホームランだ。

32 悪貨は良貨を駆逐する。

33 根拠のない記事を妄信するな。
意味 わけもなく信じること。

34 迅速な処理が望まれる。

35 官庁と企業との癒着を避ける。
ヒント 本来は医学用語だが比喩的に使っている。

36 訓練の効果が顕著に出た。

37 滋味あふれる家庭料理が好きだ。
意味 栄養豊富でおいしいこと。

38 地下茎から土中の養分を吸収する。

39 批判を謙虚に受け止める。

40 海藻は体によい食材である。

41 昆虫図鑑で調べてみよう。

42 しょう油の発祥の地を訪ねる。

43 虚偽の証言に怒りを覚えた。

44 市の聴聞会で意見を述べる。
意味 「聴聞会」＝行政機関が関係者や第三者の意見を聞く会合。

45 享楽にふけった報いを受ける。

46 テーマを逸脱してはならない。

47 解答は楷書で書いてください。

ONE Point

次の漢字の読み方は、音読み？ 訓読み？

①柵―さく ②宵―よい
③丼―どん ④崎―さき

①音読み
②訓読み
③訓読み
④訓読み

音読み　練習1

実施日　／

解答は別冊P.2

2 次の――線の読みをひらがなで、（　）に記せ。

1 生涯忘れられない出来事だ。（　）

2 今年は、米の生産が過剰だそうだ。（　）

3 家督を相続することになった。（　）

4 学業への意欲が旺盛な学生だ。（　）

5 時間の都合で詳細は割愛します。（　）

6 美しい旋律に耳を傾ける。（　）
意味 メロディー・節ともいう。

7 娘はまだ四歳の頑是ない子どもだ。（　）
意味 「頑是ない」＝幼くて物事の善悪がわからない。

8 あの二人は犬猿の仲だ。（　）

9 触れると粘液を分泌する花だ。（　）

10 若き才能に嫉妬の炎を燃やす。（　）

11 公僕として公衆に奉仕する。（　）
意味 公務員のこと。

12 多数の艦艇が港に停泊している。（　）
ヒント 「艦」はいくさぶね、軍艦。「艇」は細長い小ぶね。

13 何もない原野に鉄道を敷設する。（　）

14 財産を三人の子どもに譲渡する。（　）

15 眠っている能力を覚醒させる。（　）

16 議員の収賄事件が報道される。（　）
ヒント 反対語は「贈賄」。

17 移行措置の期間を設ける。（　）

18 寸暇を惜しんで制作に打ち込む。（　）

19 児童が交替で給食の配膳をする。（　）

20 新たな起債を避ける政策だ。（　）
意味 国債などを発行すること。

21 汎用性を重視したシステムを作る。（　）

22 志半ばで凶刃に倒れた。（　）

23 国会で条約が批准された。（　）
意味 全権委員（内閣）などが調印した条約に対する確認・同意の手続き。主権者（国会）の承認が必要。

24 山麓の村にも遅い春が訪れた。（　）

25 門限を破った理由を詰問された。（　　）

26 春の叙勲式典をテレビで見る。（　　）

27 近畿地方に暴風警報が発令された。（　　）

28 サクランボは桜桃ともいう。（　　）

29 上司の媒酌で結婚式を挙げる。（　　）

30 上がった案を羅列してみる。（　　）
意味 ずらりと並べること。

31 弊社の取り組みを説明致します。（　　）

32 心の琴線に触れる歌詞だ。（　　）

33 思いもかけない褒賞を授かった。（　　）

34 斑点模様の子猫をもらう。（　　）

35 少子化は人口を逓減させる。（　　）
ヒント 「逓」は次にうつる、しだいにという意味を持つ。

36 店長が吟味したワインがそろう。（　　）

37 紛糾する会議をまとめる。（　　）

38 衛兵は非業の死を遂げた。（　　）
意味 「非業の死」＝思いもよらない災難で死ぬこと。

39 外国との貿易摩擦を避ける。（　　）

40 加盟店は漸次増加している。（　　）
意味 だんだん、しだいに。

41 厳しい修行を経て解脱を求める。（　　）

42 厳粛な場面にそぐわない服装だ。（　　）

43 部下を督励して士気を上げる。（　　）
ヒント 監督して激励する。

44 布巾を煮沸消毒する。（　　）

45 同盟罷業の実行がせまる。（　　）
意味 「同盟罷業」＝ストライキ。

46 やっと胸襟を開いてくれた。（　　）
意味 胸の内。心の中。

47 日本庭園に石の灯籠を配する。（　　）

ONE Point

音符は漢字の発音を示す部分

「肝《カン》」の「干」、「泊《ハク》」の「白」、「凍《トウ》」の「東」など、漢字の音符に注目すれば、漢字の音が捉えやすくなります。

音読み 練習 1

実施日 ／

解答は別冊P.2

3 次の――線の読みをひらがなで、（　　）に記せ。

1 追って沙汰があるまで待機せよ。（　　）
意味 通知。便り。

2 羞恥心のかけらもない行動だ。（　　）

3 鉛筆を削って芯をとがらせる。（　　）

4 一旦退いて策を練り直す。（　　）

5 不肖ながら努力致します。（　　）
意味 未熟なこと。才能がないこと。

6 新作ゲームが酷評されている。（　　）

7 友人の辛辣な言葉に心が傷つく。（　　）

8 一生の伴侶となる女性に出会う。（　　）

9 細かい事には拘泥しない性格だ。（　　）
意味 こだわること。

10 資金難で開発計画が頓挫する。（　　）

11 品質検査を頻繁に行う。（　　）

12 宰相としての力量が問われる。（　　）
意味 総理大臣のこと。

13 蛍光ペンでマークをつける。（　　）

14 人権侵害で訴訟を起こす。（　　）

15 俳句の師として私淑する。（　　）
意味 ひそかにその人を模範として慕い学ぶこと。

16 その説は首肯し難いものだ。（　　）
意味 納得して認めること。

17 郷土料理は素朴な味わいだった。（　　）

18 富士山は崇高な霊山だ。（　　）

19 国が賠償金を支払う。（　　）

20 カモノハシは哺乳類だが卵を産む。（　　）

21 衆寡敵せず、ついに撤退だ。（　　）
意味 「衆寡敵せず」＝少数は多数に勝てない。

22 高校野球の覇者を目指す。（　　）

23 老翁の教えに耳を傾ける。（　　）

24 時宜にかなった発言だ。（　　）
意味 ちょうどよい時のこと。

25 事件の動機は怨恨と想定された。（　　）

26 車についた虫の死骸を洗い落とす。（　　）

27 碁盤の目のように道路が走る。（　　）

28 ひどく刹那的な生き方だ。（　　）
意味 瞬間。

29 町並みに昔日の面影を感じる。（　　）

30 すずりに墨汁を流し入れた。（　　）

31 奈落の底に突き落とされる。（　　）

32 ピストルに弾丸を装塡しておく。（　　）

33 緻密に計算された建築デザインだ。（　　）

34 病院内の床や天井を拭浄する。（　　）
意味 ぬぐい清めること。

35 手続きのため戸籍抄本を用意する。（　　）

36 自由研究で町の変遷をまとめる。（　　）

37 補聴器のお陰で明瞭に聞こえる。（　　）

38 殉職した刑事を弔う。（　　）

39 激しい憎悪を感じる一言だった。（　　）

40 姉は類いまれな美貌の持ち主だ。（　　）

41 正しくない情報が氾濫している。（　　）

42 急須に熱湯を注ぐ。（　　）

43 右舷前方に他船を確認した。（　　）
意味 船尾から船首に向かって右側のふなばた。

44 苦闘の末、優勝旗を奪還した。（　　）

45 肝腎なのは見た目より内容だ。（　　）

46 映画の凄惨なシーンに目を覆う。（　　）

47 お正月には親戚一同が集まる。（　　）

ONE Point

熟語の読み方の原則　その①

「会釈《えしゃく》」「金言《きんげん》」「萎縮《いしゅく》」のように、上の字を音読みすれば、下の字も音読みするのが原則です。

音読み 練習2

実施日 ／

解答は別冊P.2

1 次の――線の読みをひらがなで、（　　）に記せ。

1 ただ曖昧な返事を繰り返した。（　　）
2 英語の語彙力をもっと高めたい。（　　）
3 恐ろしい話に戦慄が走る。（　　）
4 難 徹宵で復旧作業にあたる。（　　）
5 豆乳は大豆を圧搾して作る。（　　）
6 交通事故撲滅のポスターを貼る。（　　）
7 番犬が侵入者を威嚇する。（　　）
8 薫風が爽やかな香りを運ぶ。（　　）
9 合戦で輝かしい勲功を立てる。（　　）
10 恩赦により放免された。（　　）
11 剛腹な人物と知られる役者だ。（　　）
12 羊は臆病な動物だといわれる。（　　）
13 門扉には鍵がかかっている。（　　）
14 瀬戸大橋はいつ見ても壮観だ。（　　）
15 学びの心はますます深奥に達する。（　　）
16 一言のもとに喝破する。（　　）
17 既に閑却を許さぬ状態だ。（　　）
18 難 嗣子として落ち着いて振る舞う。（　　）
19 登録名簿から抹消する。（　　）
20 弔問客が列をなした。（　　）
21 俳優に出演を打診する。（　　）
22 その話は寡聞にして存じません。（　　）
23 作文の添削をお願いした。（　　）
24 難 天皇からの下賜に感謝する。（　　）
25 全てに完璧な人間などいない。（　　）

26 ぬるめの風呂で半身浴をする。

難 27 予約金を返戻してもらう。

28 根気よく折衝を重ねる。

29 歯並びを矯正した。

30 政府高官が何者かに拉致された。

31 心筋梗塞の疑いで検査入院する。

32 怠惰な生活に終止符を打つ。

33 全員無事の報に愁眉を開く。

34 肥沃な土地で育てた自慢の野菜だ。

難 35 敵の間隙を縫ってシュートする。

36 厳しい忠告を真摯に受け止める。

37 お気持ちはありがたく頂戴します。

38 国境付近でついに紛争が勃発した。

難 39 海外の工業大学で冶金学を学ぶ。

40 古刹で尼僧の説法を聴いた。

41 彼は高尚な目的で起業した。

42 屋上からの眺望は一見に値する。

注 43 凹凸の激しい道を走る。

44 チョウが花の蜜を吸っている。

45 詐欺に遭って金を取られた。

46 彼の祖先は侯爵だったそうだ。

47 部下に寛大に接する。

48 将来への漠然とした不安がある。

49 偏狭な考えは捨てよう。

50 社会の安寧が保たれるよう願う。

ONE Point

複数の音を持つ漢字に注意！

漢字には複数の音が伝えられたものがあり、「人間《ゲン》（呉音）」「期間《カン》（漢音）」のように二つ以上の音を持つものもあります。

音読み 練習2

実施日

解答は別冊P.3

2 次の――線の読みをひらがなで、（　）に記せ。

1 二人で婚姻届を出す。（　）
難 2 両者の実力には雲泥の差がある。（　）
3 彼はチームの大事な逸材だ。（　）
4 その問題は長年の懸案事項だ。（　）
5 窓際の椅子に腰掛けて本を読む。（　）
6 計画が暗礁に乗り上げた。（　）
7 騒動の渦中にコメントを出した。（　）
8 風邪への免疫力を高める。（　）
9 戦国時代の豪傑のような人物だ。（　）
難 10 彼の因循な態度にいらだった。（　）

注 11 湧出した温泉水の成分を調べる。（　）
12 均斉のとれた体つきに憧れる。（　）
13 猫が高い塀を乗り越えていった。（　）
14 役者冥利に尽きる役だ。（　）
15 改築工事の進捗状況を確認する。（　）
16 いつも人の詮索ばかりしている。（　）
注 17 勾留中の犯人が逃走した。（　）
18 賄賂が横行し汚職が日常化する。（　）
19 数千の群衆が武装蜂起した。（　）
20 焼酎は蒸留酒の一種である。（　）
21 しゃれた鉄柵で庭の周りを囲う。（　）
22 名誉毀損で慰謝料を請求される。（　）
23 陰鬱な雲がたれこめている。（　）
難 24 野菜の種苗をあれこれ買った。（　）
25 整形外科で脊髄反射の検査を行う。（　）

□ 26 出掛ける前にガス栓を閉める。
□ 27 捕虜が主人公の映画を見た。
□ 28 交渉がようやく妥結した。
□ 29 地産地消が奨励されている。
難 □ 30 詔勅が発布された。
□ 31 哲学的な思索にふける。
□ 32 勉強中に睡魔に襲われた。
□ 33 想像を絶する苛酷な訓練だった。
□ 34 委員会に調査を付託する。
難 □ 35 国家の印を国璽という。
□ 36 監督が全体を統括する。
□ 37 株価急騰のニュースを聞く。
注 □ 38 スター選手の年俸に驚く。
□ 39 将来に禍根を残しかねない。
□ 40 停電で漆黒の闇に包まれた。

難 □ 41 諮問機関に意見を求めた。
□ 42 愚痴が多い先輩が苦手だ。
□ 43 美しく才媛の誉れ高い女性だ。
□ 44 孝行息子のお陰で将来は安泰だ。
□ 45 閣僚の不祥事が続いている。
□ 46 広報部は社長が直轄する部署だ。
□ 47 勤務態度が原因で罷免された。
□ 48 機械の部品が磨耗してきた。
□ 49 事件に遺憾の意を表明した。
注 □ 50 斎戒は僧の勤めの一つだ。

ONE Point

複数の音読みを持つ漢字

二つ以上の音を持つ漢字は、常用漢字表内では二七三字。音読みの数が最も多い字は「納」（ノウ・ナッ・ナ・ナン・トウ）です。

音読み 練習 2

実施日 ／

解答は別冊P.3

3 次の――線の読みをひらがなで、（　　）に記せ。

1 着物を着て歌舞伎を観劇する。（　　）
2 夢と現実との間で葛藤し続ける。（　　）
3 罰金もしくは禁錮刑に処せられる。（　　）
4 事件後に失踪した男の行方を追う。（　　）
5 慣れない山歩きで捻挫をした。（　　）
6 巧みな隠喩が詩に深みを添える。（　　）
7 詐欺師の巣窟が摘発された。（　　）（注）
8 舞台は拍手喝采で幕を閉じた。（　　）
9 後輩の不遜な態度に腹を立てる。（　　）
10 犯罪の隠蔽工作が行われた。（　　）（難）
11 情状酌量の余地のない犯罪だ。（　　）
12 病巣を手術で切除した。（　　）
13 約束を確実に履行する。（　　）
14 家の普請が始まった。（　　）（注）
15 状況を把握してから実行する。（　　）
16 その詩人は自由奔放に生きた。（　　）
17 険しい坂道に難渋する。（　　）
18 耳鼻咽喉科に通院している。（　　）
19 働きに応じた報酬を得る。（　　）
20 レベルの違いに自信を喪失する。（　　）（注）
21 新しい著書を関係者に謹呈した。（　　）
22 繊維質は生野菜から摂取したい。（　　）
23 一刻の猶予も許されない事態だ。（　　）
24 暗がりで突然、殴打された。（　　）
25 チームの中核となる選手だ。（　　）

26 俳諧は江戸時代に盛んになった。（　　）
27 小型の愛玩犬を二匹飼っている。（　　）
28 社員の志気の低下を危惧する。（　　）
29 幕末の俊傑と知られる人物だ。（　　）
30 チームの勝利に貢献する。（　　）
31 彼は凡庸な人物ではない。（　　）
注 32 古い時代の砂岩が堆積している。（　　）
難 33 母子をモチーフに塑像を作る。（　　）
34 戦争中はここが駐屯地だった。（　　）
35 敵に挟撃されて大混乱となる。（　　）
36 休日は惰眠を貪りがちだ。（　　）
37 その重量は風袋を含めたものだ。（　　）
38 旅先での醜態を恥じる。（　　）
39 大臣が不正を糾弾された。（　　）
40 言葉巧みに懐柔された。（　　）

41 教室の床を雑巾で水拭きする。（　　）
42 恩師の訃報に接して涙する。（　　）
43 今年は慶事が続いている。（　　）
難 44 是非拙宅にお立ち寄りください。（　　）
45 彼は文豪の曽孫にあたる。（　　）
46 独裁者のように傲然と構える。（　　）
47 年末に韓国旅行を予定している。（　　）
48 新入社員どうしで親睦をはかる。（　　）
注 49 椎間板ヘルニアの手術を受ける。（　　）
50 ちょっとしたことで涙腺が緩む。（　　）

ONE Point

「撤する」と「徹する」を間違えない！

「撤する」→取り払う。取り去る。引き揚げる。
(例)陣を撤する。
「徹する」→貫く。染み通る。
(例)脇役に徹した。
動詞で使用しても「撤」「徹」は音読みです。

訓読み ウォーミングアップ

実施日 ／

解答は別冊P.4

1 次の――線の読みをひらがなで、（　）に記せ。

老
1 人は皆いずれ老いる。（　）
2 父は急に老けた。（　）

柄
3 ほうきの柄を握る。（　）
4 花柄の傘をさす。（　）

凍
5 手足が凍える。（　）
6 池の水が凍る。（　）

稲
7 稲刈りをする。（　）
8 稲田にトンボが舞う。（　）

拭
9 涙をそっと拭う。（　）
10 食卓を布巾で拭く。（　）

臭
11 生ごみが臭う。（　）
12 臭い芝居に嫌気がさす。（　）

覆
13 証言を覆す。（　）
14 布で覆いをかける。（　）

潜
15 猫が物陰に潜む。（　）
16 海底に潜る。（　）

籠
17 部屋に籠もっている。（　）
18 インコを鳥籠で飼う。（　）

触

19 手で触る。

20 規則に触れる行為だ。

怠

21 毎日の研磨を怠る。

22 怠け癖を直す。

競

23 互いの技を競い合う。

24 市場で競り落とす。

偽

25 過去を偽る。

26 偽のブランド品だ。

嫌

27 注射を嫌がる。

28 好き嫌いを直す。

汚

29 汚い手を使いたくない。

30 汚らわしい考えだ。

初

31 書き初めをする。

32 新入生は初々しい。

頼

33 彼は頼もしい先輩です。

34 すぐに人に頼るな。

悔

35 失言を悔いる。

36 試合に敗れて悔しい。

ONE Point

送りがなに注目して読み分ける　その①

複数の訓を持つ漢字には「狭《せま》い・狭《せば》まる」「優《やさ》しい・優《すぐ》れる」「仰《あお》ぐ・仰《おお》せ」のように送りがなで区別できるものもあります。

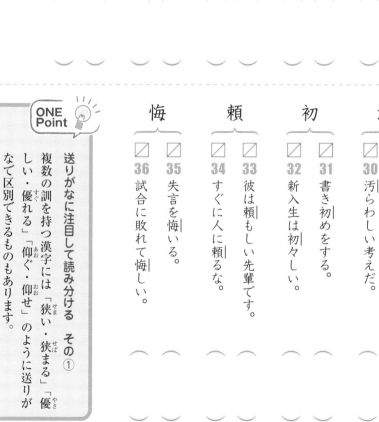

訓読み 練習1

実施日

解答は別冊P.4

1 次の――線の読みをひらがなで、（　）に記せ。

1 苦境に負けない強い心を培う。（　）
2 干潟にすむ生き物を観察する。（　）
3 塚を築いて慰霊する。（　）
意味 土を高く盛ったもの。墓。
4 肉と野菜を串刺しにして焼く。（　）
5 靴墨を塗って艶を出す。（　）
6 神にざんげをして許しを乞う。（　）
7 宛先を今一度確かめる。（　）
8 氷で足が滑って尻餅をついた。（　）
9 その湖には多くの鶴が飛来する。（　）
10 但し書きを見落としてしまう。（　）
11 ナイフの刃先が欠ける。（　）
12 白んできた暁の空を見上げる。（　）
13 喉がからからに渇いた。（　）
14 木に竹を接いだような説明だ。（　）
15 流感の虞がある。（　）
ヒント 「恐れ」と同じ。
16 友の死を心から悼む。（　）
ヒント 同訓異字は「痛む」「傷む」。
17 夢を実現できる才能を欲する。（　）
18 毎朝、歯を磨く。（　）
19 悔しさに唇をかむ。（　）
20 初孫に産着を用意する。（　）
21 父に家の建坪を尋ねる。（　）
意味 建物が占める土地の広さ。
22 高層ビルに光を遮られる。（　）
23 良い本を友人に薦める。（　）

24 期待外れも甚だしい。（　　　）

25 綿から糸を紡ぐ。（　　　）

26 流行語はすぐに廃れる。（　　　）
ヒント 反対語は「はやる」。

27 死者を手厚く弔う。（　　　）
意味 亡くなった人の法要を営むこと。

28 古民家の棟木の太さに驚く。（　　　）
意味 家の棟として使う木材。

29 難しい問題に挑む。（　　　）

30 一生をかけて罪を償う。（　　　）

31 パンにチーズを挟む。（　　　）

32 霜柱を踏んで歩く。（　　　）
意味 冬、土中の水分が凍ってできる細い氷の柱。

33 彼女の依頼は否めない。（　　　）
意味 こばむ。ことわる。

34 日米間の交渉を調える。（　　　）
ヒント 同訓異字は「整える」。書き分けに注意。

35 雄大な景色を歌に詠む。（　　　）

36 娘は命を懸けても守り抜く。（　　　）

37 泥縄式の対策で失敗した。（　　　）

38 余った時間は予習に充てる。（　　　）

39 庭に挿し木をする。（　　　）
意味 「挿し木」＝枝や茎を地中に植えて根を出させる。

40 偏った考え方を正す。（　　　）

41 寝ぼけ眼で階段を降りては危ない。（　　　）
ヒント 「血眼」の「眼」と同じ読み。

42 尼寺で修行をしている。（　　　）

43 氏神に詣でて豊年満作を祈る。（　　　）

44 格下と侮ったのが失敗だった。（　　　）

45 長いスカートが足に絡みつく。（　　　）

46 きれいな繭玉ができた。（　　　）

47 両親の愛を受けて育まれた子だ。（　　　）

ONE Point

送りがなに注目して読み分ける　その②

送りがなで区別できる複数の訓を持つ漢字は、ほかにも「潤《うる》む・潤《うるお》う」「担《かつ》ぐ・担《にな》う」「滑《すべ》る・滑《なめ》らか」などがあります。

訓読み 練習 2

実施日 ／

解答は別冊P.4

1 次の――線の読みをひらがなで、（　）に記せ。

1 獲得賞金が桁外れに増えた。（　）
2 薬で痛みが鎮まった。（　）
3 公園のベンチで老人が憩う。（　）
4 彼は業界に顔が利く。（　）
5 畑の畝に苗を植えた。（　）
6 卑しい心は顔に表れる。（　）
7 政治家としての操を守る。（　）
8 子どもを慈しむ姿は美しい。（　）
9 ギターを奏でながら歌う。（　）
10 二つの町を併せて市になった。（　）
11 城の堀端を散歩する。（　）
12 身なりを繕ってから外出する。（　）
13 弟は専らパソコンに凝っている。（　）
14 ポケットに硬貨を忍ばせる。（　）
15 祖父は病院で懇ろな看護を受けた。（　）
16 難 氏神さまにお神酒を奉る。（　）
17 机に肘をつくのはやめなさい。（　）
18 冬には温かい鍋料理が好まれる。（　）
19 薄紫色の藤の花房が垂れ下がる。（　）
20 誰か立候補する人はいませんか。（　）
21 注 母に鹿の子絞りの羽織を借りる。（　）
22 日頃の生活態度を反省しなさい。（　）
23 雲の隙間から青空がのぞく。（　）
24 庭の柿の実が色づいてきた。（　）
25 昭和のはやり唄を祖母に教わる。（　）

26 故郷の両親に宛てて手紙を書く。
27 過去の秘密が暴かれる。
28 これだけで必要且つ十分だ。
29 美しく装った人が集まった。
30 国王に貢ぎ物をする。
31 緑滴る季節になった。
32 風邪をひいて喉の調子が悪い。
33 締め切りが迫り、焦りを感じる。
34 不当な要求は拒む。
難 35 芳しい花の香りがする。
36 スタッフが増え事務所が手狭になる。
37 悪友の戯れに付き合う。
38 野良猫にも縄張りがあるらしい。
39 書物は私の心の糧となっている。
40 ドアにメモが挟まっていた。

41 げたの鼻緒をすげ替える。
42 春の兆しが感じられる。
43 立場が危うくなり前言を翻す。
44 少女の頰が寒さで赤く染まる。
45 酸いも甘いもかみ分けた人だ。
46 新時代への扉を開こう。
注 47 首位を脅かす力があるチームだ。
48 本を小脇に抱えている。
49 謹んで哀悼の意を表します。
50 イヤホンから音が漏れている。

ONE Point

熟語の読み方の原則　その②

「舌鼓《したつづみ》」「面影《おもかげ》」「真綿《まわた》」のように上の字を訓読みすれば、下の字も訓読みするのが原則です。

訓読み 練習 2

実施日

解答は別冊P.5

2 次の――線の読みをひらがなで、（　）に記せ。

1 一番搾りの油で揚げる。（　）
2 生死の瀬戸際に立たされる。（　）
3 問題は一時棚上げにした。（　）
4 聞くに堪えない野次だった。（　）
5 彼は世の中のことに疎い。（　）
6 祝いのお言葉を賜った。（　）
7 周りの人の信用を損なう。（　）
8 控えめだが的を射た意見だ。（　）
難 9 朗々とした謡に感動する。（　）
10 母の苦労は想像するに難くない。（　）

11 全国大会への出場は本校の誉れだ。（　）
12 小さな子どもが箸を上手に使う。（　）
13 その旨を先方に伝えた。（　）
14 各の自覚に期待する。（　）
15 疲労に因って集中力が鈍る。（　）
16 交渉は大枠で合意した。（　）
17 形見の品に亡き母をしのぶ。（　）
18 泣きっ面に蜂。（　）
19 音楽は人の気持ちを和らげる。（　）
20 麗しい友情が育まれる。（　）
21 漆の木でかぶれてしまった。（　）
22 一つ一つの真実を貴ぶ。（　）
23 事情など彼には知る由もない。（　）
24 アルバイトをして学費を稼ぐ。（　）
25 「右へ倣え」の号令をかける。（　）

26 夏野菜は彩りが華やかだ。
27 友人と酒を酌み交わす。
28 庭の杉の木は樹齢三十年だ。
29 玄関先に石を据える。
30 釜で炊いたご飯はおいしかった。
31 今日は懐が温かい。
32 どうにか責任を免れる。
33 お褒めにあずかり光栄です。
34 心に希望の灯がともる。
35 盆栽の松の枝を矯める。
36 この書簡は候文で書かれている。
37 撮影は夜が更けるまで続いた。
38 仕事の発注を請う。
39 風薫る空にこいのぼりが舞う。
40 渦潮の見学に出かける。

41 枕元の電気をつけて本を読む。
42 タオルから柔軟剤の匂いがする。
43 昼食にうな丼を食べる。
44 優雅にハープを爪弾いた。
45 藻が足に絡みつき溺れかけた。
46 説教は聞きたくないと耳を塞ぐ。
47 彼らは人気も実力も桁違いだ。
48 鎌を使って庭の草刈りをする。
49 艶のある美しい黒髪が自慢だ。
50 兄の一人称は「俺」だ。

ONE Point

2級の新出配当漢字で、訓のみの字

宛 嵐 唄 俺 柿 釜 鎌 串 桁 乞
駒 頃 尻 裾 誰 爪 鶴 丼 謎 鍋
匂 虹 箸 膝 肘 頬 枕 弥 闇 脇

訓読み 練習2

実施日 ／

解答は別冊P.5

3 次の――線の読みをひらがなで、（　）に記せ。

1 遊覧船で岬を回った。（　）
2 春の嵐が満開の桜を散らした。（　）
3 話の接ぎ穂が見つからない。（　）
4 医者に傷を診てもらう。（　）
5 毎年、梅を漬けている。（　）
6 自分の殻を破りたい。（　）
7 洗剤の白い泡が浮いている。（　）
8 善を勧め悪を懲らす。（　）
9 当時の記憶が定かでない。（　）
10 今朝は丼飯をかきこんだ。（　）

11 雨上がりの空に虹が架かった。（　）
12 暗闇で二つの目があやしく光る。（　）
13 パスタにソースを絡める。（　）
14 温泉旅行で心身を癒やした。（　）
15 何とか原稿用紙の升目を埋めた。（　）
16 難 下山して麓の茶屋で休憩する。（　）
17 襟を正して先生の話を聞く。（　）
18 包丁で魚の腹を割く。（　）
19 忌まわしい思い出は捨てた。（　）
20 仕事を宵のうちに片づける。（　）
21 あやしい雰囲気を醸す曲だ。（　）
22 甘言で人を唆すな。（　）
23 一年は瞬く間に過ぎ去った。（　）
24 煩わしい仕事も進んで受ける。（　）
25 難 恭しくお辞儀をした。（　）

26 猫背を矯正すべく努力している。
27 弔いの列は延々と続いた。
28 ついに戦いの火蓋が切られた。
29 表彰状を筒に入れて持ち帰る。
30 鈴の鳴る音が近づいてくる。
31 指先で優雅にチェスの駒を操る。
32 ペットショップで犬の餌を買う。
33 課長に判断を委ねた。
34 主役に起用された後輩を妬む。
35 その事件には多くの謎が残った。
36 少し運動するだけで膝頭が痛む。
37 彼の話には次々に疑問が湧いた。
38 事故現場に人垣ができている。
39 ドレスの裾を持ち上げて歩く。
40 前例に鑑みて方針を決定した。

41 人ごみに紛れて見えなくなる。
42 注 どんどん不安に陥った。
43 新しく会社を興す。
44 大波が岩に砕けて散る。
45 不気味な音に鳥肌が立つ。
46 事件を闇から闇に葬る。
47 氷室に氷を蓄えておく。
48 王の死に国中の民が喪に服した。
49 穏やかな浦風が吹く丘だ。
50 役員は重要な責任を担っている。

ONE Point

同訓異字「うつ」の使い分け

討つ→たおす。攻め滅ぼす。
(例) 賊を討つ。
撃つ→矢や弾をうって当てる。
(例) 大砲を撃つ。

特別な読み ウォーミングアップ

実施日 ／

解答は別冊P.6

1 次の——線の読みをひらがなで、（　）に記せ。

1 神楽を奉納する。（　）
2 神々しいお姿を見る。（　）
3 神主のおはらいを受ける。（　）
4 神前にお神酒を供える。（　）
5 母家で祖母が寝ている。（　）
6 彼女は母方の伯母です。（　）
7 武家の子は乳母に育てられる。（　）
8 苦手な食べ物は納豆だ。（　）
9 鍋で小豆を煮る。（　）
10 大豆はみその原料だ。（　）

2 次の——線の読みをひらがなで、（　）に記せ。（＊は特別な読み）

1 野良＊仕事に精を出す。（　）
2 良縁に恵まれる。（　）
3 雪崩＊に注意する。（　）
4 山崩れで通行止めになる。（　）
5 祝詞＊をあげる。（　）
6 祝辞を述べる。（　）
7 上司に仲人＊をしてもらう。（　）
8 仲介を依頼する。（　）
9 相撲＊の稽古を見学する。（　）
10 ご相伴にあずかる。（　）

特別な読み 練習 1

実施日 ／

解答は別冊P.6

1 次の――線の読みをひらがなで、（　）に記せ。

1 例年より早い梅雨入りだ。（　）
2 昔の人は行火で暖をとった。（　）
3 老若男女が楽しめるゲームだ。（　）
意味 「老若男女」＝年齢・性別に関係なく全ての人。
4 今日はいい日和ですね。（　）
5 これは国宝級の太刀だ。（　）
6 帽子を目深にかぶる。（　）
7 数寄屋造りの離れを設ける。（　）
ヒント 「数奇屋」とも書く。
8 彼は壮絶な最期を遂げた。（　）
9 居留守を使うとは失礼だ。（　）
10 寄席で落語を聞く。（　）
11 十日間の断食修行に参加する。（　）
12 仁王門の前で写真を撮る。（　）
13 一週間分の献立表を作る。（　）
14 日本庭園には築山が付き物だ。（　）
15 のんびりと物見遊山に出掛ける。（　）
16 浮気せずに一つの銘柄にこだわる。（　）
17 和服のときは足袋を履く。（　）
18 糸を手繰って魚を引き上げた。（　）
19 記号の意味を凡例で調べる。（　）
20 今の勝負は八百長臭い。（　）
21 やっと願いが成就した。（　）
22 彼の行方は今もわからない。（　）
23 その件は社長の言質を取っている。（　）
意味 後で証拠となる言葉。
24 寂として声を立てる者はいない。（　）
意味 「寂として」＝ひっそりとして。

ONE Point

漢字の特別な読み方

常用漢字表に掲載される音訓の中には、特別なものや、用法が狭いとされる読み方があり、本書ではこれらと常用漢字表の「付表」の語を「特別な読み」として扱っています。

特別な読み 練習 2

実施日 ／

解答は別冊P.6

1 次の——線の読みをひらがなで、（　）に記せ。

1 謀反の嫌疑を掛けられる。（　）

2 由緒ある茶室を拝見する。（　）

注 3 朝夕、読経の声が聞こえる。（　）

4 桟敷席で芝居を見物する。（　）

5 夢は虚空に舞って散っていった。（　）

6 僧が全国行脚を続けている。（　）

7 温泉街を浴衣で歩く。（　）

8 摂政は天皇に代わり政務を執る。（　）

9 宴会で仕事の話は御法度です。（　）

10 除夜の鐘で煩悩を除く。（　）

11 数珠を持って法事に出掛ける。（　）

12 春の息吹を感じる。（　）

13 網には雑魚ばかりがかかった。（　）

14 修行僧の勤行の声が響く。（　）

15 師走は毎年忙しくしている。（　）

16 桃山時代に建立された寺だ。（　）

17 道場では猛者が稽古している。（　）

18 緑青は絵の具の原料になる。（　）

19 従容として事にあたる。（　）

20 赤字を臨時収入で相殺する。（　）

21 夏至は例年六月二十二日頃だ。（　）

難 22 この寺の庫裏は重要文化財だ。（　）

23 祭りでわら草履を履く。（　）

24 弥生は三月の別称の一つだ。（　）

25 町の大通りを山車が行く。（　）

26 海女が海岸でたき火をしている。（　）

27 回向して先祖の霊をまつる。

28 伝馬船の寄港地として栄えた町だ。

29 師の衣鉢が受け継がれた。

30 律儀に挨拶して回る。

31 諸国を流浪しながら一生を終えた。

32 温泉は硫黄のにおいがした。

33 魚河岸とは魚市場のことだ。

34 疫病神と罵られる。

35 聞きしに勝る荘厳な滝だ。

36 困っている人に功徳を施す。

37 脚立に乗って電球を替える。

38 娘が稚児行列に参加する。

39 材料不足を懸念している。

40 霊験あらたかなご神水だ。

41 恥ずかしくて顔が火照った。

42 蚊帳で虫よけをする。

43 兄の料理の腕は玄人はだしだ。

44 とうとう犯人の尻尾をつかんだ。

45 素人ばかりの合唱団ができた。

46 投網で小魚を捕った。

47 刀工が鍛冶場で作業をしている。

48 凸凹の道を四輪駆動車で走る。

49 選挙の結果を固唾をのんで見守る。

50 久遠の理想郷を描いた絵だ。

ONE Point

次の熟語を二とおりの読み方で読んでみよう！

①梅雨　②紅葉　③老舗

(答え：①つゆ　ばいう　②もみじ　こうよう　③しにせ　ろうほ)

同字の音訓 ウォーミングアップ

実施日 ／

解答は別冊P.7

1 次の漢字はそれぞれ音読みと訓読みをする。
――線の読みをひらがなで、（　）に記せ。

栄
1 虚栄（　）
2 栄える伝統（　）

染
3 染色体（　）
4 染みる（　）

鈴
5 土鈴（　）
6 鈴虫（　）

患
7 患者（　）
8 患う（　）

統
9 大統領（　）
10 統べる（　）

蓋
11 天蓋（　）
12 瓶の蓋（　）

担
13 担任（　）
14 担ぐ（　）

愁
15 愁嘆（　）
16 愁い（　）

軟
17 軟弱（　）
18 軟らかい（　）

漢字の読み
漢字の部首
熟語の理解
対義語・類義語
四字熟語
送りがな
同音・同訓異字
書き取り

拙

19 稚拙
20 拙い

彩

21 色彩
22 彩る

粋

23 純粋
24 小粋な着物

障

25 障害
26 障る

若

27 若干
28 若しくは

過

29 超過
30 過ち

柳

31 川柳
32 柳

捜

33 捜査
34 捜す

井

35 市井
36 井戸

ONE Point

中国の発音をまねたのが音、さて訓は?

漢字の訓は、漢字の持つ意味と、日本古来の言葉とが関連づけられた読み方です。

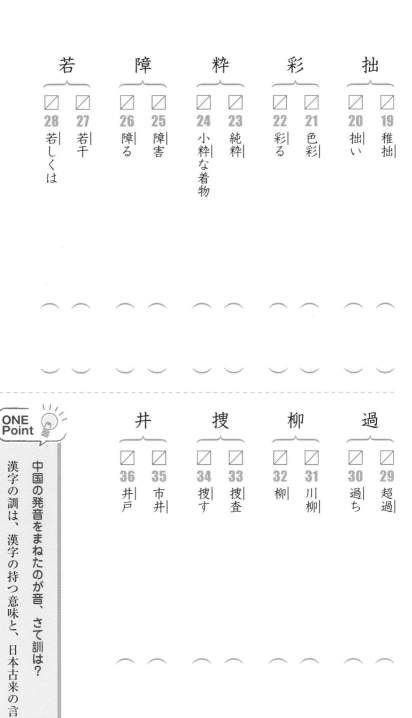

同字の音訓 練習 1

実施日 ／

解答は別冊P.7

1 次の――線の読みをひらがなで、（　）に記せ。

1 敵の進撃を阻止する。（　）
2 敵の侵入を阻む。（　）
3 不動産の売買契約をする。（　）
4 彼とは固い契りを結んだ仲だ。（　）
5 緩急自在に球を投げ分ける。（　）
意味 遅いことと速いこと。
6 緊張を緩めて深呼吸する。（　）
7 刑事裁判を傍聴する。（　）
8 母の傍らで子どもが遊ぶ。（　）
9 台風で甚大な被害が出た。（　）
10 歩きたばこは甚だ迷惑だ。（　）
意味 たいへん・非常に。

11 醸造所の見学をする。（　）
意味 微生物による発酵を利用して酒・しょう油・みそなどを造ること。
12 失言が物議を醸した。（　）
13 罪人にも慈悲をかける。（　）
ヒント 「慈」を使った熟語に「慈愛」がある。
14 子どもを慈しみ育てる。（　）
15 既成の概念にとらわれるな。（　）
16 父は既に出発していた。（　）
17 ご逝去を悼み申し上げます。（　）
ヒント 行って再び帰ってこないものには「逝」を使う。
18 逝く春を惜しんで句を詠む。（　）
19 不審な話に渋面を作る。（　）
20 このお茶は渋い。（　）
21 王のもとに伺候する。（　）
意味 貴人のそばで奉仕すること。
22 社長の意向を伺った。（　）

23 葛根湯は風邪に効くとされる。

24 葛湯を飲んで体を温める。

25 決勝戦は僅差の勝負となった。

26 僅かばかりの蓄えが底をついた。

27 ピアノの鍵盤に指を走らせる。

28 厳重に鍵をかけて保管する。

29 論文が批評家の好餌となる。

30 水牛がライオンの餌食となった。

31 相手からの申し出を一蹴する。

意味 すげなく拒絶すること。

32 地面を強く蹴って跳び上がる。

33 立て籠もった凶悪犯を狙撃する。

34 狙った獲物は決して逃さない。

35 仰天して腰をぬかす。

意味 非常に驚くこと。

36 仰せの通りです。

37 母は潔癖な人だ。

38 彼は潔く謝った。

39 意思の疎通を図る。

40 流行に疎いがセンスはある。

41 各派の領袖が一堂に会する。

意味 主となる人物。

42 綿の半袖シャツを愛用している。

ONE Point

「音」のみ、または「訓」だけの漢字の数は?

常用漢字二一三六字中、「音」のみの漢字は八一九字、「訓」のみの漢字は七七字と、「訓」のみの漢字が少ない割合になっています。

同字の音訓 練習 1

実施日 ／

解答は別冊P.7

2 次の——線の読みを**ひらがな**で、（　　）に記せ。

1 彼らは中国拳法の達人だ。（　　）
2 負けるものかと拳を握りしめる。（　　）
3 彼は痩身だが意外に力持ちだ。（　　）
4 痩せる思いで合否の通知を待つ。（　　）
5 留学が決まり羨望の的となる。（　　）
6 ビジネスで成功した友人を羨む。（　　）
7 すべての生命に畏敬の念を抱く。（　　）
8 神をも畏れぬ行為に震え上がる。（　　）
9 顎関節に痛みを感じて受診する。（　　）
10 顎に手をあてて考え事をする。（　　）

11 内乱のために町が荒廃する。（　　）
12 服装はやはり廃りが激しい。（　　）
13 頒価はかなり安くなっている。（　　）
意味 分け与える時の値段。
14 商品に価をつける。（　　）
15 大手メーカーの牙城を切り崩す。（　　）
16 ライオンが牙をむいている。（　　）
17 友人と内緒話をする。（　　）
18 げたの緒が切れた。（　　）
19 バレエの華麗な演技を見る。（　　）
20 麗しい友情を描いた小説だ。（　　）
21 贈賄の容疑をかけられる。（　　）
22 この店で大抵のものは賄える。（　　）

23 秋涼の宵、月見をする。

24 涼しい風に当たる。

25 絞首刑は減少の傾向にある。

26 絞り染めの着物を着る。

27 和太鼓の海外公演が行われた。

28 幼い頃から鼓の稽古をした。

29 工場は年末まで稼動している。
ヒント 「稼」の音符は「家」。

30 店の稼ぎ頭として精を出す。

31 とうとう窮地に追い込まれた。
意味 苦境。苦しい立場。

32 進退窮まって辞職する。

33 彼は少々狭量だ。

34 狭い部屋だが住めば都だ。

35 今日は尋常でない暑さだ。

36 常夏の島、ハワイに旅行する。

37 覚えのない醜聞を流される。
意味 聞き苦しいうわさ、スキャンダル。

38 うそは心を醜くする。

39 議論が沸騰して収拾がつかない。

40 大歓声が沸き上がる。

41 「出藍の誉れ」とたたえられた。
意味 「出藍の誉れ」＝弟子が師より優れること。

42 藍染めのハンカチを父に贈る。

ONE Point

熟語の読みの少数派　その①「重箱読み《ジュウばこ》」

「額縁《ガクぶち》」「歩合《ブあい》」などのように、上の字を音読みし、下の字を訓読みする読み方を「重箱読み」といいます。

同字の音訓 練習 1

実施日 ／

解答は別冊P.7

3 次の――線の読みをひらがなで、（　）に記せ。

1 雨水が土に浸透する。（　）
2 手足を湯に浸す。（　）
3 挑発的な発言は慎むべきだ。（　）
4 今シーズン初めて冬山に挑む。（　）
5 四輪駆動車を購入する。（　）
ヒント 「駆」の音符は「区」。
6 市民駅伝で二区を駆ける。（　）
7 資源の枯渇が心配だ。（　）
意味 干上がってなくなること。
8 旅行中に鉢植えが枯れた。（　）
9 責任を他人に転嫁するな。（　）
10 友人が離島に嫁ぐ。（　）

11 犬の嗅覚は非常に優れている。（　）
12 ワインを飲む前に香りを嗅ぐ。（　）
13 悪事の痕跡を消すことは難しい。（　）
14 戦争の爪痕は各地に残っている。（　）
15 魔女が怪しげな呪文を唱えた。（　）
意味 まじない。
16 世間を呪うのは逆恨みだ。（　）
17 契約書に収入印紙を貼付する。（　）
18 部屋の壁に歌手の写真を貼る。（　）
19 賭博は法律で禁止されている。（　）
意味 ばくち。
20 全財産を賭けた大勝負だ。（　）
21 大勢の観客を前に萎縮する。（　）
意味 元気がなくなること。
22 努力が報われず気持ちが萎える。（　）

☐ 23 恒久平和を渇望する。 意味 心から強くのぞむこと。（　）
☐ 24 生活に渇きを覚える。（　）
☐ 25 首謀者は国外に逃亡した。 ヒント 「主謀」とも書き、中心となって悪事をはたらくことの意。（　）
☐ 26 謀りごとに巻き込まれる。（　）
☐ 27 排水溝の清掃をする。（　）
☐ 28 二人の間に溝ができる。（　）
☐ 29 起業には潤沢な資金が必要だ。（　）
☐ 30 母の手紙に瞳が潤む。（　）
☐ 31 模倣は一概に悪いといえない。（　）
☐ 32 兄のやり方に倣う。（　）
☐ 33 清澄な月が輝いている。（　）
☐ 34 澄んだ笛の音が聞こえる。（　）

☐ 35 レーダーで敵機を捕捉する。 意味 つかまえること。（　）
☐ 36 顔の特徴をよく捉えた人物画だ。（　）
☐ 37 試合で負けて自嘲気味に笑う。（　）
☐ 38 嘲りの声を浴びせられた。（　）
☐ 39 ヤギの瞳孔は横に細長い。（　）
☐ 40 少年は計画を聞き瞳を輝かせた。（　）
☐ 41 嫉妬にかられて苦しむ。（　）
☐ 42 人の幸せを妬んでも仕方ない。（　）

ONE Point

熟語の読みの少数派　その②「湯桶《ゆトウ》読み」

「結納《ゆいノウ》」「敷布《しきフ》」「端数《はスウ》」などのように、上の字を訓読みし、下の字を音読みする読み方を「湯桶読み」といいます。

同字の音訓 練習 2

実施日

解答は別冊P.8

1 次の――線の読みをひらがなで、（　）に記せ。

1 庭の一隅に植え込みがある。（　）
2 ほこりが部屋の隅にたまる。（　）
3 経済恐慌で失業者が急増した。（　）
4 慌ただしい毎日を過ごす。（　）
5 薬に拒絶反応を起こす。（　）
6 度々の申し出を拒む。（　）
7 旅の感懐を日記にしたためる。（　）注
8 彼は犬に懐かれやすい。（　）
9 強力打線が先発投手を粉砕する。（　）
10 細かく氷を砕く。（　）
11 忌中の訪問は控える。（　）
12 不吉なことと忌み嫌う。（　）
13 サケの群れが川を遡上する。（　）
14 不和の原因は三年前の春に遡る。（　）
15 それは唾棄すべき愚かな行為だ。（　）注
16 心霊写真は眉唾物だと考える。（　）
17 画家の諦観の境地を表す絵だ。（　）
18 資金不足で海外留学を諦める。（　）
19 攻撃的で立身出世に貪欲な男だ。（　）注
20 二日ぶりの食事を貪り食う。（　）
21 競技会への出場資格を剝奪する。（　）
22 化けの皮が剝がれる。（　）
23 主人公の少年が妖怪を退治する。（　）
24 妖しい輝きで人を惑わす宝石だ。（　）

25 姉は小学校の教諭になった。（　　）
26 親が我が子を諭す。（　　）
27 著名人が淫行で逮捕される。（　　）
28 若者の淫らな服装を戒める。（　　）
29 難 祖父は古美術に通暁している。（　　）
30 成功の暁には祝宴を催したい。（　　）
31 家族への侮辱は許さない。（　　）
32 敵を侮ってはいけない。（　　）
33 斬殺シーンは修正されたそうだ。（　　）
34 政治と金の問題に鋭く斬り込む。（　　）
35 難 茶道の秘奥を極める。（　　）
36 通帳をたんすの奥に隠す。（　　）
37 蛇行する川を船で下る。（　　）
38 蛇を怖がる人が多い。（　　）

39 難 思わぬ晩霜で苗が枯れた。（　　）
40 真っ白な霜が降りた。（　　）
41 彼の態度に憤慨する。（　　）
42 不誠実な対応に憤る。（　　）
43 外国の推理小説を翻訳する。（　　）
44 身勝手にも前言を翻した。（　　）
45 戦争で全てが焦土と化した。（　　）
46 焦りが事故につながった。（　　）
47 注 端正な顔立ちに思わず見とれる。（　　）
48 年端もいかぬ子が後に残された。（　　）

ONE Point

意味の分け目は音か訓！

「内面《ナイメン》」「内面《うちづら》」「片言《ヘンゲン》」「片言《かたこと》」などのように、音で読むか訓で読むかで意味が違ってくる熟語があります。文脈に注意しましょう。

同字の音訓 練習 2

実施日

解答は別冊P.8

2 次の――線の読みをひらがなで、（　）に記せ。

1 台風で傷んだ屋根を修繕する。（　）
2 洋服の綻びを繕う。（　）
3 規則違反で懲戒処分を受ける。（　）
4 度重なる失敗にすっかり懲りた。（　）
5 担当する仕事が変わった。（　）
6 重大な責任を担う。（　）
7 今も飢餓にあえぐ地域がある。（　）
8 人の愛に飢えた幼少期だった。（　）
難 9 繭糸は生糸や真綿の原料だ。（　）
10 白い繭に色をつける。（　）

11 入社前に誓約書を書いた。（　）
12 誓いは守り通す覚悟だ。（　）
13 巨大組織が内部から瓦解する。（　）
14 瓦屋根の住宅が連なる。（　）
15 台風で無惨にも家が全壊した。（　）
16 惨めな敗北を喫する。（　）
17 大会社の傘下に入る。（　）
18 電車に傘を忘れてしまった。（　）
19 国会召集の詔書が公示された。（　）
難 20 大仏建立の詔が発せられた。（　）
21 殊勝な心掛けだと褒められる。（　）
22 殊更声高に意見を述べた。（　）
注 23 苦汁をなめた。（　）
24 茶店で汁粉を注文する。（　）

25 断崖の上に立つホテルに泊まる。
26 切り立つ崖をヤギが駆け上がる。
難
27 鉄棒から落ちて肩を脱臼した。
28 穀物を石臼でひいて製粉する。
29 神社に参詣する人でごった返す。
30 家族そろって祖父の墓に詣でる。
31 猛虎のごとく荒々しい若者だ。
32 野生の虎は年々減少している。
33 食道にできた良性の腫瘍をとる。
34 打撲した足が腫れた。
35 我が家では煎茶を好んで飲む。
36 節分には毎年煎り豆を作る。
37 夏の早朝の散歩は気分爽快だ。
38 花々が爽やかな秋風に揺れる。

39 人権問題で諮問する。
40 予算案を本会議に諮る。
難
41 不作で米が市場から払底した。
42 小切手で代金を支払う。
43 この高台は眺望が良い。
44 船上から水平線を眺める。
45 申し込み手続きが煩雑だ。
46 お手を煩わせて申し訳ない。
47 俗臭が感じられる人だ。
48 たばこ臭いので窓を開けた。

ONE Point

音訓どちらで読んでも意味は同じ！

「表裏《おもてうら》《ヒョウリ》」「山陰《やまかげ》《サンイン》」「傷痕《きずあと》《ショウコン》」などのように、音訓の読み方に関係なく、全く同じ意味を表す熟語があります。

同字の音訓 練習 2

実施日 ／

解答は別冊P.9

3 次の——線の読みをひらがなで、（　）に記せ。

1 ストレスで胃に潰瘍ができる。（　）
2 ペットボトルを潰して捨てる。（　）
3 老朽化した道路に亀裂が入った。（　）
4 百年以上生きる亀がいるらしい。（　）
5 錦秋の候、いかがお過ごしですか。（　）〔難〕
6 錦絵は多色刷りの版画である。（　）
7 股関節のストレッチを毎日行う。（　）
8 彼はよく大股でつかつかと歩く。（　）
9 遅刻した部下を厳しく叱責する。（　）〔注〕
10 頭ごなしに叱ってはいけない。（　）
11 貴族の生活に憧憬の念を抱く。（　）
12 自然の多い田舎暮らしに憧れる。（　）
13 エンジンに欠陥が見つかった。（　）
14 敵をうまく陥れた。（　）〔注〕
15 サッカーの基礎練習をする。（　）
16 ビルの礎を打ち込む。（　）〔難〕
17 高等裁判所に控訴する。（　）〔注〕
18 脂肪分を控えた食事をとる。（　）
19 事故の報に憂色を隠せない。（　）
20 飲み会で日頃の憂さを晴らす。（　）
21 彼は秀抜な批評眼の持ち主だ。（　）
22 一芸に秀でた人物が結集する。（　）
23 自分を卑下する必要はない。（　）
24 卑しい心を見抜かれた。（　）

難

25 降雪のため道路が遮断される。

26 カーテンで光を遮る。

27 外科病棟に入院する。

28 棟上げ式を盛大に行う。

29 城主は暴虐の限りを尽くした。

30 捕虜として虐げられた。

31 教師と保護者が懇談する。

32 遠来の客を懇ろにもてなす。

33 代々窯業を営んでいる。

34 清水焼の窯元を訪ねる。

35 屈辱をばねに努力を続けた。

36 公衆の面前で辱めを受けた。

37 充実した生活を送りたい。

38 残金は図書の購入費に充てる。

注 39 家計が破綻しないよう節約する。

40 梅のつぼみが綻びはじめる。

注 41 社長は一人娘を溺愛している。

42 酒に溺れて身を持ち崩した。

43 聴衆が市長に罵声を浴びせた。

44 若者たちが罵り合う声を聞いた。

注 45 その行いは軽蔑に値するだろう。

46 人を蔑むような発言が目立つ。

47 身勝手な人の言動に翻弄される。

48 所在なさそうに髪の毛を弄ぶ。

ONE Point

読み問題を得意分野にしたい！

間違えた問題で、熟語の意味を知らない場合は、辞書で調べて熟語の意味や漢字の字義を理解するよう心掛けましょう。

漢検おもしろゼミ02

漢字の意味を表すパーツ

「相談」は「相手」の「目」を見て？

あることを決めるために、ほかの人の意見を聞いたり、話し合ったりすることを「相談」といいます。「相」は、「じっと見ること」や「おたがいに」という意味を持つ漢字です。

では、「相」の部首は何でしょうか。「相・校・根・机・核・柵」などの漢字には、みな「木」がついているので、部首は「木」(きへん)でしょうか。

「部首」って何？

「部首」とは、漢字をその意味や字画構成のうえから分類・配列し、あるひとまとまり(部)として捉えたときの、それらの漢字に共通する基本的な構成部分のことをいいます。

例えば、「閣・閥・閲・闇」の部首は、「門」に関する「門(もんがまえ)」です。しかし、同じ「門」を共有する「聞」は、「耳(きく)+門(音符)」という組み立ての漢字で、「耳(きく)」に重点を置いていることから、部首は、「門(もんがまえ)」ではなく、「耳(みみ)」となります。

このように、部首は多く漢字の意味を表していますが、字形から一概に判断することはできません。

「相」は「木+目」からなる漢字で、「目で見る」ことを強調したもので

■間違えやすい部首の漢字

丶	てん	主 丹 井
ノ	の はらいぼう	乗 久
人	ひと	以
入	いる	内 全
ハ	は	具
冫	にすい	冬
几	つくえ	処 凡
凵	うけばこ	出
刀	かたな	分 初
刂	りっとう	前 利 則
力	ちから	勝 功 労 務 募 勲
匕	ひ	化
卩	わりふ ふしづくり	巻
ム	む	去
又	また	取 反 及
口	くち	合 同 命 問 和 喜 周 句 唐
土	つち	堂 墓 圧 垂 墨 塁 塞
士	さむらい	売 壱
夕	た ゆうべ	夜 夢
大	だい	天 夫 奮 奈
子	こ	学 字 季 孝
寸	すん	寺 将
⺌	しょう	尚
尸	かばね しかばね	局
巛	かわ	巡
巾	はば	席 常 幕

す。ですから、「木」(きへん)のように見えて、実は「目」(め)の部首ということになります。「相談は相手の目を見て」と覚えておくとよいでしょう。

「部」や「部首」は研究者が便宜的に定めたものであり、その選び方や分類の仕方はさまざまです。今日の日本の漢和辞典の大部分は、中国・清《しん》代の『康熙字典《こうきじてん》』の部立てによっており、漢検も基本的にこれに則していますが、辞典によって部首や部首名が異なる場合があります。字形を重視するか、意味や成り立ちを重視するかによって分類が異なるためですが、これは編者(研究者)の考え方の違いです。どの考えが正しく、どれが誤っているということではありません。ただし「日本漢字能力検定」に限っては、漢検の定める部首で解答してください。

部首一覧

部首を画数順に並べ、その下に漢字の中で占める位置によって形が変化するもの、特別な部首名のものを分類しています。

偏《へん》… 旁《つくり》… 冠《かんむり》… 脚《あし》… 垂《たれ》… 繞《にょう》… 構《かまえ》…

	部首		位置	名称
一画				
1	【一】	一		いち
2	【丨】	丨		ぼう たてぼう
3	【丶】	丶		てん
4	【ノ】	ノ		の はらいぼう
5	【乙】	乙		おつ
5	【乙】	乚	旁	おつ
6	【亅】	亅		はねぼう
二画				
7	【二】	二		に
8	【亠】	亠	冠	なべぶた けいさんかんむり
9	【人】	人		ひと
9	【人】	亻	偏	にんべん
9	【人】	𠆢	冠	ひとやね
10	【入】	入		いる
11	【儿】	儿		ひとあし にんにょう
12	【八】	八		はち
12	【八】	ハ	脚	は
13	【冂】	冂	構	どうがまえ けいがまえ まきがまえ
14	【冖】	冖	冠	わかんむり

部首	名称	例
干	かん いちじゅう	幸 幹
幺	よう いとがしら	幽
心	こころ	愛 応 憲 恥 慮 憂 慶
小	したごころ	慕
手	て	挙 撃
攵	のぶん ぼくづくり	放 敗 攻
文	ぶん	斑
斗	とます	料
斤	おのづくり	斬
日	ひ	昼 暮 旬 暦
木	き	栄 案 条 栽
欠	あくび かける	次
止	とめる	歴
歹	かばねへん いちたへん がつへん	死
氵	さんずい	準
火	ひ	炭 灰
牜	うしへん	牧
玄	げん	率

部首	名称	例
田	た	男 画 畑 申 由 甲 畿
疋	ひき	疑
目	め	直 真 相
禾	のぎへん	穀
立	たつ	章
糸	いと	累 繭
耳	みみ	聞 聖
聿	ふでづくり	粛
肉	にく	育 胃 背 能 肩 膚 腐
至	いたる	致
臼	うす	興
舌	した	舎 舗
艹	くさかんむり	蒸 蓋
虫	むし	蜜
衣	ころも	裁
見	みる	覚 視
言	げん	誉 謄
豕	ぶた いのこ	豚

番号	部首	形	名称
15	【冫】	冫	にすい
16	【几】	几	つくえ
17	【凵】	凵	うけばこ
18	【刀】	刀	かたな
		刂	りっとう
19	【力】	力	ちから
20	【勹】	勹	つつみがまえ
21	【匕】	匕	ひ
22	【匚】	匚	はこがまえ
23	【匸】	匸	かくしがまえ
24	【十】	十	じゅう
25	【卜】	卜	と うらない
26	【卩】	卩	わりふ ふしづくり
		㔾	わりふ ふしづくり
27	【厂】	厂	がんだれ
28	【厶】	厶	む
29	【又】	又	また
三画			
30	【口】	口	くち
		口	くちへん
31	【囗】	囗	くにがまえ
32	【土】	土	つち
		土	つちへん
33	【士】	士	さむらい
34	【夂】	夂	すいにょう ふゆがしら
35	【夕】	夕	た ゆうべ
36	【大】	大	だい
37	【女】	女	おんな
		女	おんなへん
38	【子】	子	こ
		子	こへん
39	【宀】	宀	うかんむり
40	【寸】	寸	すん
41	【小】	小	しょう
		⺌	しょう
42	【尢】	尢	だいのまげあし
43	【尸】	尸	かばね しかばね
44	【屮】	屮	てつ
45	【山】	山	やま
		山	やまへん
46	【川】	川	かわ
		巛	かわ
47	【工】	工	え たくみ
		工	たくみへん
48	【己】	己	おのれ
49	【巾】	巾	はば
49	【巾】	巾	はばへん きんべん
50	【干】	干	かん いちじゅう
51	【幺】	幺	よう いとがしら
52	【广】	广	まだれ
53	【廴】	廴	えんにょう
54	【廾】	廾	こまぬき にじゅうあし
55	【弋】	弋	しきがまえ
56	【弓】	弓	ゆみ
		弓	ゆみへん
57	【彐】	彑	けいがしら
58	【彡】	彡	さんづくり
59	【彳】	彳	ぎょうにんべん
60	【⺍】	⺍	つかんむり

忄→心　扌→手　氵→水
犭→犬　艹→艸　辶→辵
阝(右)→邑　阝(左)→阜

番号	部首	形	名称
四画			
61	【心】	心	こころ
		忄	りっしんべん
		⺗	したごころ
62	【戈】	戈	ほこづくり ほこがまえ
63	【戸】	戸	と
		戸	とだれ とかんむり
64	【手】	手	て

部首の意味の例

偏(へん)

部首(部首名)	意味
冫 にすい	氷の表面の筋目の形・冷たい
巾 はばへん きんべん	垂れた布のきれ
忄 りっしんべん	心の動きや働き
氵 さんずい	水が流れる様子
禾 のぎへん	イネや穀物
貝 かいへん	お金や財産

旁(つくり)

部首(部首名)	意味
刂 りっとう	刀やその働き
彡 さんづくり	美しい模様や飾り

貝	赤	車	辛	酉	里
かい こがい	あか	くるま	からい	ひよみのとり	さと
買 賞 貞 貢 賓	赦	軍 載	辞	酒	重 量

隹	頁	食	馬	鳥	黒
ふるとり	おおがい	しょく	うま	とり	くろ
集 雇 隻	項 須	養	騰	鳴	黙

番号	部首	字形	名称
64	【手】	扌	てへん
65	【支】	支	し
66	【攴】	攵	のぶん・ぼくづくり
67	【文】	文	ぶん
68	【斗】	斗	とます
69	【斤】	斤	きん
		斤	おのづくり
70	【方】	方	ほう
		方	ほうへん・かたへん
71	【日】	日	ひ
		日	ひへん
72	【曰】	曰	ひらび・いわく
73	【月】	月	つき
		月	つきへん
74	【木】	木	き
		木	きへん
75	【欠】	欠	あくび・かける
76	【止】	止	とめる
77	【歹】	歹	かばねへん・いちたへん・がつへん
78	【殳】	殳	るまた・ほこづくり
79	【毋】	母	なかれ
80	【比】	比	ならびひ・くらべる
81	【毛】	毛	け
82	【氏】	氏	うじ
83	【气】	气	きがまえ
84	【水】	水	みず
		氵	さんずい
		氺	したみず
85	【火】	火	ひ
		火	ひへん
		灬	れんが・れっか
86	【爪】	爪	つめ
		爫	つめかんむり・つめがしら
87	【父】	父	ちち
88	【片】	片	かた
		片	かたへん
89	【牙】	牙	きば
90	【牛】	牛	うし
		牛	うしへん
91	【犬】	犬	いぬ
		犭	けものへん

王・王→玉　ネ→示
耂→老　辶→辵

五画

番号	部首	字形	名称
92	【玄】	玄	げん
93	【玉】	玉	たま
		王	おう
		王	おうへん・たまへん
94	【瓦】	瓦	かわら
95	【甘】	甘	かん・あまい
96	【生】	生	うまれる
97	【用】	用	もちいる
98	【田】	田	た
		田	たへん
99	【疋】	疋	ひき
		𤴔	ひきへん
100	【疒】	疒	やまいだれ
101	【癶】	癶	はつがしら
102	【白】	白	しろ
103	【皮】	皮	けがわ
104	【皿】	皿	さら
105	【目】	目	め
		目	めへん
106	【矛】	矛	ほこ
107	【矢】	矢	や
		矢	やへん
108	【旡】	旡	なし・ぶ すでのつくり
109	【石】	石	いし
		石	いしへん

部首	名称	意味
殳	るまた・ほこづくり	人を殴る・打つ
頁	おおがい	人の姿や人の頭

冠(かんむり)

部首	名称	意味
宀	うかんむり	家や屋根・覆う
耂	おいかんむり・おいがしら	つえを突いた年寄り
雨	あめかんむり	雨や雨降りの様子

脚(あし)

部首	名称	意味
灬	れんが・れっか	火・燃え上がる炎
㣺	したごころ	心の動きや働き

垂(たれ)

部首	名称	意味
厂	がんだれ	切り立った崖
广	まだれ	屋根・建物

繞(にょう)

部首	名称	意味
辶	しんにょう・しんにゅう	歩く・進む
廴	えんにょう	道を行く

構(かまえ)

部首	名称	意味
囗	くにがまえ	周りを囲んだ形
行	ぎょうがまえ・ゆきがまえ	歩く・道を行く

番号	部首	形	名前
110	【示】	示	しめす
		ネ	しめすへん
111	【禾】	禾	のぎ
		禾	のぎへん
112	【穴】	穴	あな
		穴	あなかんむり
113	【立】	立	たつ
		立	たつへん

氺→水　罒→网　ネ→衣

六画

番号	部首	形	名前
114	【竹】	竹	たけ
		⺮	たけかんむり
115	【米】	米	こめ
		米	こめへん
116	【糸】	糸	いと
		糸	いとへん
117	【缶】	缶	ほとぎ
118	【网】	罒	あみがしら あみめ よこめ
119	【羊】	羊	ひつじ
120	【羽】	羽	はね
121	【老】	耂	おいかんむり おいがしら
122	【而】	而	しかして しこうして
123	【耒】	耒	すきへん らいすき
124	【耳】	耳	みみ
		耳	みみへん
125	【聿】	聿	ふでづくり
126	【肉】	肉	にく
		月	にくづき
127	【自】	自	みずから
128	【至】	至	いたる
129	【臼】	臼	うす
130	【舌】	舌	した
131	【舟】	舟	ふね
		舟	ふねへん
132	【艮】	艮	ねづくり こんづくり
133	【色】	色	いろ
134	【艸】	艹	くさかんむり
135	【虍】	虍	とらがしら とらかんむり
136	【虫】	虫	むし
		虫	むしへん
137	【血】	血	ち
138	【行】	行	ぎょう
		行	ぎょうがまえ ゆきがまえ
139	【衣】	衣	ころも
		衤	ころもへん
140	【襾】	西	にし
140	【襾】	覀	おおいかんむり

七画

番号	部首	形	名前
141	【見】	見	みる
142	【臣】	臣	しん
143	【角】	角	かく つの
		角	つのへん
144	【言】	言	げん
		言	ごんべん
145	【谷】	谷	たに
146	【豆】	豆	まめ
147	【豕】	豕	ぶた いのこ
148	【豸】	豸	むじなへん
149	【貝】	貝	かい こがい
		貝	かいへん
150	【赤】	赤	あか
151	【走】	走	はしる
		走	そうにょう
152	【足】	足	あし
		𧾷	あしへん
153	【身】	身	み
154	【車】	車	くるま
		車	くるまへん
155	【辛】	辛	からい

■まぎらわしい部首

①「阝（おおざと）」と「阝（こざとへん）」

●阝（おおざと）　…邪・邸・郭・郊など
もとは「邑（むら）」で、人が住む場所を表し、「おおざと」は「大きな村里」を意味しています。「阝」は「邑」が旁《つくり》になったときの省略された形です。

●阝（こざとへん）…隙・阪・陥・隅など
もとは「阜（おか）」で、土を積み重ねた高い土地という意味を表しました。「阝」は「阜」が偏になったときの省略された形で、「おおざと」に対して「こざとへん」といわれます。

②位置によって形や呼び名が変わるもの

部首	形	名前	例
人	イ	にんべん	俺・僅・傲　など
	𠆢	ひとやね	傘・介・企　など
心	忄	りっしんべん	惧・憧・慄　など
	⺗	したごころ	恭・慕
手	手	て	拳・摯・掌　など
	扌	てへん	挫・捉・捗　など
水	氵	さんずい	溺・湧・沃　など
	氺	したみず	泰
火	火	ひへん	煩・炊・煙　など
	灬	れんが・れっか	煎・煮・烈　など
示	示	しめす	祭・票・禁　など
	ネ	しめすへん	禍・祥・禅　など
衣	衣	ころも	衷・褒・裂　など
	衤	ころもへん	袖・裾・襟　など

156	【辰】	辰	しんのたつ
157	【辵】	辶	しんにょう しんにゅう
		⻌	しんにょう しんにゅう
158	【邑】	阝	おおざと
159	【酉】	酉	ひよみのとり
		酉	とりへん
160	【釆】	釆	のごめ
		釆	のごめへん
161	【里】	里	さと
		里	さとへん
162	【舛】	舛	まいあし
163	【麦】	麦	むぎ
		麦	ばくにょう
八画			
164	【金】	金	かね
		金	かねへん
165	【長】	長	ながい
166	【門】	門	もん
		門	もんがまえ
167	【阜】	阜	おか
		阝	こざとへん
168	【隶】	隶	れいづくり
169	【隹】	隹	ふるとり
170	【雨】	雨	あめ
		⻗	あめかんむり
171	【青】	青	あお
172	【非】	非	あらず ひ
173	【斉】	斉	せい
九画			
174	【面】	面	めん
175	【革】	革	かくのかわ つくりがわ
		革	かわへん
176	【音】	音	おと
177	【頁】	頁	おおがい
178	【風】	風	かぜ
179	【飛】	飛	とぶ
180	【食】	食	しょく
		飠	しょくへん
		飠	しょくへん
181	【首】	首	くび
182	【香】	香	か かおり
十画			
183	【馬】	馬	うま
		馬	うまへん
184	【骨】	骨	ほね
		骨	ほねへん
185	【高】	高	たかい
186	【髟】	髟	かみがしら
187	【鬯】	鬯	ちょう
188	【鬼】	鬼	おに
		鬼	きにょう
189	【韋】	韋	なめしがわ
190	【竜】	竜	りゅう
十一画			
191	【魚】	魚	うお
		魚	うおへん
192	【鳥】	鳥	とり
193	【鹿】	鹿	しか
194	【麻】	麻	あさ
195	【黄】	黄	き
196	【黒】	黒	くろ
197	【亀】	亀	かめ
十二画			
198	【歯】	歯	は
		歯	はへん
十三画			
199	【鼓】	鼓	つづみ
十四画			
200	【鼻】	鼻	はな

※注　常用漢字表では「⻌」は「遡・遜」、「飠」は「餌・餅」のみに適用。

■「月」の部首について

「月」の形の成り立ちには、次の三つの系統があります。

①つき「月」…細い月の形を描いた象形文字時に関係する字に多く見られます。
⇒月・有・朝・朗・望・期 の六字

②つきへん「月」…「舟」が変形したもの「ふなづき」と呼ばれていましたが、現在は「つきへん」と呼ばれています。
⇒服・朕の二字

③にくづき「月」…「肉」が変形したもの「にく」のみ「肉」と書きますが、ほかの字と組み合わさると「月」の形になり、人体に関する漢字に添えられています。
⇒臆・股・腺・肘　など

本来は、形もそれぞれ違っていましたが、「常用漢字表」ではこれらの字形の区別をせず、全て「月」とされています。

漢検では、「肉」が偏となった「にくづき」の漢字は「月」の部ですが、偏ではない部分で扱われる字は「肉」の部に分類しています。

● 部首「肉」の漢字（常用漢字表内）
腎・脊・肯・肖・脅・肩・腐・膚・背・能・胃・育・肉

ウォーミングアップ

実施日

解答は別冊P.9

1 次の漢字群のうち、一つだけ**部首**が**異なるもの**がある。その**漢字**を選んで（　）に書き、さらにその**部首**を［　］に記せ。

		漢字	部首
(例)	渉・准・潤・浸・洪	准	冫
1	申・甲・畏・由・塁		
2	芳・芯・薫・夢・荘		
3	幕・師・帯・常・丙		
4	原・厄・厚・厘・歴		
5	柳・朴・相・槽・楷		
6	旅・放・施・旗・旋		
7	煙・炉・畑・煩・燥		
8	仮・併・化・侶・伴		
9	次・冷・凍・冶・凝		
10	粉・粧・料・粒・粘		
11	労・劣・務・勃・協		
12	我・戒・戯・戚・賊		
13	唯・唆・噴・鳴・叱		
14	胎・肪・勝・肌・胞		
15	頻・頼・瀬・顧・頓		
16	贈・賂・賦・賄・則		
17	寮・寂・宣・寧・賓		
18	殻・殴・殺・役・殿		
19	単・厳・営・覚・巣		
20	堆・雄・雅・離・難		

2 次の漢字の**部首**を**ア〜エ**から選び、（　　）にその**記号**を記せ。

1 采［ア ノ　イ ⺥　ウ 釆　エ 木］（　）
2 腐［ア 肉　イ 亻　ウ 寸　エ 广］（　）
3 舞［ア 一　イ 夕　ウ 舛　エ 皿］（　）
4 癖［ア 广　イ 疒　ウ 辛　エ 亠］（　）
5 嫉［ア 广　イ 疒　ウ 矢　エ 女］（　）
6 褒［ア 衣　イ 亠　ウ 亻　エ 口］（　）
7 壁［ア 土　イ 十　ウ 尸　エ 辛］（　）
8 萎［ア 艹　イ 禾　ウ 女　エ 丨］（　）
9 墓［ア 艹　イ 日　ウ 土　エ 𠆢］（　）
10 窮［ア 宀　イ 穴　ウ 身　エ 弓］（　）
11 憲［ア 宀　イ 罒　ウ 王　エ 心］（　）
12 慕［ア 艹　イ ⺗　ウ 日　エ 大］（　）
13 藻［ア 艹　イ 氵　ウ 口　エ 木］（　）
14 爵［ア ⺥　イ 罒　ウ 艮　エ 寸］（　）
15 蔑［ア 艹　イ 罒　ウ 戈　エ 丶］（　）
16 賞［ア 貝　イ ⺌　ウ 冖　エ 口］（　）
17 吏［ア 一　イ 大　ウ 口　エ 人］（　）
18 募［ア 艹　イ 力　ウ 日　エ 八］（　）
19 威［ア 一　イ 厂　ウ 戈　エ 女］（　）
20 麓［ア 木　イ 鹿　ウ 广　エ 比］（　）
21 豪［ア 亠　イ 口　ウ 冖　エ 豕］（　）
22 喫［ア 刀　イ 口　ウ 一　エ 大］（　）

ONE Point

漢字を整理するため部首がある

部首は便宜的に考え出された漢字の分類方法です。「漢検」は『漢検要覧 2〜10級対応』に示す部首分類によります。

練習 1

実施日

解答は別冊P.9

1 次の漢字の**部首**を（　）に記せ。

（例）菜（艹）

（例）間（門）

1 姻（　）
2 彙（　）
3 麺（　）
4 慰（　）　ヒント 気持ちに関係する字であることに注目。
5 乱（　）
6 越（　）
7 尻（　）
8 幣（　）
9 羞（　）　ヒント 部首と字形は少し異なっている。
10 陣（　）
11 弄（　）
12 嗣（　）
13 疑（　）
14 嘱（　）
15 麻（　）　ヒント この部首の漢字は常用漢字ではこれのみ。
16 升（　）
17 訃（　）
18 芋（　）
19 扉（　）　ヒント 漢字の意味を考える。
20 臨（　）
21 羅（　）
22 拳（　）
23 郵（　）
24 献（　）　ヒント 神に動物をそなえることから、ささげるの意を持つ字。
25 薫（　）
26 閲（　）
27 缶（　）
28 衆（　）　ヒント 字義ではなく字形から部首が分類されている。
29 致（　）
30 辱（　）
31 覧（　）　ヒント 「展覧」「観覧」などの熟語から「覧」の意味を考える。
32 崖（　）
33 衷（　）
34 鬱（　）
35 盟（　）
36 鶏（　）

37 欲（　）
38 圏（　）
39 戴（　）
40 駆（　）
ヒント 音符と意符に分けてみるとよい。
41 薦（　）
42 寧（　）
43 菌（　）
44 匂（　）
45 蛮（　）
46 翌（　）
ヒント もともとは「鳥が飛ぶ」意を表した字。
47 煎（　）

48 叙（　）
49 暁（　）
50 僚（　）
51 愚（　）
52 亀（　）
53 尉（　）
54 壁（　）
55 携（　）
56 弧（　）
57 堅（　）
58 蜜（　）

59 傾（　）
60 衡（　）
61 享（　）
62 喪（　）
63 候（　）
64 甘（　）
ヒント 「甚」も同じ部首の漢字。

65 賢（　）
66 鯨（　）
67 玄（　）
ヒント 「率」も同じ部首の漢字。
68 鶴（　）
69 翁（　）
70 罵（　）

ONE Point

よくある部首と思い込まないで！

次の字の部首は（　）内なので注意しましょう。
「岡」（山）・「酒」（酉）・「初」（刀）・「次」（欠）・
「務」（力）・「灰」（火）・「騰」（馬）　など

練習 1

実施日 ／

解答は別冊P.10

2 次の漢字の**部首**を（　）に記せ。

（例）菜（艹）

1 拷（　）
2 概（　）
3 煩（　）
4 玩（　）
5 壇（　）
6 畝（　）
7 罷（　）

（例）間（門）

8 丹（　）
ヒント「丸」「主」も同じ部首の漢字。
9 窯（　）
10 猶（　）
11 斬（　）
12 卵（　）
ヒント 漢字の下の部分になると「㔾」の形になる部首。
13 忘（　）
14 蓄（　）

15 誉（　）
16 弾（　）
17 曽（　）
ヒント よく似た部首とまちがえやすいので注意。
18 摩（　）
19 彰（　）
20 瓦（　）
21 奨（　）
ヒント 音を表す部分は部首でないことに注目。
22 泰（　）
23 刃（　）
24 疫（　）
25 鋳（　）

26 藍（　）
27 裁（　）
ヒント 布を裁って着物をつくる意を表した漢字。
28 虞（　）
29 稚（　）
30 恭（　）
31 逮（　）
32 袋（　）
33 宴（　）
34 頻（　）
35 帝（　）
36 葛（　）

37 彫 （　　）
ヒント かがやき、かざりなどの意を示す漢字がこの部首。

38 困 （　　）

39 癒 （　　）

40 殉 （　　）

41 頑 （　　）

42 突 （　　）
ヒント あなから犬がとび出す意から「つき出る」の意となった字。

43 邸 （　　）

44 曇 （　　）

45 軟 （　　）

46 虎 （　　）

47 免 （　　）

48 躍 （　　）

49 塗 （　　）
ヒント 「どろ」をぬる意を表す漢字であることに注目。

50 畜 （　　）

51 峠 （　　）

52 企 （　　）

53 魔 （　　）
ヒント 音を表す部分は部首でないことに注目。

54 桁 （　　）

55 隠 （　　）

56 猛 （　　）

57 冶 （　　）

58 怠 （　　）

59 履 （　　）

60 磨 （　　）

61 耗 （　　）

62 触 （　　）

63 飢 （　　）

64 盆 （　　）

65 凡 （　　）

66 丘 （　　）
ヒント 「丈」「与」も同じ部首の漢字。

67 酎 （　　）

68 房 （　　）
ヒント とびら・家などに関係する漢字がこの部首。

69 充 （　　）

70 須 （　　）

ONE Point

漢字自体がその部首になっている例

斉→「斉（せい）」
皮→「皮（けがわ）」
至→「至（いたる）」
麻→「麻（あさ）」

鼻→「鼻（はな）」
亀→「亀（かめ）」
鬼→「鬼（おに）」
鹿→「鹿（しか）」

練習 2

実施日

解答は別冊P.10

1 次の漢字の**部首**と**部首名**を記せ。部首名が二つ以上あるものは、そのいずれか一つでよい。

	(例)	1	2	3	4	5	6	7
漢字	菜	誓	貌	楼	釜	竜	姿	斥
部首	艹							
部首名	くさかんむり							

	8	9	10	11	12	13	14	15
漢字	恣	呈	是	弔	勾	靴	虜	斉
部首								
部首名								

	16 注	17	18	19	20	21 注	22	23 注	24	25	26
漢字	斑	栽	呉	叔	旦	妥	勅	辛	烈	奔	醸
部首											
部首名											

	27	28 難	29	30	31 難	32	33	34	35	36	37
漢字	辣	爪	融	崇	亜	畳	卸	凄	甚	占	尼
部首											
部首名											

48	47	46	45	44	43	42	41	40	39	38
歳	巾	忍	廃	顎	遮	閥	弟	凸	骸	端

59	58	57	56 難	55	54	53	52	51	50	49 注
頒	昆	利	弊	嘲	蛇	卑	剛	賠	傘	羨

65	64 難	63	62	61	60
懐	凹	粋	影	乞	岬

71 注	70	69	68 注	67 難	66
井	宜	韻	慮	且	戻

ONE Point

同じ形の部首でもどこに位置するかによって
呼び名が変わる！ その①

「土」塾・堕…つち　塀・塚…つちへん
「車」輩・輝…くるま　軟・軸…くるまへん

練習 2

実施日 ／

解答は別冊P.11

2 次の漢字の**部首**と**部首名**を記せ。部首名が二つ以上あるものは、そのいずれか一つでよい。

	漢字	部首	部首名
(例)	菜	艹	くさかんむり
1	鮮		
2	艶		
3	耕		
4	珍		
5	釈		
6	登		
7	隷		

	漢字	部首	部首名
8	殼		
9	戒		
10	款		
11	敷		
12 (注)	索		
13	延		
14 (難)	屯		
15	哲		

	漢字	部首	部首名
16	塾		
17	孝		
18	矯		
19	頃		
20	臭		
21	虹		
22 (難)	帥		
23	宵		
24	瓶		
25	剥		
26	再		

	漢字	部首	部首名
27	頓		
28	署		
29	亭		
30	斗		
31	髪		
32	冠		
33	聴		
34 (難)	臼		
35	看		
36 (難)	興		
37	畿		

48	47 難	46	45 難	44	43	42 注	41	40	39	38
朕	殊	嵐	脊	囚	餓	爽	蔽	軒	碁	牙

59	58	57 注	56	55	54	53	52	51 注	50	49
劣	緻	義	雇	版	猿	籍	窟	鼓	衝	輩

65	64	63	62	61	60
怨	零	窃	隆	嗅	翼

71	70	69	68	67	66
蛍	累	徹	面	庸	励

ONE Point

同じ形の部首でもどこに位置するかによって呼び名が変わる！　その②

「言」　警・誉…げん　誇・訟…ごんべん

「木」　楽・柔…き　機・標…きへん

漢検おもしろゼミ03

表意文字の神髄がここにあり

■熟語とは
二字以上の漢字を組み合わせたもので意味を区別・限定し、一定の意味を表す言葉。

漢字の組み合わせで広がる言葉の世界

漢字は一字一字が意味を持つ表意文字ですが、一字で物事を表すには限界があります。そこで、二字以上の漢字を組み合わせることによって意味を区別・限定し、より多くの事柄を表すようになりました。こうした一定の意味を表す漢字の組み合わせを「熟語」と呼びます。なかでも、簡潔で安定した二字熟語が基本となり、私たちの言葉の世界は広がりました。

漢字一字一字の字義（漢字が持つ意味）は、熟語になったときにもその意味に反映されます。複数の字義がある漢字は別の字と組み合わさるとき、いずれかの意味が活用されて熟語になります。例えば「熟語」には、それぞれ「熟（＝うれる、煮る、じゅうぶんに、こなれる　など）」「語（＝かたる、ことば）」の字義がありますが、「熟語」は「こなれる」＋「ことば」の組み合わせで構成されています。

限定的な内容を表すために「熟語」は生み出されました。多くの場合、表したい事柄が先にあり、それに合致する字義の漢字を後から組み合わせて「熟語」は作られています。まず漢字があったわけではないので、二字熟語の場合、二つの漢字のどちらを上にするか下にするかで意味が異なる場合があります。「社会」と「会社」、「解明」と「明解」、「格別」と「別

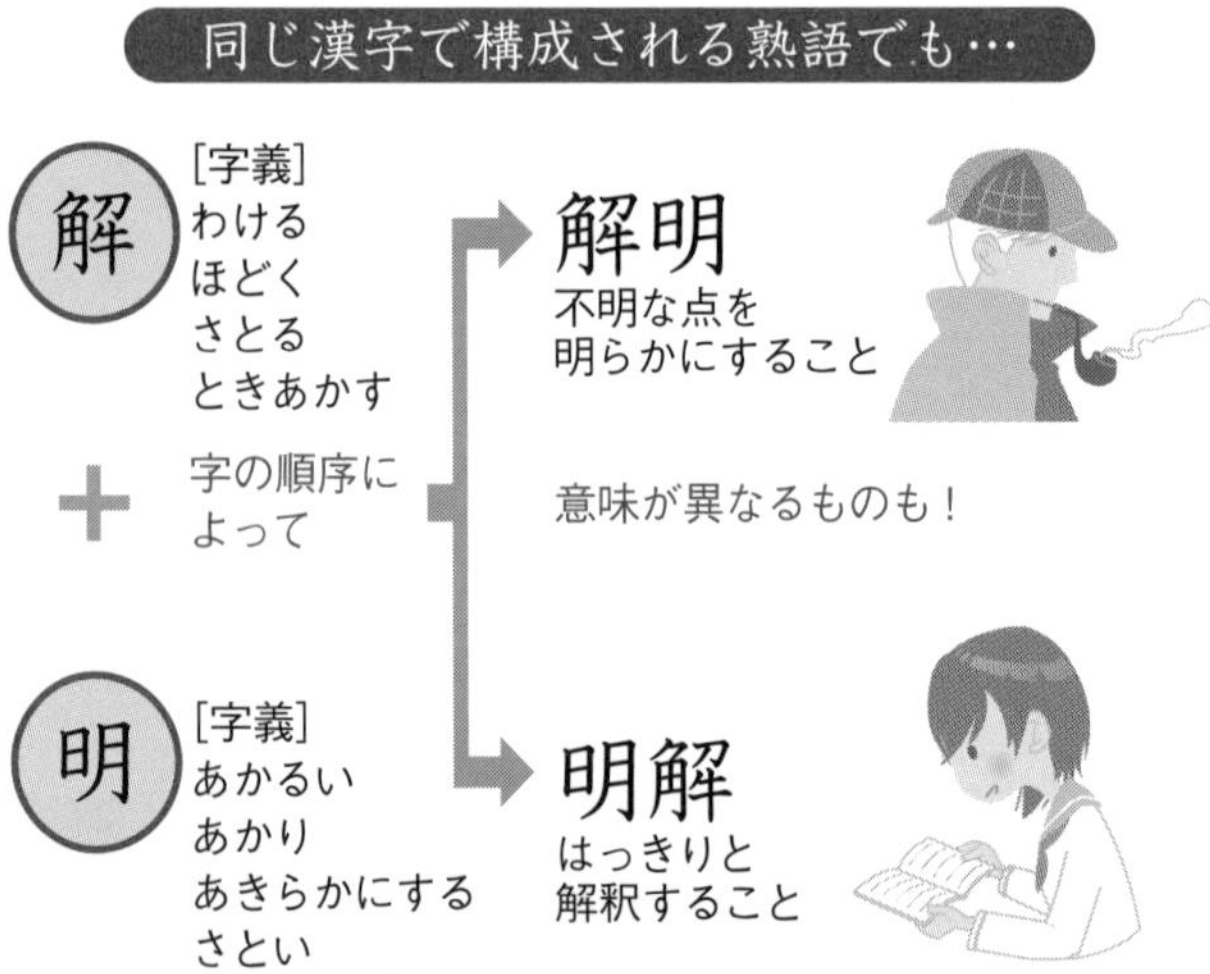

格」などなど……。

いずれにせよ、字義をわかってこそ理解できる熟語の意味とその奥深さ。熟語を学ぶことで表意文字の神髄に触れてみませんか？

熟語のいろいろな読み方

熟語の読み方には一定の法則があります。

(1)上の字を音読みすれば下の字も音読みする。➡「音読語」

(2)上の字を訓読みすれば下の字も訓読みする。➡「訓読語」

しかし例外も多く、音読みと訓読みを混用した「重箱読み」や「湯桶《ゆとう》読み」、慣用音や熟字訓、当て字などの「慣用的な読み」などがあります。

1 音読語 上の字も下の字も音読みをする熟語

原則として、上が呉音なら下も呉音で、上が漢音なら下も漢音で、上が唐音なら下も唐音で読みます。ただし、それらが交ざった読みも多数あります。

(例)挨拶・必須　※「挨拶」はともに漢音、「必須」は漢音と呉音が交ざった読み方

2 訓読語 上の字も下の字も訓読みをする熟語

(例)色艶・眉毛

3 重箱読み 上の字を音読み、下の字を訓読みする熟語

(例)半袖・蜜蜂

4 湯桶読み 上の字を訓読み、下の字を音読みする熟語

(例)餌食・錦絵

5 慣用的な読み 慣用音や熟字訓、当て字などの特別な読み方

(例)息吹・祝詞

音読語

●上下とも呉音で読むもの
極上《ごくじょう》　建立《こんりゅう》　成就《じょうじゅ》　断食《だんじき》　流布《るふ》　など

●上下とも漢音で読むもの
協力《きょうりょく》　極地《きょくち》　自然《しぜん》　人権《じんけん》　有益《ゆうえき》　など

●上下とも唐音で読むもの
行脚《あんぎゃ》　行灯《あんどん》　提灯《ちょうちん》　払子《ほっす》　など

●上を呉音、下を漢音で読むもの
境界《きょうかい》　時間《じかん》　自由《じゆう》　風情《ふぜい》　凡人《ぼんじん》　など

●上を漢音、下を呉音で読むもの
漢音《かんおん》　興味《きょうみ》　権限《けんげん》　食堂《しょくどう》　美男《びなん》　など

訓読語

石臼《いしうす》　大股《おおまた》　鍵穴《かぎあな》　傷痕《きずあと》　葛湯《くずゆ》　渋柿《しぶがき》

隙間《すきま》　喉元《のどもと》　初詣《はつもうで》　花籠《はなかご》　火蓋《ひぶた》　など

重箱読み（上が音、下が訓）

王手《おうて》　楽屋《がくや》　缶詰《かんづめ》　素顔《すがお》　雑煮《ぞうに》　反物《たんもの》

台所《だいどころ》　納屋《なや》　派手《はで》　幕内《まくうち》　両脇《りょうわき》　など

湯桶読み（上が訓、下が音）

金具《かなぐ》　消印《けしいん》　酒代《さかだい》　挿絵《さしえ》　敷布《しきふ》　手本《てほん》

泥棒《どろぼう》　偽札《にせさつ》　店番《みせばん》　結納《ゆいのう》　湯茶《ゆちゃ》　など

慣用的な読み

納戸《なんど》　由緒《ゆいしょ》　披露《ひろう》　玄人《くろうと》　浴衣《ゆかた》　など

熟語の構成と意味の理解

熟語が表意文字である漢字を二字以上組み合わせて構成されていることは、先ほど説明したとおりです。知らない熟語に出会ったとき、漢字の意味と熟語の構成(組み立て)を考えると、熟語のおおよその意味を推測することができます。

熟語の構成(組み立て)は、おおむね次のように分類できます。

1 同じような意味の漢字を重ねたもの

●同じ漢字を重ねて様子や状態を表すもの

「代代」「徐徐」などがこれにあたります。「代々」のように、踊り字(々)を使って書くこともできます。

●同じような意味の漢字を重ねて互いに意味を補い合うもの

この構成の熟語は多く、どちらかの漢字の意味がわかると、熟語の意味もだいたい見当がつきます。

・物のありさまや性質を表す漢字を重ねたもの　(例)豊富　永久

・動作を表す漢字を重ねたもの　(例)言語　禁止

・物の名を表す漢字を重ねたもの　(例)岩石　河川

2 反対または対応の意味を表す漢字を重ねたもの

●物のありさまや性質を表す漢字を組み合わせたもの　(例)高低　善悪

●動作を表す漢字を組み合わせたもの　(例)昇降　発着

●物の名を表す漢字を組み合わせたもの　(例)心身　主従

熟語の組み立て方の例

① 同じような意味の漢字を重ねたもの

●同じ漢字を重ねて様子や状態を表す熟語

少少　個個　再再　刻刻　続続　堂堂
淡淡　洋洋　朗朗　歴歴　艶艶　冥冥

●同じような意味の漢字を重ねて互いに意味を補い合う熟語

・物のありさまや性質を表す漢字を重ねた熟語

寛大　貧乏　曖昧　旺盛　僅少　新鮮
清潔　肥沃　精密　悲哀　詳細　華麗

・動作を表す漢字を重ねた熟語

逸脱　勧奨　萎縮　依頼　勤務　映写
過去　畏怖　怨恨　選択　満足　捕捉

・物の名を表す漢字を重ねた熟語

甲殻　樹木　絵画　船舶　咽喉　身体
皮膚　痕跡　道路　機器　霊魂　洞窟

② 反対または対応の意味を表す字を重ねたもの

●物のありさまや性質を表す漢字を組み合わせた熟語

雅俗　衆寡　苦楽　軽重　広狭　寒暑
有無　細大　厚薄　安危　難易　美醜

●動作を表す漢字を組み合わせた熟語

隠顕　集散　攻守　送迎　浮沈　断続
毀誉　去来　授受　伸縮　贈答　貸借

この構成に分類されるのは、相反する二つの意味を対照的に表す熟語が大半ですが、どちらか一つの漢字の意味だけを表す熟語や、もとの意味から転じた別の意味を表す熟語もありますので、注意が必要です。

(例)黒白《こくびゃく》（物の善し悪《あ》し）
動静（人や物事の活動の様子）
始終（いつも）
異同（異なっているところ、違い）

3 上の字が下の字を修飾しているもの

修飾と被修飾の関係にあり、上から下へ読むと熟語のおおよその意味がわかります。

●上の字が下の字を連体修飾するもの
(例)国歌（↓国の歌）　深海（↓深い海）

●上の字が下の字を連用修飾するもの
(例)楽勝（↓楽に勝つ）　予告（↓予《あらかじ》め告げる）

4 下の字が上の字の目的語・補語になっているもの

「…を～する」「…に～する」というように、下から上へ読むと熟語のおおよその意味がわかります。

(例)握手（↓手を握る）　乗車（↓車に乗る）

※便宜上、熟語で前に来る漢字（一字目）を「上の字」、後に来る漢字（二字目）を「下の字」としています。

●物の名を表す漢字を組み合わせた熟語

腹背　表裏　今昔　縦横　師弟　旦夕

③上の字が下の字を修飾しているもの

●上の字が下の字を連体修飾する熟語

貴賓　会員　畏友　罪人　胃液　品質
洋画　脳波　物価　銀幕　象牙　酪農
急病　鉄柵　悪役　晩秋　重罪　美談

●上の字が下の字を連用修飾する熟語

酷使　早熟　狙撃　優遇　重視　漸進
永住　先発　捻出　厳禁　急増　晩成
再会　激突　徐行　遡行　蜂起　汎用

④下の字が上の字の目的語・補語になっているもの

懐疑　造幣　叙勲　蹴球　延期　開会
加熱　観劇　脱皮　求婚　護身　追跡
始業　指名　籠城　配膳　開幕　遅刻
失踪　尽力　避難　増税　登頂　保健

⑤上の字が下の字の意味を打ち消しているもの

●「不」がついた熟語

不遜　不純　不慮　不備　不断　不潔
不服　不当　不徳　不滅　不義　不興

●「無」がついた熟語

無謀　無為　無恥　無尽　無量　無粋
無窮　無稽

5 上の字が下の字の意味を打ち消しているもの

上に「不」「無」「非」「未」など、打ち消し（否定）の意味を表す漢字がついて、下の漢字の意味を打ち消します。

（例）不穏　無数　非常　未開

6 上の字が主語、下の字が述語になっているもの

「…が～する」と、上から下へ読むと意味がわかります。

（例）日没（**↓日が没する**）

7 上に「所」「被」をつけたもの

「所」は行為の対象や内容を示す言葉、「被」は受け身の意を表す言葉で、それぞれ「…するところのもの」「…される（もの）」という意味の熟語を作ります。

（例）所得　被告

8 「然」「的」などの接尾語が下についたもの

上の字の意味に基づいて、そのような状態・性質・傾向であることを表します。

（例）平然　美的

9 三字以上の熟語を略したもの（略語）

（例）高校（**高等学校**）　特急（**特別急行**）
学割（**学生割引**）　原爆（**原子爆弾**）

●「非」がついた熟語

非番　非才　非情　非凡

●「未」がついた熟語

未踏　未明　未完　未刊　未婚　未収
未熟　未遂　未然　未知　未着　未定

⑥上の字が主語、下の字が述語になっているもの

地震　人造　雷鳴　国立　私製　官選

⑦上に「所」「被」をつけたもの

●「所」がついた熟語

所感　所見　所産　所属　所有　所用

●「被」がついた熟語

被告　被虐　被害　被災

⑧「然」「的」などの接尾語が下についたもの

●「然」がついた熟語

断然　純然　判然　憤然　漫然　漠然
歴然　騒然　端然　突然

●「的」がついた熟語

法的　病的　物的　静的　動的　詩的

三字の熟語の組み立て方

三字の熟語は、そのほとんどが二字の熟語の上か下に漢字が一字ついてできています。

1 もとの熟語に新たな意味が付加されたもの

●上に漢字が一字ついたもの

「大」+「自然」で「大自然」となる形です。

●下に漢字が一字ついたもの

「人類」+「学」で「人類学」となる形です。

2 否定の意味を表す漢字が上についたもの

「不始末」「無意識」「非公式」「未解決」のように「不」「無」「非」「未」などが下の熟語の意味を打ち消す形のものです。

《注意すべき語例》

「不凍港」…「不凍」+「港」↓凍結しない港

「未知数」…「未知」+「数」↓まだ知られていない数

3 接尾語が下についたもの

「協調性」「効果的」など、「性」「的」「化」などの接尾語がつく形です。

4 漢字が三字対等に重ねられたもの

「天」+「地」+「人」で「天地人」となる形です。

三字の熟語の組み立て方の例

① もとの熟語に新たな意味が付加されたもの

●上に漢字が一字ついたもの

再確認　最高潮　夢心地　低気圧
小規模　高性能　定位置　美意識
微生物　手荷物　初対面　核実験
股関節　密貿易

●下に漢字が一字ついたもの

埋蔵量　自尊心　専門家　安心感
調査官　最大限　必需品　善後策
報道陣　性善説　鶴亀算

② 否定の意味を表す漢字が上についたもの

不本意　不合理　不名誉　不首尾
不作法　無責任　無感覚　無慈悲
無造作　無分別　非公開　非合法
非常識　非人情　未経験　未完成
未成年　未開拓

③ 接尾語が下についたもの

協調性　国民性　社交性　柔軟性
必然性　標準的　効果的　本格的
通俗的　楽観的　図案化　合理化
長期化　機械化　習慣化　形骸化

④ 漢字が三字対等に重ねられたもの

大中小　衣食住　松竹梅　陸海空

熟語の構成
ウォーミングアップ

実施日 ／

解答は別冊P.11

1 次のAの漢字と、後のBの漢字一字を組み合わせて、**二字の熟語**を作れ。（A・Bどちらの漢字が上でもよい。）

A

1 逸　2 韻　3 免　4 姻　5 厳
6 渦　7 殤　8 拝　9 拐　10 寡
11 叙　12 腎　13 励　14 悪　15 倫

B

謁　誘　奨　勲　醜
中　婚　黙　腫　律
疫　威　肝　理　脱

1（　）　2（　）　3（　）
4（　）　5（　）　6（　）
7（　）　8（　）　9（　）
10（　）　11（　）　12（　）
13（　）　14（　）　15（　）

2 次の漢字と下のa〜fの漢字を組み合わせて熟語を作る場合、**熟語とならない漢字が一つだけ**ある。その漢字を**記号**で答えよ。（a〜fの漢字は上でも下でもよい。）

1 懐〔a 紙　b 剣　c 中　d 柔　e 諾　f 疑〕（　）
2 浄〔a 土　b 財　c 拭　d 緒　e 清　f 洗〕（　）
3 蓋〔a 円　b 棺　c 包　d 火　e 天　f 鍋〕（　）
4 肢〔a 上　b 義　c 下　d 四　e 手　f 体〕（　）
5 股〔a 内　b 間　c 膝　d 四　e 大　f 上〕（　）
6 障〔a 礼　b 子　c 万　d 壁　e 支　f 故〕（　）
7 制〔a 抑　b 働　c 禁　d 止　e 御　f 覇〕（　）
8 滞〔a 停　b 沈　c 納　d 渋　e 在　f 人〕（　）
9 謀〔a 反　b 首　c 思　d 略　e 議　f 殺〕（　）
10 献〔a 本　b 呈　c 身　d 上　e 金　f 康〕（　）
11 贈〔a 寄　b 賄　c 笑　d 与　e 答　f 呈〕（　）
12 賢〔a 愚　b 人　c 明　d 兄　e 先　f 案〕（　）

3

1～10の三つの□に**共通する漢字**を入れて熟語を作れ。漢字は**ア～ソ**から選び、（　）に**記号**で記せ。

- 1　結□・未□・□期（　）
- 2　恩□・下□・□杯（　）
- 3　□奏・相□・□侶（　）
- 4　脳□・心□・脊□（　）
- 5　□培・盆□・植□（　）
- 6　□土・□加・□福（　）
- 7　私□・貞□・□徳（　）
- 8　□想・□信・□挙（　）
- 9　□滅・倒□・□殤（　）
- 10　凄□・□書・妖□（　）

ア 賜　イ 婚　ウ 髄　エ 冥　オ 延
カ 伴　キ 完　ク 艶　ケ 妄　コ 潰
サ 塾　シ 栽　ス 淑　セ 慈　ソ 偉

4

1～8の三つの□に**共通する漢字**を入れて熟語を作れ。漢字は**ア～ソ**から選び、（　）に**記号**で記せ。

- 1　□索・□検・□究（　）
- 2　□傷・決□・亀□（　）
- 3　喝□・□配・風□（　）
- 4　宣□・□書・□願（　）
- 5　右□・□側・□窓（　）
- 6　□細・□弱・□維（　）
- 7　典□・師□・模□（　）
- 8　年□・□代・音□（　）

ア 裂　イ 負　ウ 探　エ 譜　オ 舷
カ 食　キ 捜　ク 範　ケ 采　コ 微
サ 白　シ 誓　ス 貢　セ 唱　ソ 繊

ONE Point

「同じような意味」を重ねてみても

熟語「貧乏」のように、上下に同じような意味の漢字を重ねた場合、熟語にした時も「とぼしいこと」と、同様の意味を表します。

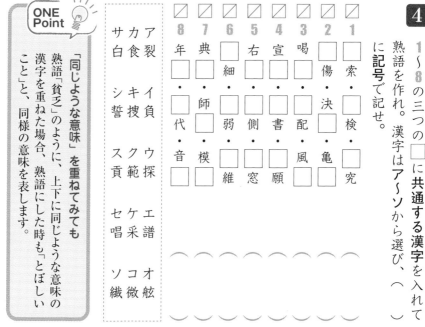

熟語の構成 練習1

実施日 ／

解答は別冊P.12

1 **熟語の構成**のしかたには次のようなものがある。

ア　同じような意味の漢字を重ねたもの　（**岩石**）
イ　反対または対応の意味を表す字を重ねたもの　（**高低**）
ウ　上の字が下の字を修飾しているもの　（**洋画**）
エ　下の字が上の字の目的語・補語になっているもの　（**着席**）
オ　上の字が下の字の意味を打ち消しているもの　（**非常**）

次の**熟語**は、**ア〜オ**のどれにあたるか。（　）に記号で記せ。

1 臆面（　）
2 画趣（　）
3 隠顕（　）
4 愉悦（　）
5 旦夕（　）
6 遷都（　）　ヒント　「遷」は「うつす」という意の字。
7 違背（　）
8 殉教（　）　ヒント　「殉職」も同じ構成の熟語。
9 無謀（　）
10 球茎（　）
11 養蜂（　）
12 開拓（　）

13 共謀（　）
14 往還（　）
15 還元（　）
16 環礁（　）
17 旅愁（　）
18 嫉視（　）　意味　ねたましく思って見ること。
19 楽譜（　）
20 寛厳（　）
21 嫌忌（　）
22 遡源（　）
23 争覇（　）
24 親疎（　）

25 具申
ヒント この「具」は、「くわしい」の意。
26 披露
27 罷業
28 不肖
29 酪農
ヒント 乳製品を作る農業のことをいう。
30 霊魂
31 傲慢
32 懇望
33 核心
34 折衷
35 奔流
36 未詳

37 徹夜
38 玩弄
39 殉難
40 懐古
意味 昔をなつかしく思い出すこと。
41 漆器
42 防疫
43 未熟
44 巧拙
45 諭旨
ヒント 「諭」には「さとす・言いきかせる」という意味がある。
46 紡績
意味 糸をつむぐこと。
47 露顕
48 誓詞

49 無為
50 舌禍
51 不屈
52 寡少
53 融解
54 遡行
55 憂患
56 抹茶

57 叙勲
58 媒介
59 任免
60 不祥
61 叙情
62 享楽
63 雅俗
64 俊秀

ONE Point

上の字と下の字が「反対・対応」の熟語

「浮沈」のように、反対、対応の意味を表す字を重ねた熟語は、「浮くこと」と「沈むこと」というように、「と」を入れて考えましょう。

熟語の構成 練習1

実施日 ／

解答は別冊P.12

2 **熟語の構成**のしかたには次のようなものがある。

ア 同じような意味の漢字を重ねたもの　**(岩石)**
イ 反対または対応の意味を表す字を重ねたもの　**(高低)**
ウ 上の字が下の字を修飾しているもの　**(洋画)**
エ 下の字が上の字の目的語・補語になっているもの　**(着席)**
オ 上の字が下の字の意味を打ち消しているもの　**(非常)**

次の**熟語**は、**ア〜オ**のどれにあたるか。(　　)に記号で記せ。

1 随意　(　　)　意味 思うまま。なんの束縛もないさま。
2 未刊　(　　)
3 謹呈　(　　)　意味 つつしんでさしあげること。
4 妖術　(　　)
5 無恥　(　　)
6 碑銘　(　　)　意味 石碑に刻む銘。
7 広漠　(　　)
8 点滅　(　　)
9 際限　(　　)
10 未聞　(　　)

11 無窮　(　　)
12 毀誉　(　　)
13 頒価　(　　)
14 献呈　(　　)
15 逸脱　(　　)
16 覇権　(　　)
17 不通　(　　)
18 贈賄　(　　)
19 未来　(　　)
20 勅使　(　　)　意味 天皇の命令を伝えるための使者。

熟語の構成 練習 2

実施日

解答は別冊P.12

1 次の熟語と**同じ構成**でできている熟語を［　］から選び、その**記号**を（　）に記せ。

難 1 叙景［a 監督 b 不穏 c 検疫 d 贈答］（　）

2 未満［a 上棟 b 奔流 c 不偏 d 顕在］（　）

3 河畔［a 銃創 b 廃業 c 過誤 d 及落］（　）

4 抑揚［a 俊秀 b 往還 c 懲悪 d 尚早］（　）

5 模擬［a 怒号 b 扶助 c 窮地 d 不昧］（　）

注 6 来賓［a 義憤 b 座礁 c 開廷 d 好悪］（　）

注 7 露顕［a 遵法 b 全潰 c 弊風 d 具備］（　）

8 不浄［a 英俊 b 仙境 c 需給 d 未到］（　）

9 要塞［a 剰余 b 懇請 c 破戒 d 叙事］（　）

10 抗菌［a 免租 b 未熟 c 陳述 d 繊毛］（　）

11 無粋［a 懐郷 b 施肥 c 痛快 d 不朽］（　）

12 把握［a 疎密 b 疾患 c 盲信 d 功罪］（　）

13 遭難［a 出廷 b 広漠 c 駄弁 d 逓減］（　）

14 禍福［a 享受 b 抹茶 c 向背 d 旋風］（　）

ONE Point

上の字が下の字を修飾する熟語

「芳香」は「芳しい香り」と上から下へ考えれば、上の「芳」が下の「香」を連体修飾している熟語と判断できます。

熟語の構成 練習 2

実施日 ／

解答は別冊P.13

2 **熟語の構成**のしかたには次のようなものがある。

ア　同じような意味の漢字を重ねたもの　（岩石）
イ　反対または対応の意味を表す字を重ねたもの　（高低）
ウ　上の字が下の字を修飾しているもの　（洋画）
エ　下の字が上の字の目的語・補語になっているもの　（着席）
オ　上の字が下の字の意味を打ち消しているもの　（非常）

ア〜オの熟語構成になるように後の□の中から漢字を選んで**熟語を完成**させ、（　）にa〜jの記号を記せ。

難 ア
1　閉□　（　）
2　俊□　（　）

イ
3　□尾　（　）
4　虚□　（　）

難 ウ
5　釣□　（　）
6　漆□　（　）

エ
7　□城　（　）
8　除□　（　）

注 オ
9　□遂　（　）
10　□惑　（　）

a 不　b 実　c 籠　d 黒
e 果　f 籍　g 塞　h 首
i 英　j 未

3 **熟語の構成**のしかたには次のようなものがある。

ア	同じような意味の漢字を重ねたもの	（**岩石**）
イ	反対または対応の意味を表す字を重ねたもの	（**高低**）
ウ	上の字が下の字を修飾しているもの	（**洋画**）
エ	下の字が上の字の目的語・補語になっているもの	（**着席**）
オ	上の字が下の字の意味を打ち消しているもの	（**非常**）

ア〜オの熟語構成になるように後の［　］の中から**漢字を選んで熟語を完成**させ、（　）にa〜jの記号を記せ。

難 ア
1 枢□（　）
2 凡□（　）

イ
3 正□（　）
4 興□（　）

注 ウ
5 雪□（　）
6 □野（　）

難 エ
7 □時（　）
8 克□（　）

オ
9 □尽（　）
10 □遜（　）

［
a 渓　b 随　c 要　d 亡　e 沃　f 邪
g 無　h 庸　i 不　j 己
］

ONE Point

下の字が上の字の目的語・補語の熟語
「仰天」は下の「天」から上の「仰」へ「天を仰ぐ」と読めるので、下の字が上の字の目的語・補語となる熟語と判断できます。

熟語の構成 練習 2

実施日　／

解答は別冊P.13

4

次の——線の漢字と**反対の意味の漢字**を□に入れて**熟語を作り**、その**漢字**を（　）に記せ。

1 慶□用の礼服を用意する。（　）
2 スペースの広□を問う。（　）
3 彼は硬□併せ持った人柄だ。（　）
4 苦□を共にした仲間だ。（　）
5 磁気には陰□の極がある。（　）
6 難 □我の戦力を分析する。（　）
7 両作品には□泥の差がある。（　）
8 文章を添□してもらう。（　）
9 □雄分かち難い。（　）
10 記事の内容の真□を疑う。（　）

5

次の——線の漢字と**似た意味の漢字**を□に入れて**熟語を作り**、その**漢字**を（　）に記せ。

1 不正に嫌□感を持つ。（　）
2 野球チームの□督に就任する。（　）
3 難 悪人を放□する。（　）
4 難 悪いイメージを払□したい。（　）
5 銀行が合□する。（　）
6 嫉□は名声の伴侶である。（　）
7 難 足湯で血液の□環を促す。（　）
8 精□検査をする。（　）
9 百度に煮□する。（　）
10 映画で空□な心を埋める。（　）

6

次の□には――線の漢字を**修飾する漢字**が入る。その漢字を後の[ ]の中から選んで**熟語を作り**、その**記号**を（　）に記せ。

1 ついに計画の□貌が明らかになる。（　）
2 最近□事が続いている。（　）
3 すばらしい□犬だ。（　）
4 古墳から□棺が掘り出された。（　）
5 □賓席を設ける。（　）
6 難 有識者の□談の場を設ける。（　）
7 児童文学には□精がよく出てくる。（　）
8 彼女は□想を抱く癖がある。（　）

a 貴　b 懇　c 慶　d 妄
e 猟　f 全　g 妖　h 石

7

次の――線の漢字と**同じ意味で用いられている熟語**をア～オから選び、**記号**で記せ。

1 容器→物を入れる・盛る
ア 容態　イ 容積　ウ 容貌　エ 理容　オ 容易（　）

2 退職→身をひく・地位から去る
ア 引退　イ 衰退　ウ 退屈　エ 撃退　オ 退化（　）

3 難 要求→いる・もとめる
ア 要約　イ 概要　ウ 需要　エ 要素　オ 要塞（　）

4 統一→筋をまとめる・すべる
ア 血統　イ 統合　ウ 系統　エ 正統　オ 伝統（　）

5 食通→詳しく知っている・知りつくす
ア 貫通　イ 通説　ウ 通学　エ 精通　オ 通訳（　）

ONE Point

主語と述語の関係にある熟語
「国立」は、意味を考えると、「国が立てる」となりますので、上が主語、下が述語の関係にある熟語だとわかります。

漢検 おもしろゼミ 04

縦横無尽につながり広がる言葉の世界

対義語は一対とは限らない

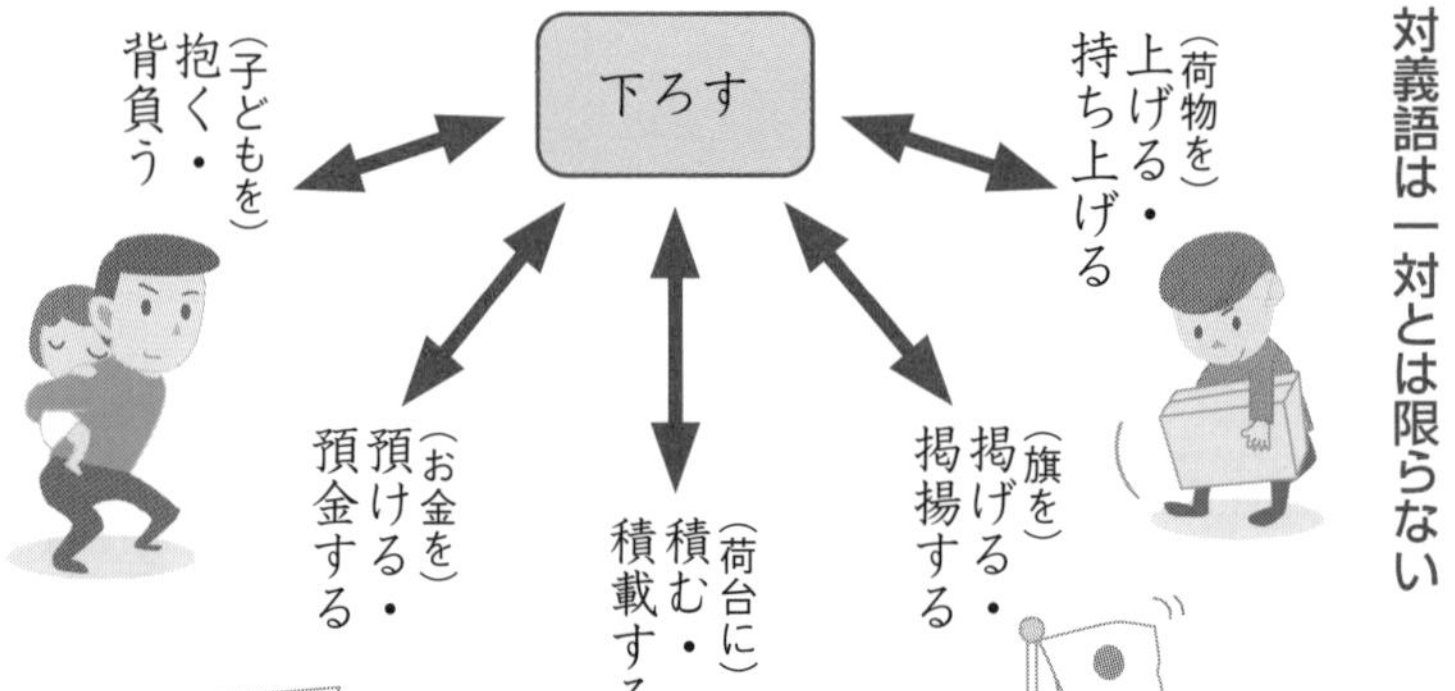

「上下」だけのつながりじゃない？

「下」と「上」は対義語の代表といっても過言ではないほど、明確に反対の意味を持つ言葉です。「下ろす」としたときの反対の意味は、当然「上げる」です。……が、果たしてそれだけでしょうか？

下ろしたものがもし旗や看板だったとするとどうでしょう。「上げる」だけでなく「掲げる」ともいえます。また、下ろしたものが「預金」だったとしたら？ 反対の言葉は「預ける」になりますね。また、荷台から下ろしたのだと考えると、反対は「積む」になります。さらに、抱き上げていた子どもを下ろしたのだとしたら「抱く」や「背負う」が反対の言葉になります。

一見すると簡単そうな「下ろす」の対義語は、観点が変わるとこれほどまでに広がりを見せます。語句どうしのつながりや重なりは、実に複雑で奥深いものです。対義語や類義語を学ぶことは、語句や漢字の意味、つながりを学ぶことです。語彙力を高めるこの絶好の機会、是非とも広く深く学んでください。

対義語

漢検では次に説明する「反対語（反意語）」と「対応語（対照語）」を合わせて「対義語」としています。

1 反対語（反意語）

互いに反対の意味を持つ言葉（熟語）

「軽い⇔重い」や「僅差⇔大差」など、程度の差を表す場合があります。ほかにも、「頂戴⇔進呈」や「畏敬⇔軽侮」のように、一つの事柄を見方や立場、行動をかえて表現する場合もあります。

2 対応語（対照語）

互いに対応して一対のものとなっている言葉（熟語）

「天」と「地」、「北極」と「南極」など、対になる言葉のセットです。これらの語は組み合わさって一つの対になります。

3 対義語の構成

●共通の漢字があるもの

・上の字が反対または対応する意味で、下の字が共通しているもの

必然⇔蓋然　主役⇔脇役　暗喩⇔明喩　など

・上の字が共通していて、下の字が反対または対応する意味のもの

自尊⇔自嘲　山頂⇔山麓　目尻⇔目頭　など

●共通の漢字がないもの

・上下の字がそれぞれ反対または対応する意味のもの

暗鬱⇔明朗　剝離⇔接着　汚濁⇔清澄　など

対義語の例

●共通の漢字があるもの

・上の字が反対または対応する意味で、下の字が共通しているもの

本道⇔脇道　甘言⇔苦言
干潮⇔満潮　往路⇔復路

・上の字が共通していて、下の字が反対または対応する意味のもの

急騰⇔急落　過疎⇔過密
酷寒⇔酷暑　逓増⇔逓減

●共通の漢字がないもの

・上下の字がそれぞれ反対または対応する意味のもの

増進⇔減退　巧遅⇔拙速
高雅⇔低俗　褒賞⇔懲罰

・上下のいずれの字も対応していないもの

極楽⇔地獄　横柄⇔謙遜
肥沃⇔不毛　斬新⇔陳腐

・「不」「無」「非」「未」など打ち消しの字で反対の意味を表すもの

過剰⇔不足　貪欲⇔無欲
凡庸⇔非凡　既刊⇔未刊

・上下のいずれの字も対応していないもの

曖昧↕明瞭　地獄↕極楽　臆病↕大胆　など

・「不」「無」「非」「未」など打ち消しの字で反対の意味を表すもの

謙遜↕不遜　貪欲↕無欲　など

類義語

「類義語」とは「似た意味の言葉」です。意味が似ている言葉どうしはすべて「類義語」となりますので、「対義語」と比較すると「類義語」の範囲はかなり広くなります。ただし、似ていても意味の重なり方は語句ごとに異なります。漢検では、次に説明するように「同義語（同意語）」と「類義語」を合わせて「類義語」としています。

1 同義語（同意語）

意味が同じ言葉（熟語）⬇ 辛抱＝我慢

どちらも「じっと耐え忍ぶ」意味を持つ「辛抱」「我慢」。

・何事も○○が肝要だ。　・あと少しの○○だ。

・○○強く作業をこなした。　・○○しないで休もう。

これらの○○に「辛抱」「我慢」のいずれを入れても、全て同じ意味の文になります。したがって、「辛抱」「我慢」は同義語（同意語）だといえます。

しかし、「我慢大会」や「痩せ我慢」を「辛抱大会」「痩せ辛抱」と言い換えることはできません。「耐える」という共通の意味を持ちながらも、「辛抱」と「我慢」は完全に一致しているわけではなく、微妙なニュアンスの違いがあります。例えば、「○○の限界」であれば、「辛抱」も誤りではなくても、「我慢」のほうが耳慣れた感じがします。こうした微妙なニュア

■類義語の意味の広がり

●同義語（同意語）は意味が同じ

辛抱と我慢は、ほぼ重なっている⬇同義語

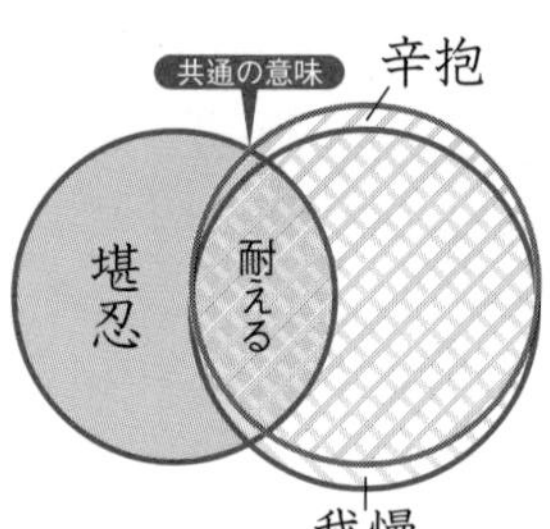

堪忍は部分的に重なっている⬇類義語

意味が同じ語でも、少しずつ語感が異なる場合もあります。

服
衣服
衣類
衣料品
被服
お召し物
衣装
装束

ンスの違いを、的確に使い分ける必要があるのです。

なお、「忍耐」も「辛抱」「我慢」の同義語（同意語）といえます。しかし、同じ「耐える」という意味をもつ「堪忍《かんにん》」という言葉は、「辛抱」や「我慢」「忍耐」には含まれない「ゆるす」という別の意味を持っています。したがって、「堪忍」は「辛抱」や「我慢」の「類義語」ということになります。

2 類義語

二つの熟語の意味が互いに類似している言葉（熟語）。

●部分的に重なり合うもの ⬇ 必須＝必需

・必須科目を履修する。　・必需品を買いそろえる。

いずれも「必要である。なくてはならない」の意味を持っています。しかし同義語である「辛抱」「我慢」とは異なり、「必須」と「必需」を入れ替えることはできません。

同様に「互角」「伯仲」も「優劣がつけがたい」という意味を持っていますが、実際に使用する際は

・互角の戦い。　・実力が伯仲する。

のように使います。それぞれ、入れ替えることはできませんね。

これらは共通の意味を持ってはいますが、それぞれ、互いの熟語には含まれない意味を持っており、使用する場面が熟語ごとに違います。そこで、これらの語を「類義語」と呼んでいます。

●一方が他方に含まれるもの ⬇ 敬う＝畏敬

「畏敬」は日本語（和語）の「敬う」と重なる意味を持ちますが、「畏敬」は「畏れ敬うこと」という意味で、「敬う」気持ちに「畏れ」も付加された内容を表します。つまり、「畏敬」は「敬う」の意味の一部を表す語だといえるのです。

●類義語（意味が部分的に重なり合うもの）

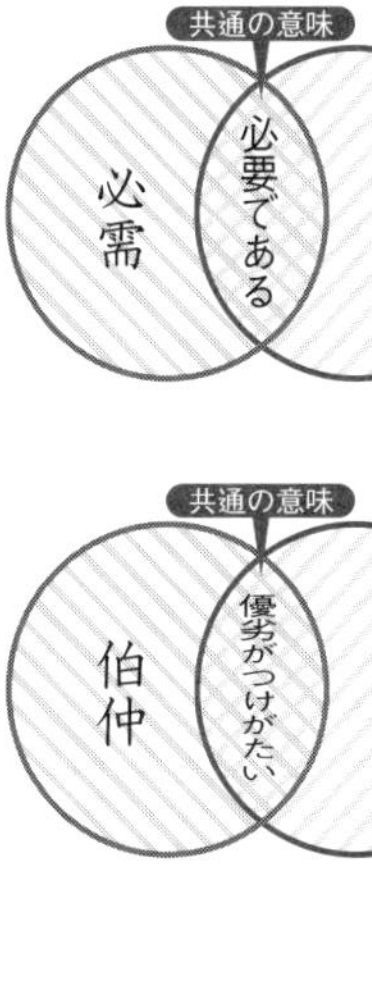

●類義語（一方が他方に含まれるもの）

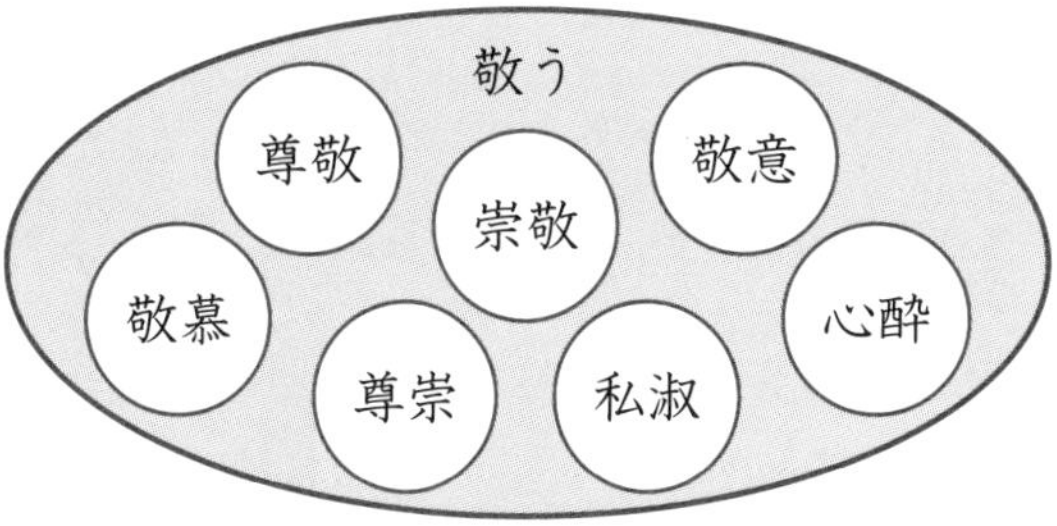

尊敬：（優れた人の人格などを）敬うこと、尊ぶこと
崇敬：（極めて尊いものを）あがめ敬うこと
敬意：相手を尊敬する気持ち
敬慕：心から敬い、慕うこと
尊崇：尊び、あがめること
私淑：（直接に教えは受けないが）師として尊敬し、学ぶこと
心酔：（人や作品を）深く慕い、尊敬すること

同様に、「敬う」意味を持つ熟語は「尊敬」「崇敬」「敬意」「敬慕」などがあります。「敬」という字が含まれていない「尊崇」「私淑」「心酔」などの熟語も同様に「敬う」意味を持っています。これらの語は、それぞれに独自の意味を持ってはいますが、すべて「敬う」という大きな枠に収まっています。これらも「類義語」です。

3 類義語の構成

●共通の漢字があるもの

・上の字が似た意味を持ち、下の字が共通のもの

陰鬱＝暗鬱　猛烈＝苛烈　清涼＝爽涼　など

・上の字が共通で、下の字が似た意味を持っているもの

隠匿＝隠蔽　閉塞＝閉鎖　参拝＝参詣　など

●共通の漢字がないもの

瓦解＝崩壊（潰）　巣窟＝根城　不遜＝高慢　など

類義語は一対とは限りません。複数の語が類義語となっている場合もあります。ひとまとめにして覚えるとよいでしょう。

挨拶＝一礼＝会釈＝敬礼＝目礼　など

日本語には「口語」や「文語」、「外来語」や「方言」など、使用場面の異なる語が多く、対義語・類義語の世界は深さを併せ持った広がりを見せてくれます。これらを学び語彙力を高めることは、深遠なる言葉の世界を自由に歩き回る力となるでしょう。

■類義語の構成

●共通の漢字があるもの

・上の字が似た意味を持ち、下の字が共通のもの

敏腕＝辣腕　小差＝僅差

通論＝汎論　暗喩＝隠喩

・上の字が共通で、下の字が似た意味を持っているもの

補充＝補塡　賞玩＝賞味

全貌＝全容　把捉＝把握

●共通の漢字がないもの

采配＝指揮　懸崖＝絶壁

所詮＝結局　嫉妬＝羨望

籠絡＝懐柔　洪水＝氾濫

■類義語が複数あるもの

精緻＝精密＝精細＝緻密

知っておきたい対義語・類義語一覧

対義語

□愛護↕虐待
□獲得↕喪失
□極端↕中庸
□欠乏↕充足
□賢明↕暗愚
□巧妙↕拙劣
□挫折↕貫徹
□祝賀↕哀悼
□召還↕派遣
□新奇↕陳腐
□設置↕撤去
□爽快↕憂鬱
□緻密↕粗雑
□濃艶↕枯淡
□反逆↕恭順
□末端↕中枢
□率先↕追随

□威圧↕懐柔
□緩慢↕迅速
□禁欲↕享楽
□決裂↕妥結
□傲慢↕謙虚
□高遠↕卑近
□自生↕栽培
□潤沢↕枯渇
□詳細↕概略
□進出↕撤退
□絶賛↕酷評
□多弁↕寡黙
□嘲笑↕賛嘆
□罵倒↕絶賛
□富裕↕貧窮
□名誉↕恥辱
□隆起↕陥没

□下落↕騰貴
□危惧↕安心
□慶賀↕哀悼
□謙遜↕横柄
□個別↕一斉
□国産↕舶来
□叱責↕称賛
□純白↕漆黒
□侵害↕擁護
□進捗↕停頓
□粗略↕丁寧
□蓄積↕消耗
□特殊↕普遍
□剥奪↕授与
□凡才↕逸材
□湧出↕枯渇
□老巧↕稚拙

類義語

□怨恨＝意趣
□解雇＝罷免
□堪忍＝勘弁
□脅迫＝威嚇
□困苦＝辛酸
□沙汰＝消息
□残念＝遺憾
□食膳＝食卓
□刹那＝瞬間
□対価＝報酬
□陶冶＝薫陶
□罵言＝嘲罵
□訃音＝訃報
□奮戦＝敢闘
□面倒＝厄介
□危惧＝懸念＝心配＝憂慮
□傲慢＝横柄＝高慢＝不遜

□怨念＝遺恨
□諧和＝協調
□玩弄＝愚弄
□功名＝殊勲
□根絶＝撲滅
□挫折＝頓挫
□祝福＝慶賀
□心配＝懸念
□阻害＝邪魔
□昼寝＝午睡
□捻出＝工面
□反逆＝謀反
□風采＝風貌
□放恣＝放逸
□来歴＝由緒
□梗概＝大要＝概要＝粗筋
□明瞭＝鮮明＝判然＝明白

□苛政＝虐政
□瓦解＝崩壊
□強情＝頑固
□降格＝左遷
□混乱＝紛糾
□傘下＝翼下
□譲歩＝妥協
□推移＝変遷
□造詣＝学識
□湯船＝浴槽
□濃艶＝艶美
□眉目＝容貌
□払拭＝一掃
□冥利＝果報
□領袖＝首領

ウォーミングアップ

実施日 ／

解答は別冊P.14

1 次の熟語の**対義語**を後の□から選び、（　）に記せ。

1 賢明―（　）
2 老巧―（　）
3 反逆―（　）
4 虚弱―（　）
5 潤沢―（　）
6 畏敬―（　）
7 率先―（　）
8 従前―（　）
9 汚濁―（　）
10 興隆―（　）

追随・稚拙・枯渇・侮蔑・恭順
強壮・清澄・暗愚・衰微・今後

2 次の熟語の**類義語**を後の□から選び、（　）に記せ。

1 全治―（　）
2 大要―（　）
3 将来―（　）
4 永眠―（　）
5 継承―（　）
6 祝福―（　）
7 留意―（　）
8 監禁―（　）
9 固執―（　）
10 来歴―（　）

踏襲・平癒・逝去・梗概・前途
幽閉・慶賀・墨守・由緒・配慮

3 次の□の中の語を**必ず一度**使って**漢字一字**に直し、**対義語・類義語**を記せ。

対義語

1 分割―一（　）
2 純白―（　）黒
3 圧勝―惨（　）
4 蓄積―消（　）
5 凝固―（　）解

類義語

6 遺恨―怨（　）
7 傾斜―勾（　）
8 法師―僧（　）
9 平素―（　）頃
10 工面―捻（　）

かつ・しっ・しゅつ・ねん・ばい
ぱい・ひ・もう・ゆう・りょ

4 次の□の中の語を**必ず一度**使って**漢字一字**に直し、**対義語・類義語**を記せ。

対義語

1 不足―（　）剰
2 国産―（　）来
3 進出―（　）退
4 理論―実（　）
5 富裕―貧（　）

類義語

6 平穏―安（　）
7 掃討―（　）逐
8 翼下―（　）下
9 痛烈―（　）辣
10 学識―（　）詣

きゅう・く・さん・しん・せん
ぞう・たい・てっ・はく・よ

ONE Point

「対義語」について

「漢検」では反対語と対応語を合わせて「対義語」としています。学習する際はまず、一対の熟語として覚えるとよいでしょう。

練習1

実施日

解答は別冊P.14

1 次の〔　〕から**対義語の関係**になる組み合わせを一組選び、その**記号**を（・）に記せ。

1 〔ア 概況　イ 委託　ウ 委細　エ 概略〕（・）

2 〔ア 凡百　イ 三昧　ウ 千里　エ 唯一〕（・）

3 〔ア 拘泥　イ 拘束　ウ 釈放　エ 釈然〕（・）

4 〔ア 去就　イ 設置　ウ 撤去　エ 成就〕（・）

5 〔ア 急騰　イ 悠長　ウ 長幼　エ 性急〕（・）

6 〔ア 拒否　イ 拒止　ウ 受諾　エ 内諾〕（・）

7 〔ア 恐悦　イ 軽侮　ウ 重篤　エ 畏怖〕（・）

8 〔ア 隆起　イ 欠陥　ウ 鬱勃　エ 陥没〕（・）

9 〔ア 美麗　イ 醜悪　ウ 嫌悪　エ 優秀〕（・）

10 〔ア 威儀　イ 誇示　ウ 名誉　エ 恥辱〕（・）

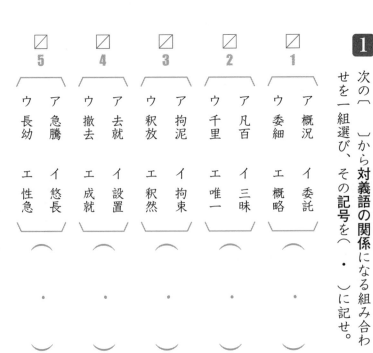

2

次の〔　〕から**類義語の関係**になる組み合わせを一組選び、その**記号**を（　・　）に記せ。

1 〔ア 奮発　イ 歴史　ウ 奮戦　エ 敢闘〕（　・　）

2 〔ア 譲歩　イ 決裂　ウ 謝罪　エ 妥協〕（　・　）

3 〔ア 偏在　イ 伯仲　ウ 中立　エ 不偏〕（　・　）

4 〔ア 調和　イ 均衡　ウ 排他　エ 功績〕（　・　）
ヒント 「関係性」を表す語に注目。

5 〔ア 賛辞　イ 仲裁　ウ 調停　エ 真摯〕（　・　）

6 〔ア 黙認　イ 無口　ウ 臆病　エ 寡黙〕（　・　）
ヒント 行動ではなく性質を表す語に着目。

7 〔ア 苦衷　イ 困窮　ウ 貧苦　エ 刻苦〕（　・　）
ヒント 同じ漢字にまどわされないよう注意。

8 〔ア 辛苦　イ 難儀　ウ 苦楽　エ 災難〕（　・　）

9 〔ア 遺憾　イ 残念　ウ 遺志　エ 念願〕（　・　）

10 〔ア 看病　イ 薬膳　ウ 回復　エ 治癒〕（　・　）

ONE Point

対義語は一対とは限らない

「謙虚」の対義語がわかりますか？「高慢」「尊大」「横柄」「傲慢」「不遜」など……。一対とは限りません。広い視野を持って学習しましょう。

練習 1

実施日

解答は別冊P.14

3 次のア・イはそれぞれ対義語の関係になっている。アはその熟語の読みをひらがなで、イはカタカナを漢字に直して（　）に記せ。

1
ア 恒久（　）
イ ザンジ（　）
意味 しばらくの間。

2
ア 斬新（　）
イ チンプ（　）

3
ア 喪失（　）
イ カクトク（　）

4
ア 騰貴（　）
意味 物価や相場が上がること。
イ ゲラク（　）

5
ア 愛護（　）
イ ギャクタイ（　）

6
ア 賢明（　）
イ グマイ（　）
意味 おろかで道理のわからないこと。

7
ア 凡才（　）
イ イツザイ（　）

8
ア 狭量（　）
意味 心がせまいこと。
イ カンヨウ（　）

9
ア 普遍（　）
イ トクシュ（　）

10
ア 繁忙（　）
イ カンサン（　）

4 次のア・イはそれぞれ**類義語の関係**になっている。アはその**熟語の読みをひらがなで**、イはカタカナを**漢字に直して**（　）に記せ。

1
ア 傑出（　）
イ タクバツ（　）

2
ア 双璧（　）
イ リョウユウ（　）

3
ア 献上（　）
イ キンテイ（　）
意味 つつしんでさし上げること。

4
ア 辛抱（　）
イ ニンタイ（　）
ヒント ともに「たえる」意を持つ漢字。

5
ア 監禁（　）
イ ユウヘイ（　）

6
ア 籠絡（　）
イ カイジュウ（　）

7
ア 折衝（　）
イ コウショウ（　）

8
ア 荘重（　）
意味 おごそかで重々しいこと。
イ ゲンシュク（　）

9
ア 猛者（　）
イ ゴウケツ（　）

10
ア 罷免（　）
意味 一方的に役職をとくこと。
イ カイコ（　）
意味 やとっていた人を辞めさせること。

ONE Point

「類義語」について

「漢検」では同義語（同意語）と類義語を合わせて「類義語」としています。

練習2

実施日 ／

解答は別冊P.14・15

1 次の□の中の語を**必ず一度**使って漢字に直し、**対義語・類義語**を記せ。

対義語

1 粗略―（　）
2 利発―（　）
3 総合―（　）
4 欠乏―（　）
5 狭量―（　）

類義語

6 危惧―（　）
7 阻害―（　）
8 同等―（　）
9 沈着―（　）
10 忘我―（　）

かんだい・ぐどん・じゃま・じゅうそく
たいぜん・ていねい・とうすい・ひってき
ぶんせき・ゆうりょ

2 次の□の中の語を**必ず一度**使って漢字に直し、**対義語・類義語**を記せ。

対義語

1 密集―（　）（注）
2 固辞―（　）
3 高遠―（　）
4 賛辞―（　）
5 栄華―（　）

類義語

6 混乱―（　）（注）
7 沿革―（　）
8 堪忍―（　）（注）
9 長者―（　）
10 面倒―（　）

かいだく・かんべん・こくひょう
てんざい・ひきん・ふごう・ふんきゅう
へんせん・ぼつらく・やっかい

3

次の□の中の語を**必ず一度**使って**漢字**に直し、**対義語・類義語**を記せ。

対義語

☐ 1 褒賞—（　　）
☐ 2 希薄—（　　）
注 ☐ 3 侵害—（　　）
難 ☐ 4 巧遅—（　　）
☐ 5 真実—（　　）

類義語

☐ 6 道徳—（　　）
☐ 7 湯船—（　　）
☐ 8 対価—（　　）
☐ 9 看過—（　　）
難 ☐ 10 積算—（　　）

きょぎ・せっそく・ちょうばつ
のうこう・ほうしゅう・もくにん
ようご・よくそう・りんり・るいけい

4

次の□の中の語を**必ず一度**使って**漢字**に直し、**対義語・類義語**を記せ。

対義語

☐ 1 炎暑—（　　）
☐ 2 飽食—（　　）
難 ☐ 3 哀悼—（　　）
☐ 4 一括—（　　）
☐ 5 冗漫—（　　）

類義語

難 ☐ 6 工事—（　　）
☐ 7 根絶—（　　）
注 ☐ 8 昼寝—（　　）
難 ☐ 9 中核—（　　）
☐ 10 頑丈—（　　）

かんけつ・きが・けいしゅく・けんご・ごすい
こっかん・すうじく・ふしん・ぶんかつ・ぼくめつ

ONE Point

類義語は一つとは限らない!!　その①

□に漢字を入れて類義語の関係を完成させましょう。

永遠—永①—不②—無③

①久　②朽　③窮

練習 2

実施日 ／

解答は別冊P.15・16

5 次の□の中の語を**必ず一度**使って**漢字**に直し、**対義語・類義語**を記せ。

対義語

1 慶賀―（　　）
2 過激―（　　）
3 虚弱―（　　）
4 融解―（　　）
5 栽培―（　　）

類義語

6 貧困―（　　）
7 是認―（　　）
8 難 序文―（　　）
9 不意―（　　）
10 架空―（　　）

あいとう・おんけん・がんけん
きゅうぼう・ぎょうこ・きょこう
こうてい・じせい・しょげん・とうとつ

6 次の□の中の語を**必ず一度**使って**漢字**に直し、**対義語・類義語**を記せ。

対義語

1 栄転―（　　）
2 解放―（　　）
3 諮問―（　　）
4 難 新奇―（　　）
5 個別―（　　）

類義語

6 同輩―（　　）
7 筋道―（　　）
8 友好―（　　）
9 脅迫―（　　）
10 受胎―（　　）

いかく・いっせい・させん・しんぼく
そくばく・ちんぷ・とうしん・どうりょう
にんしん・みゃくらく

7

次の□の中の語を**必ず一度**使って**漢字**に直し、**対義語・類義語**を記せ。

対義語

- ☐ 1 清浄—（　　）
- ☐ 2 覚醒—（　　）
- ☐ 3 古豪—（　　）
- 注 ☐ 4 決裂—（　　）
- ☐ 5 絶賛—（　　）

類義語

- ☐ 6 瞬間—（　　）
- 難 ☐ 7 抜粋—（　　）
- ☐ 8 心配—（　　）
- ☐ 9 反逆—（　　）
- 難 ☐ 10 激励—（　　）

おだく・けねん・こぶ・さいみん
しょうろく・しんえい・せつな
だけつ・ばとう・むほん

8

次の□の中の語を**必ず一度**使って**漢字**に直し、**対義語・類義語**を記せ。

対義語

- ☐ 1 切開—（　　）
- ☐ 2 崇拝—（　　）
- ☐ 3 挫折—（　　）
- ☐ 4 謙虚—（　　）
- 難 ☐ 5 極端—（　　）

類義語

- ☐ 6 互角—（　　）
- 難 ☐ 7 歳月—（　　）
- ☐ 8 漂泊—（　　）
- 注 ☐ 9 永遠—（　　）
- ☐ 10 功名—（　　）

かんてつ・けいぶ・こういん・しゅくん・そんだい
ちゅうよう・はくちゅう・ほうごう・ゆうきゅう・るろう

ONE Point

類義語は一つとは限らない!!　その②

□に漢字を入れて類義語の関係を完成させましょう。

根底—根①—②盤—③台

①幹　②基　③土

漢検おもしろゼミ05

四字が表現する濃厚な世界

生きる知恵や多彩な知識を凝縮！

一字一字に意味がある「表意文字」である漢字は、二字が合わさり二字熟語となれば表現の世界が広がります。さらに、四字が合体して四字熟語になれば、ますます深く、濃厚な世界を表現することができます。

もちろん「四字が合体して」といっても、「委細面談」や「食欲旺盛」などのような二語をつなぎ合わせたものばかりではありません。四字熟語には、中国の故事に基づき長く使われてきたもの（「苛政猛虎《かせいもうこ》」など）や、日本人の生活の中から生み出されたもの（「白砂青松《はくしゃせいしょう》」など）、仏教由来の言葉（「生者必滅《しょうじゃひつめつ》」など）など、一定の由来やいわれを持ったものが多数あります。

私たちの先人は、生きる知恵や多彩な知識を漢字四字に凝縮させ、長い年月をかけて日本語として定着させてきました。これは、略すのが得意な日本人の素晴らしい業績ともいえるでしょう。

しかし、由来やいわれのある四字熟語には漢字を誤認しがちなものがあります。例えば「温故知新」。「ふるきをたずねて（あたためて）あたらしきをしる」と読み下しますが、「ふるき」という訓読みに影響されて、「温古」と書き誤りがち。同様に「異口同音」（×異句）、「危機一髪」（×一発）なども注意したい四字熟語です。

■四字熟語の組み立て

①数字が用いられているもの

一喜一憂　一騎当千　一世一代
一朝一夕　一日千秋　一筆勾消
一網打尽　遮二無二　三位一体
三拝九拝　風流三昧　七転八倒
百鬼夜行　千載一遇　千変万化
平沙万里

②上の二字と下の二字が、意味の似ているもの

悪口雑言　悪戦苦闘　雲散霧消
奇奇怪怪　極楽浄土　金城鉄壁
堅塞固塁　鼓舞激励　公明正大
荒唐無稽　斬新奇抜　酒池肉林
熟読玩味　青天白日　浅学非才
大言壮語　沈思黙考　美辞麗句
粉骨砕身　平身低頭　無我夢中
流言飛語　傲岸不遜　鬱鬱勃勃

③上の二字と下の二字が、反対の意味で対応しているもの

外柔内剛　賢明愚昧　巧遅拙速

迷ったら漢字辞典や四字熟語辞典に当たり、言葉の正しい意味と表記、そしてその由来を確認し、それらを確実に身につけたいものです。

四字熟語の組み立て

1 数字が用いられているもの
(例)三三五五　岡目八目　一目瞭然　万緑一紅

2 上の二字と下の二字が、意味の似ているもの
●共通の漢字を用いたもの　(例)空理空論　自暴自棄
●異なる漢字を用いたもの　(例)電光石火　日進月歩
●同じ字を重ねたもの　(例)空空漠漠　平平凡凡

3 上の二字と下の二字が、反対の意味で対応しているもの
上の二字と下の二字が互いに意味を強調し合う関係にあります。
(例)遠交近攻　酔生夢死　勧善懲悪

4 一字目と二字目、三字目と四字目がそれぞれ反対の意味の漢字で構成されていて、しかも上下で一対になっているもの
「遠−近」「生−死」「善−悪」のように、反対の意味の漢字を含んでいます。
(例)利害得失　離合集散　是非善悪　老若男女

5 上の二字が主語、下の二字が述語の関係になっているもの
「○○は(が)××だ(する)」という関係にあるものです。
(例)意志薄弱(意志が薄弱だ)　六根清浄(六根は清浄である)

6 上の二字が修飾語、下の二字が被修飾語の関係になっているもの、または連続の関係になっているもの
上の二字の意味が下の二字にかかる形です。
(例)暗中模索(暗中に模索する)　我田引水(我田に引水する)

信賞必罰　針小棒大　人面獣心
胆大心小　内疎外親　熱願冷諦
半醒半睡　不即不離　優勝劣敗

④**一字目と二字目、三字目と四字目がそれぞれ反対の意味の漢字で構成されていて、しかも上下で一対になっているもの**
栄枯盛衰　吉凶禍福　治乱興亡
生殺与奪　理非曲直

⑤**上の二字が主語、下の二字が述語の関係になっているもの**
意味深長　佳人薄命　感慨無量
旧態依然　呉越同舟　主客転倒
終始一貫　生者必滅　大器晩成
眉目秀麗　本末転倒　容姿端麗

⑥**上の二字が修飾語、下の二字が被修飾語の関係になっているもの、または連続の関係になっているもの**
我田引水　急転直下　単刀直入
熟慮断行　前代未聞　昼夜兼行
不言実行　粒粒辛苦

⑦**四字が対等の関係にあるもの**
花鳥風月　喜怒哀楽
東西南北　春夏秋冬

7 四字が対等の関係にあるもの

（例）冠婚葬祭　起承転結

8 注意すべき組み立ての四字熟語

「五里霧中《ごりむちゅう》」という四字熟語は中国の故事に基づきます。後漢の張楷《ちょうかい》という人が、仙術で五里霧（五里四方にわたる濃い霧）を起こし、方向を見失わせたという話から出た言葉です。したがって、構成は「五里霧」＋「中」となります。意味は「迷ったり手がかりがつかめなかったりして、どうしてよいかわからないこと」。「手探りで進む」という意味にも使われます。

故事に基づく四字熟語

四字熟語には、前述の「五里霧中」のように、故事に基づいて長く使われてきたものがあります。

故事とは、中国や日本の古い書物に書き残されている事柄のこと（実際にあった出来事や言い伝えも含む）をいいます。このような四字熟語は、長い時代を経て語り継がれてきた、人々の知恵や知識を表す特別な意味のある言葉なのです。

故事に基づく四字熟語は、一字一字の漢字の意味を知っていても、その故事そのものを知らなければ、語句の意味が理解できないものがあります。次ページに、いくつか例を挙げておきましたので、故事からどのように四字熟語ができたのか、その成り立ちを確認しておきましょう。

---

⑧注意すべき組み立ての四字熟語

一牛鳴地⬇「一」＋「牛鳴」＋「地」

⇩牛の鳴き声が聞こえるほどの距離の地という意味から、極めて距離が近いことをいいます。また、のどかな田園風景の形容としても用いられます。

同じ語構成の四字熟語に「一衣帯水」があります（「一」＋「衣帯」＋「水」）。

「日本と中国は一衣帯水の関係にある」など、極めて密接な関係のたとえに用います。

愛別離苦⬇「愛別離」＋「苦」

⇩親子や夫婦など、愛する人との別れのつらさをいう仏教語。

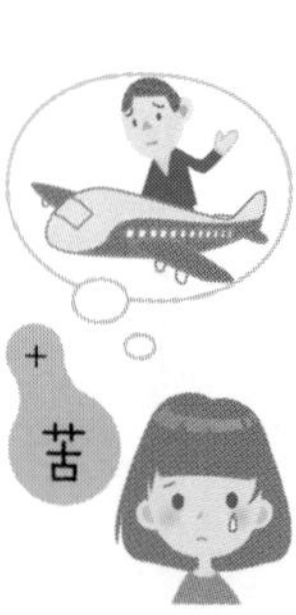

怨憎会苦⬇「怨憎会」＋「苦」

⇩憎んでいる人に会わなくてはいけない苦しみをいう仏教語。

「愛別離苦」「怨憎会苦」ともに、人生について回るという「四苦八苦」の一つです。

故事に基づく四字熟語の例

【悪木盗泉《あくぼくとうせん》】

悪事に身を染めないことのたとえ。

「悪木」は人に有害な木。「盗泉」は泉の名で、孔子《こうし》は喉が渇いていても「名称が悪い」とその水を飲まなかったという。悪い木の陰で休んだり、悪い名の泉の水を飲んだりしただけでも、身がけがれるという意味。

（出典『文選《もんぜん》』〈陸機《りくき》─詩「猛虎行《もうここう》」〉）

【一夜十起《いちやじっき》】

人間には、何としても私心があるということ。

中国の後漢の第五倫《だいごりん》という人は、心が清く公平無私の人で知られていた。あるとき、「あなたのような人でも、私心があるのでしょうか」と問われ「兄の子が病気になったときは、ひと晩に十回も起きて看病しましたが、寝床に戻ると熟睡できました。ところが、自分の子が病気になったときは、一度も見に行かなくても、心配のあまり一睡もできませんでした。どうして私心がないといえるでしょうか」と答えたという故事による。

（出典『後漢書《ごかんじょ》』〈第五倫伝《だいごりんでん》〉）

【羽化登仙《うかとうせん》】

酒に酔って、いい気分になることのたとえ。

羽が生えて、仙人のいる世界に登っていくような気分を表す。出典の「飄《ひょう》飄乎《ひょうこ》として世を遺《わす》れて独立し、羽化して登仙するが如《ごと》し」という文章からできた故事成語。

（出典・蘇軾《そしょく》『前赤壁賦《ぜんせきへきのふ》』）

【苛政猛虎《かせいもうこ》】

人々を苦しめるむごい政治は、人食い虎よりも恐ろしいということ。

孔子《こうし》が墓の前で泣いている女性に出会い、わけを尋ねると、夫とその父親、そして息子まで虎に食い殺されたという。なぜこの地を出ていかないのかと聞くと、ここには人々を苦しめるむごい政治がないからだと答えたという。「苛政は虎よりも猛《たけ》し」ともいう。

（出典『礼記《らいき》』檀弓《だんぐう》〈下〉）

【合従連衡《がっしょうれんこう》】

その時々の利害に応じて、結びついたり離れたりすること。

「従」は縦、「衡」は横の意。中国の戦国時代、西方の大国である秦《しん》に対抗するため、縦（南北）に連なった斉《せい》・楚《そ》・燕《えん》・韓《かん》・魏《ぎ》・趙《ちょう》の六国《りっこく》が同盟して当たるべきだというのが、蘇秦《そしん》の説いた「合従」という政策。一方、六国《りっこく》のそれぞれが個別に秦と横（東西）の同盟を結び、おのおのの国の維持をはかるべきだというのが、張儀《ちょうぎ》の説いた「連衡」という政策である。六国《りっこく》の思わくの違いから足並みが乱れ、結局、秦が天下を統一する。

（出典『史記』〈孟子《もうし》・荀卿列伝《じゅんけいれつでん》〉）

【愚公移山《ぐこういざん》】

諦めることなくひたすら努力を続ければ、最後には必ず成功するということ。

中国の愚公という老人が二つの山の北側に住んでいた。たいそう不便だったので山を取り除こうと考えたが、それを嘲笑する者もいた。しかし、愚公は「子や孫の代、さらにその子や孫の代までかかれば、できないことはない」と、山を崩しにかかった。それを見た天帝が愚公の熱意に感じて、二つの山をほかに移してやったという故事による。「愚公、山を移す」ともいう。

（出典『列子《れっし》』〈湯問《とうもん》〉）

【不解衣帯《ふかいいたい》】

不眠不休で一つのことに専念すること。着替えもせずに、仕事に熱中すること。

中国の前漢の王莽《おうもう》は、伯父の看病のため、着替えや入浴、洗髪の時間も惜しんで事に当たったという故事から。「衣帯を解かず」ともいう。

（出典『漢書《かんじょ》』〈王莽伝《おうもうでん》〉）

ウォーミングアップ

実施日

解答は別冊P.16

1 次の□には**共通の漢字一字**が入る。（　）にその**漢字**を記し、**四字熟語**を完成させよ。

1. 前□未聞 ／ 当□随一 （　）
2. 大胆□敵 ／ 難攻□落 （　）
3. 漫□放語 ／ 妖□惑衆 （　）
4. 一目□然 ／ 簡単明□ （　）
5. □念発起 ／ 面目□新 （　）
6. 籠鳥恋□ ／ □水行脚 （　）
7. 迅速□断 ／ 勇猛□敢 （　）
8. 粉□砕身 ／ 換□奪胎 （　）
9. 明鏡止□ ／ 山紫□明 （　）
10. 秋霜烈□ ／ 春□遅遅 （　）
11. □然自若 ／ □山北斗 （　）
12. 抜山□世 ／ 方底円□ （　）

2 次はいずれも**漢数字**を使った四字熟語である。□に入る**漢数字**を（　）に記し、**四字熟語**を完成させよ。

1 雲泥□里（　）
2 沃野□里（　）
3 破綻□出（　）
4 朝三暮□（　）
5 □載一遇（　）
6 読書□遍（　）
7 □牛一毛（　）
8 千紫□紅（　）
9 冷汗□斗（　）
10 終始□貫（　）
11 四分□裂（　）
12 遮□無二（　）
13 百□煩悩（　）
14 □転八倒（　）
15 □鬼夜行（　）
16 □律背反（　）
17 □根清浄（　）
18 □子相伝（　）
19 虎渓□笑（　）
20 面壁□年（　）

ONE Point

四字が対等の四字熟語は実は少数派

四字熟語の多くは二字の熟語を重ねてできています。「春夏秋冬」「起承転結」のように四つの字が対等に並ぶものは僅かしかありません。

漢字の読み
漢字の部首
熟語の理解
対義語・類義語
四字熟語
送りがな
同音・同訓異字
書き取り

練習 1

実施日 ／

解答は別冊P.16

1

次の□に入る語を後の□から選び、漢字に直して四字熟語を完成させよ。

1 犬牙相□
意味 隣り合う二国が互いにけんせいすること。

2 □苦勉励

3 孤立無□

4 □越同舟

5 怨親□等

6 酒□肉林
意味 ぜいたくの限りを尽くした豪華な酒宴。

7 疾風□雷
意味 行動が素早く激しいさま。

8 □口牛後

9 後□大事

10 佳人□命

えん・けい・ご・こっ・しょう
じん・せい・ち・はく・びょう

2

次の□に入る語を後の□から選び、漢字に直して四字熟語を完成させよ。

1 厚顔無□

2 軽挙□動
意味 軽はずみに行動すること。

3 東□西走

4 有為□変

5 多□亡羊
意味 方針が多すぎて選択に迷うたとえ。

6 内□外患

7 一目□然

8 一日千□

9 閉月羞□
意味 驚くばかりの美貌。

10 故事□歴

か・き・しゅう・ち・てん・ほん
もう・ゆう・らい・りょう

3

次の□に入る語を後の□から選び、**漢字**に直して**四字熟語**を完成させよ。

1 栄□盛衰

2 苛政□虎

3 時期□早

4 自暴自□

5 堅□不抜
意味 意志が強く困難にも動じないこと。

6 支□滅裂
意味 ばらばらで筋道が立っていないこと。

7 一網打□

8 怒□衝天

9 □岸不遜

10 忙中有□
意味 多忙の中にも、多少の一息つく時間があること。

かん・き・こ・ごう・しょう
じん・にん・はつ・もう・り

4

次の□に入る語を後の□から選び、**漢字**に直して**四字熟語**を完成させよ。

1 □善懲悪

2 大□一声
意味 大声で一声、どなりつけたり、叱りつけたりすること。

3 新進気□

4 一□当千

5 □望絶佳

6 大願成□

7 西方□土

8 □志弱行
意味 意欲がなく、実行力に乏しいこと。

9 面目□如

10 温厚□実

えい・かつ・かん・き・じゅ
じょう・ちょう・とく・はく・やく

ONE Point

四字熟語、調べるならば由来まで
中国や日本の故事・古典から生まれてきた四字熟語は、意味だけでなく、その来歴まで調べると理解が深まります。

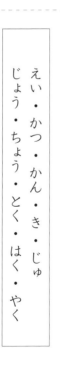

練習 1

実施日

解答は別冊P.16

5 次の□に入る語を後の□から選び、**漢字**に直して**四字熟語**を完成させよ。

1 天□孤独
2 一陽来□　意味 悪運が続いたあと幸運に向かうこと。
3 同工□曲
4 破邪□正　意味 不正を打破し、正義を守ること。
5 思□分別　意味 慎重に考え道理をわきまえること。
6 荒唐無□
7 綱紀□正
8 □飲馬食
9 閑話□題　意味 それはさておき。
10 複雑多□

い・がい・き・きゅう・けい
げい・けん・しゅく・ふく・りょ

6 次の□に入る語を後の□から選び、**漢字**に直して**四字熟語**を完成させよ。

1 率先□範　意味 まず己が模範を示すこと。
2 自縄自□
3 不□不党
4 森羅万□　意味 宇宙に存在する全てのもの。
5 和□漢才
6 清□潔白
7 断□絶壁
8 古今無□
9 巧遅□速
10 □忍自重　意味 行いを慎み軽率にしないこと。

いん・がい・こん・しょう・すい
せっ・そう・ばく・へん・れん

7

次の（　）に入る語を後の□から選び、**漢字**に直して**四字熟語**を完成させよ。

1 熟読（　　）
2 正真（　　）
3 詩歌（　　）　意味 文学や音楽のこと。
4 容姿（　　）
5 群雄（　　）
6 （　　）冷諦
7 （　　）大悲
8 （　　）済民　意味 国を治め、人々を救うこと。
9 （　　）奇策
10 （　　）禍福

かっきょ・かんげん・がんみ・きっきょう
けいせい・しょうめい・だいじ
たんれい・ねつがん・みょうけい

8

次の（　）に入る語を後の□から選び、**漢字**に直して**四字熟語**を完成させよ。

1 天衣（　　）　意味 飾り気がなく自然であること。
2 勢力（　　）
3 周知（　　）
4 襲名（　　）
5 粒粒（　　）　意味 こつこつと努力や苦労を重ねること。
6 （　　）心小
7 （　　）禁断
8 （　　）瓦解
9 （　　）努力
10 （　　）奇抜

ざんしん・しんく・せっしょう・たんだい・てってい
どほう・はくちゅう・ひろう・ふんれい・むほう

ONE Point

上の二字と下の二字が似た意味で対応している例

自暴 自棄　浅学 非才　広大 無辺　沈思 黙考

練習 2

実施日

解答は別冊P.17

1 次の（　）に入る語を後の□から選び、**漢字**に直して**四字熟語**を完成させよ。

1 鼓舞（　　）
2 針小（　　）
3 文人（　　）
4 難 盲亀（　　）
5 外柔（　　）
6 （　　）末節
7 難 （　　）協同
8 （　　）鬼没
9 難 （　　）行賞
10 難 （　　）冬扇

かろ・げきれい・しよう・しんしゅつ
ないごう・ふぼく・ぼうだい
ぼっかく・ろんこう・わちゅう

2 次の（　）に入る語を後の□から選び、**漢字**に直して**四字熟語**を完成させよ。

1 注 衆人（　　）
2 生者（　　）
3 難 深山（　　）
4 旧態（　　）
5 拍手（　　）
6 （　　）空拳
7 （　　）扇動
8 （　　）自在
9 （　　）頓挫
10 難 （　　）一刻

いぜん・かっさい・かんきゅう
かんし・きょうさ・しゅんしょう
としゅ・ひつめつ・ゆうこく・よくよう

3 次の（　）に入る語を後の［　］から選び、**漢字**に直して**四字熟語**を完成させよ。

1 （　　）雑言
2 （　　）暮改
3 難 （　　）腹背
4 （　　）秩序
5 （　　）秀麗
6 優勝（　　）
7 唯唯（　　）
8 難 白砂（　　）
9 無為（　　）
10 失望（　　）

あっこう・あんねい・せいしょう
だくだく・ちょうれい・としょく
びもく・めんじゅう・らくたん・れっぱい

4 次の（　）に入る語を後の［　］から選び、**漢字**に直して**四字熟語**を完成させよ。

1 （　　）飽食
2 （　　）後楽
3 （　　）塞源
4 （　　）実直
5 難 （　　）外親
6 国士（　　）
7 難 天下（　　）
8 注 錦衣（　　）
9 意気（　　）
10 離合（　　）

ぎょくしょく・きんげん・ごめん・しゅうさん・しょうてん
せんゆう・だんい・ないそ・ばっぽん・むそう

ONE Point
上の二字と下の二字が反対の意味で対応している例
信賞｜必罰　大同｜小異　人面｜獣心

練習 2

実施日 ／

解答は別冊P.18

5 次の（　）に入る語を後の□から選び、**漢字**に直して**四字熟語**を完成させよ。

1 誇大（　　）
2 初志（　　）
3 進取（　　）
4 精進（　　）（難）
5 要害（　　）
6 （　　）妥当（注）
7 （　　）得喪
8 （　　）明瞭
9 （　　）丁寧
10 （　　）変化

かかん・かふく・かんたん・かんてつ
けっさい・けんご・こんせつ
ふへん・もうそう・ようかい

6 次の（　）に入る語を後の□から選び、**漢字**に直して**四字熟語**を完成させよ。

1 情状（　　）
2 玩物（　　）
3 月下（　　）
4 金城（　　）（難）
5 高論（　　）
6 （　　）息災
7 （　　）令色（注）
8 （　　）千万
9 （　　）実実
10 （　　）強記

いかん・えんめい・きょきょ
こうげん・しゃくりょう・そうし
たくせつ・とうち・はくらん・ひょうじん

7 次の（　）に入る語を後の□から選び、**漢字**に直して**四字熟語**を完成させよ。

1 自由（　　）
2 興味（　　）
3 遠慮（　　）
難 4 羊質（　　）
5 片言（　　）
6（　　）無二
7（　　）満面
注 8（　　）落日
9（　　）北馬
10（　　）雨読

えしゃく・きしょく・こじょう・こひ
しんしん・せいこう・せきご
なんせん・ほんぽう・ゆいいつ

8 次の（　）に入る語を後の□から選び、**漢字**に直して**四字熟語**を完成させよ。

注 1 頓首（　　）
2 大言（　　）
難 3 英俊（　　）
4 竜頭（　　）
難 5 汗牛（　　）
6（　　）玉条
難 7（　　）高吟
8（　　）整然
9（　　）非才
10（　　）勃勃

きんか・ごうけつ・さいはい・じゅうとう
せんがく・そうご・だび・ほうか・ゆうしん・りろ

ONE Point
上と下の熟語が主語・述語の関係になっている例
玉石｜混交　主客｜転倒　大器｜晩成

練習2

実施日

解答は別冊P.19

9 次の（　）に入る適切な語を□から選び、**漢字に直して四字熟語**を完成せよ。また、その四字熟語の**意味**を後のa〜eから選び、［　］に**記号**で記せ。

1 （　　）自在　意味［　］
2 陶犬（　　）　［　］
3 （　　）独尊　［　］
4 （　　）壮大　［　］
5 快刀（　　）　［　］

がけい・かっさつ・きう・ゆいが・らんま

〈意味〉
a 自分だけが優れているとうぬぼれること。
b こじれた物事を、手際よく処理すること。
c 他者を思いのままに扱うこと。
d 心構えや発想が大きく立派なこと。
e 格好ばかりで役に立たないもののたとえ。

10 次の（　）に入る適切な語を□から選び、**漢字に直して四字熟語**を完成せよ。また、その四字熟語の**意味**を後のa〜eから選び、［　］に**記号**で記せ。

1 （　　）風月　意味［　］
2 昼夜（　　）　［　］
3 酔生（　　）　［　］
4 （　　）積玉　［　］
5 万緑（　　）　［　］

いっこう・かちょう・けんこう・たいきん・むし

〈意味〉
a 休まず物事をし続けること。
b 非常に多くの富を集めること。
c 多くの中で目立って優れているもの。
d 何をなすこともなく、ぼんやりと生涯を過ごすこと。
e 自然の美しい景物。

11

次の（　）に入る適切な語を［　］から選び、**漢字に直して四字熟語**を完成せよ。また、その四字熟語の**意味**を後のa〜eから選び、［　］に**記号**で記せ。

難

1 （　　）邪説　意味［　］

2 （　　）添花　［　］

3 質実（　　）　［　］

4 生生（　　）　［　］

5 （　　）連理　［　］

いたん・きんじょう・ごうけん・ひよく・るてん

〈意味〉

a 男女の情愛が深く、仲むつまじいことのたとえ。

b 万物が変化し続けること。

c 美しいものの上にさらに美しいものを加えること。

d 正統からはずれている思想・信仰・学説。

e 飾り気がなく真面目で、心身ともに強くたくましいこと。

12

次の（　）に入る適切な語を［　］から選び、**漢字に直して四字熟語**を完成せよ。また、その四字熟語の**意味**を後のa〜eから選び、［　］に**記号**で記せ。

注

1 合従（　　）　意味［　］

2 飛花（　　）　［　］

3 （　　）飛語　［　］

4 報怨（　　）　［　］

5 （　　）万丈　［　］

いとく・きえん・らくよう・りゅうげん・れんこう

〈意味〉

a 確かな根拠のない、いい加減なうわさ。

b うらみに対して仁愛の心で応えること。

c 状況に応じて結びついたり離れたりすること。

d 他を圧倒するほど威勢がよいこと。

e 人の世の無常のたとえ。

ONE Point

上と下の二字もそれぞれ反対の意味を持ち、かつ上と下の熟語が対応している例

老若｜男女　理非｜曲直　利害｜得失

漢検 おもしろゼミ06

たかが「一字」、されど「一字」？

「一字」が万事を肝に銘じて！

中国から伝わった「漢字」。漢字をもとに日本人が発明した「かな」。書き言葉としての日本語の特色は、この「漢字」と「かな」の交じった「漢字かな交じり文」を用いているところにあります。表意文字（一字一字に意味がある文字）と表音漢字（音だけを表している文字）を一緒に使う言語は、世界的にもまれだといってよいでしょう。

日本にもともとあった「やまとことば」は表記の手段を持ちませんでしたが、漢字と組み合わせることで表記が可能となりました。

では、動詞や形容詞・形容動詞などと呼ばれる活用語は、活用させた際の違いを、表記のうえでいったいどのように処理したのでしょうか。この問題を解決する鍵となるのが「送りがな」なのです。

送りがなとは、読んだ人が間違いなく意味を理解できるように、動詞や形容詞などの活用語尾を「かな」で書き表したものです。

もし送りがなのつけ方にルールがなかったら、どうなるのでしょうか。

「魚が焦るので、弱火で焼きましょう」はどう読みますか？　「魚があせるので……」と読めますが、焼かれる魚があせるというのもおかしな話です。「魚がこがれるので……」というのも、絵本や物語ならともかく、現実的ではありません。ここでようやく「魚がこげるので……」だと判断

内閣告示「送り仮名の付け方」
昭和四十八年六月十八日
昭和五十六年十月一日　一部改正
平成二十二年十一月三十日　一部改正

■単独の語

❶活用のある語

通則1

本則 活用のある語（通則2を適用する語を除く。）は、活用語尾を送る。

例
憤《いきどお》る　承《うけたまわ》る　書く　実《みの》る　催《もよお》す　生きる
陥《おとしい》れる　考える　助ける……動詞
荒い　潔《いさぎよ》い　賢い　濃い……形容詞
主だ……形容動詞

例外

①語幹が「し」で終わる形容詞は、「し」から送る。

例
著しい　惜しい　悔しい　恋しい　珍しい

②活用語尾の前に「か」、「やか」、「らか」を含む形容動詞は、その音節から送る。

例
暖かだ　細かだ　静かだ　穏《おだ》やかだ
健《すこ》やかだ　和《なご》やかだ　明らかだ　平《たい》らかだ
滑《なめ》らかだ　柔《やわ》らかだ

③次の語は、次に示すように送る。

明らむ　味わう　哀れむ　慈《いつく》しむ　教わる
脅《おど》かす　脅《おびや》かす　関わる　食《く》らう　異《こと》なる
逆《さか》らう　捕まる　群がる　和《やわ》らぐ　揺《ゆ》する
明るい　危《あぶ》ない　危《あや》うい　大きい　少ない

できます。最初から「焦げる」と書いてあれば、一つ一つ検証しなくても意味を把握できるのに、送りがなのつけ方にルールがないと、ずいぶんな遠回りが必要になります。

もう一つ例を挙げましょう。「さずける」と「さずかる」は正反対の意味ですが、「賞を授る」だと区別がつきません。あげたのなら「授ける」、もらったのなら「授かる」としなければ、意味が通じません。そこにたった一字の「かな」があるかないかで、意味が全く違ってくる「送りがな」。まさに「たかが一字、されど一字」というわけです。

このように、複数の訓を持つ漢字では、多くの場合、前後の文脈や送りがなで読み方を判断することになります。送りがなあっての日本語であればこそ、「一字」が万事を、ぜひ肝に銘じてください。

「送りがな」とは

漢字を訓読みする場合、多くは動詞・形容詞・形容動詞など活用のある語（用言）の活用語尾や、それら用言の連用形などからできた名詞の語尾などを明示するために、漢字に「かな」を添えて書き表します。こうした漢字の補助として使われるかなを「送りがな」といいます。「送りがな」はもとは漢文を日本語に訳すときに、日本語での読み方を示すために、原文の漢字のそばに書き添えただけのものでした。書き添えられたものは、書いた人自身の「メモ」のようなもので、その人がわかればよしとされていました。また、前後の文脈から別の読みの可能性がなければつける必要はないと、軽く扱われてきました。こうして、意味が通れば送りがなは気にしないという時代は長く続きました。そのため、焦る・焦がれる・焦げるは、いずれも「焦る」でもよかったのです。

小さい　冷たい　平《ひら》たい　新ただ　同じだ
盛んだ　平《たい》らだ　懇《ねんご》ろだ　惨《みじ》めだ　哀れだ
幸《さいわ》いだ　幸《しあわ》せだ　巧みだ

許容 次の語は、（　）の中に示すように、活用語尾の前の音節から送ることができる。

表す（表わす）　著《あらわ》す（著わす）
現れる（現われる）　行《おこな》う（行なう）
断《ことわ》る（断わる）　賜《たまわ》る（賜わる）

注意 語幹と活用語尾との区別がつかない動詞は、例えば、「着る」、「寝る」、「来る」などのように送る。

通則2

本則 活用語尾以外の部分に他の語を含む語は、含まれている語の送り仮名の付け方によって送る。（含まれている語を〔　〕の中に示す。）

例 ①動詞の活用形又はそれに準ずるものを含むもの。

動かす〔動く〕　照らす〔照る〕
語らう〔語る〕　計らう〔計る〕
向かう〔向く〕　浮かぶ〔浮く〕
生まれる〔生む〕　押さえる〔押す〕
捕らえる〔捕る〕　勇ましい〔勇む〕
輝かしい〔輝く〕　喜ばしい〔喜ぶ〕
晴れやかだ〔晴れる〕　及ぼす〔及ぶ〕
積もる〔積む〕　聞こえる〔聞く〕
頼もしい〔頼む〕　起こる〔起きる〕
落とす〔落ちる〕　暮らす〔暮れる〕
冷やす〔冷える〕　当たる〔当てる〕
終わる〔終える〕　変わる〔変える〕
集まる〔集める〕　定まる〔定める〕
連なる〔連ねる〕　交わる〔交える〕
混ざる・混じる〔混ぜる〕　恐ろしい〔恐れる〕

このように、送りがなは長い間、曖昧にされてきました。明治時代以降、ようやく読む人が読み方を間違えないようにすることを目的に、送りがなのつけ方のルール化が試みられました。現在の送りがなのつけ方に関する決まりは昭和48年に告示されたもので、その後、昭和56年および平成22年に一部が改正されています。

「送りがな」のつけ方

送りがなのつけ方のよりどころとなるのは、前述の内閣告示「送り仮名の付け方」です。その基本的趣旨は、「現代の国語を書き表す場合の送り仮名の付け方のよりどころを示すもの」とされています。

この「送り仮名の付け方」は、「前書き」（「本文の見方及び使い方」を含む）と「本文」（「付表の語」を含む）からなります。本文は全体を大きく「単独の語」と「複合の語」とに分け、それぞれを「活用のあるなし」によってまとめたもので、七つの［通則］（送り仮名の付け方に関する基本的な法則）からなっています。各［通則］には、［本則］のほかに、［例外］［許容］あるいは［注意］が付されているのが特色です。

主な用語の意味は、次のとおりです。

［本則］……送りがなのつけ方に関する基本的な法則と考えられるもの

［例外］……本則には合わないが、慣用として行われていると認められるものであって、本則によらず、これによるもの

［許容］……本則による形とともに、慣用として行われていると認められるものであって、本則以外に、これによってよいもの

［付表の語］……「常用漢字表」の付表に掲げられている語のうち、送りがなのつけ方が問題となる語

② 形容詞・形容動詞の語幹を含むもの。

重んずる〔重い〕　若やぐ〔若い〕
怪しむ〔怪しい〕　悲しむ〔悲しい〕
苦しがる〔苦しい〕　確かめる〔確かだ〕
重たい〔重い〕　憎らしい〔憎い〕
古めかしい〔古い〕　細かい〔細かだ〕
柔らかい〔柔らかだ〕　清らかだ〔清い〕
高らかだ〔高い〕　寂しげだ〔寂しい〕

③ 名詞を含むもの。

汗ばむ〔汗〕　先んずる〔先〕
春めく〔春〕　男らしい〔男〕
後ろめたい〔後ろ〕

許容 読み間違えるおそれのない場合は、活用語尾以外の部分について、次の（ ）の中に示すように、送り仮名を省くことができる。

例
浮かぶ（浮ぶ）　生まれる（生れる）
押さえる（押える）　捕らえる（捕える）
晴れやかだ（晴やかだ）
積もる（積る）　聞こえる（聞える）
起こる（起る）　落とす（落す）
暮らす（暮す）　当たる（当る）
終わる（終る）　変わる（変る）

注意 次の語は、それぞれ〔 〕の中に示す語を含むものとは考えず、通則1によるものとする。

明るい〔明ける〕　荒い〔荒れる〕
悔《くや》しい〔悔いる〕　恋しい〔恋う〕

❷ 活用のない語

通則3

本則 名詞（通則4を適用する語を除く。）は、送り仮名を付けない。

下段に［本則］のほかに、［例外］［許容］などを掲げておきましたので、参考にしてください。特に活用語の場合は、語幹と活用語尾を意識することが大切なポイントになりますので、この点にも留意しましょう。

❶ 活用のある語は、活用語尾を送る。（通則1の本則による）

通則2を適用する語は除きますが、動詞なら「承る」「生きる」「考える」のように送ります。形容詞なら「賢い」「濃い」、形容動詞なら「主だ」のように送ります。ただし、これには次のような例外もあります。

・「惜しい」のように、語幹が「し」で終わる形容詞は、「し」から送る。
・「静かだ」「和やかだ」のように、活用語尾の前に「か」、「やか」、「らか」を含む形容動詞は、その音節から送る。

また、誤読を避けるために、活用語尾の一つ前の音節から送るという例外もあります。（「明らむ」「少ない」「新ただ」「平らだ」など）

❷ 活用語尾以外の部分に他の語を含む語は、含まれている語の送り仮名の付け方によって送る。（通則2の本則による）

「かたらう」という動詞は、「語る」という動詞の未然形「語ら」を含んでいます。ですから、「語る」の送りがなのつけ方によって「語らう」と送るという意味です。また、「苦しがる」（↑苦しい）や「細かい」（↑細かだ）のように、形容詞や形容動詞の語幹を含むもの、「汗ばむ」（↑汗）のように名詞を含むものなども、これに当てはまります。

❸ 名詞は、送り仮名を付けない。（通則3の本則による）

「花」「女」「彼」「何」など活用のない語には、送りがなはつけません。ただし、「幸い」「便り」「誉れ」など、例外として最後の音節を送るものもあります。数をかぞえる「つ」を含む名詞は、その「つ」を「一つ」「幾つ」のように送ります。

例　月　鳥　花　山　男　女　彼　何

例外 ①次の語は、最後の音節を送る。

例　辺《あた》り　哀れ　勢い　幾《いく》ら　後ろ　傍《かたわ》ら
幸《さいわ》い　幸《しあわ》せ　全て　互い　便り　半ば
情け　斜め　独り　誉《ほま》れ　自《みずか》ら　災《わざわ》い

②数をかぞえる「つ」を含む名詞は、その「つ」を送る。

例　一つ　二つ　三つ　幾つ

通則4 本則 活用のある語から転じた名詞及び活用のある語に「さ」、「み」、「げ」などの接尾語が付いて名詞になったものは、もとの語の送り仮名の付け方によって送る。

例 ①活用のある語から転じたもの。

動き　仰《おお》せ　恐れ　薫《かお》り　曇り　調べ
届け　願い　晴れ　当たり　代わり
向かい　狩り　答え　問い　祭り
群《む》れ　憩《いこ》い　愁《うれ》い　憂《うれ》い　香《かお》り　極《きわ》み
初め　近く　遠く

②「さ」、「み」、「げ」などの接尾語が付いたもの。

暑さ　大きさ　正しさ　確かさ
明るみ　重み　憎《にく》しみ　惜しげ

例外 次の語は、送り仮名を付けない。

謡　虞《おそれ》　趣　氷　印　頂《いただき》　帯　畳　卸
煙　恋　志　次　隣　富　恥　話　光
舞　折　係　掛《かかり》　組　肥《こえ》　並《なみ》　巻　割

注意（省略）

許容 読み間違えるおそれのない場合は、次の

4 活用のある語から転じた名詞及び活用のある語に「さ」、「み」、「げ」などの接尾語が付いて名詞になったものは、もとの語の送り仮名の付け方によって送る。（通則4の本則による）

動詞「祭る」から転じた「祭り」、「群れる」から転じた「群れ」、あるいは、形容詞「暑い」から転じた「暑さ」、「明るい」から転じた「明るみ」などは、もとの用言に基づいて送るということです。ただし、例外として「卸」「恥」などのように、送りがなをつけない語もあります。

5 副詞・連体詞・接続詞は、最後の音節を送る。（通則5の本則による）

「必ず」（副詞）、「来《きた》る」（連体詞）、「及び」（接続詞）のように送るという意味です。例外として「大いに」「直ちに」「並びに」などがあり、「又《また》」には送りがなをつけません。さらに、「少なくとも」は「少ない」を含む語なので、含まれている語の送りがなのつけ方によって送ります。

6 複合の語の送り仮名は、その複合の語を書き表す漢字の、それぞれの音訓を用いた単独の語の送り仮名の付け方による。（通則6の本則による）

通則7を適用する語は除きます。例えば「向かう」「合わせる」、「心」「細い」のように送るので、その複合の語も「向かい合わせる」「心細い」と、それぞれの送りがなにしたがって送ります。活用のない語も同じで、「生き物」「無理強い」などと送ります。

7 複合語の名詞のうち、地位・身分・役職等の名や、工芸品の名に用いられた「織」、「染」、「塗」など、特定の領域の語や、一般に慣用が固定していると認められるものには、送り仮名を付けない。（通則7による）

役職名の「取締役《とりしまりやく》」、工芸品の「鎌倉彫《かまくらぼり》」、慣用が固定していると認められる「並木」「物語」「夕立」などは送りがなをつけないということです。

［付表の語］「浮つく」「お巡りさん」「手伝う」などは、このとおりに送り

（　）の中に示すように、送り仮名を省くことができる。

例
曇り（曇）　届け（届）　願い（願）　晴れ（晴）
当たり（当り）　代わり（代り）　向かい（向い）
狩り（狩）　答え（答）　問い（問）　祭り（祭）
群れ（群）　憩《いこ》い（憩）

通則5 本則 副詞・連体詞・接続詞は、最後の音節を送る。

例
必ず　更《さら》に　少し　既に　再び　全《まった》く　最も…副詞
来《きた》る　去る……連体詞
及び　且《か》つ　但《ただ》し……接続詞

例外
① 次の語は、次に示すように送る。
明くる　大いに　直《ただ》ちに　並《なら》びに　若《も》しくは

② 次の語は、送り仮名を付けない。
又

③ 次のように、他の語を含む語は、含まれている語の送り仮名の付け方によって送る。（含まれている語を〔　〕の中に示す。）

例
併せて〔併せる〕　至って〔至る〕
恐らく〔恐れる〕　従って〔従う〕
絶えず〔絶える〕　例えば〔例える〕
努めて〔努める〕　辛うじて〔辛い〕
少なくとも〔少ない〕　互いに〔互い〕
必ずしも〔必ず〕

■ 複合の語

通則6 本則 複合の語（通則7を適用する語を除く。）の送り仮名は、その複合の語を書き表す漢字の、

ます。「息吹」「桟敷」「名残」「行方」などは送りがなをつけません。

「送りがな」Q&A

●「少なくない」か「少くない」か

「すくなくない」は「すくない」に「ない」の接続した形です。「すくない」は、本則としては「少い」と「い」だけを送ればよいので、これに従えば、「すくなくない」は「少くない」と書き表すことになります。しかし、これでは「すくなくない」ではなく「すくない」と誤読されるおそれがあります。

そこで「すくない」は、通則1の例外で「少ない」と「な」から送ることにしました。読みにくさを避けて、慣用を尊重した例です。

●「交わる」か「交る」か「交じわる」か

「まじえる」は「え、え、える、える、えれ、えろ」と活用するので、通則1により「交える」と送ります。一方、「まじわる」は「ら、り、る、る、れ、れ」と活用するので「交る」と送ればよいのですが、通則2によって、「交える」との対応から「交わる」と送ります。また、「交じる」と混同して「交じわる」と送りやすいので注意しましょう。

●「お話しします」か「お話します」か

通則4の例外に「次の語は、送り仮名を付けない。」とあり、そこに「話」があります。ほかに「組、煙、恋、志、次、恥、光、舞」などがありますが、[注意]に、次のようにあります。

ここに掲げた「組」は、「花の組」、「赤の組」などのように使った場合の「くみ」であり、例えば、「活字の組みがゆるむ。」などとして使う場合の「くみ」を意味するものではない。(中略)動詞の意識が残っているような使い方の場合は、この例外に該当しない。したがって、本則を適用して送り仮名を付ける。

「おはなしします」は、「お聞きします」などと同じ動詞の連用形と考え、「話す」の連用形「話し」から「お話しします」と表記するのが妥当です。

それぞれの音訓を用いた単独の語の送り仮名の付け方による。

例

①活用のある語

書き抜く　流れ込む　申し込む
打ち合わせる　向かい合わせる（以下略）

②活用のない語

石橋　竹馬　山津波　後ろ姿（以下略）

許容　読み間違えるおそれのない場合は、次の（　）の中に示すように、送り仮名を省くことができる。

例

書き抜く（書抜く）　申し込む（申込む）
打ち合わせる（打ち合せる・打合せる）
向かい合わせる（向い合せる）（以下略）

注意（省略）

通則7 複合の語のうち、次のような名詞は、慣用に従って、送り仮名を付けない。

例

①特定の領域の語で、慣用が固定していると認められるもの。

ア　地位・身分・役職等の名。
関取　頭取　取締役　事務取扱

イ　工芸品の名に用いられた「織」、「染」、「塗」等。
《博多》織　《型絵》染　《春慶》塗
《鎌倉》彫　《備前》焼

ウ　その他。
書留　気付　切手　消印　小包　振替《ふりかえ》（以下略）

②一般に、慣用が固定していると認められるもの。

奥書《おくがき》　木立《こだち》　子守　献立　座敷　試合
字引　場合　羽織　葉巻（以下略）

注意（省略）

ウォーミングアップ

実施日

解答は別冊P.20

1 次のことばを**漢字と送りがな**に直したとき、**正しいもの**をそれぞれア・イから選び、**記号**を（　）に記せ。

1 あおぐ　ア 仰ぐ　イ 仰おぐ　（　）

2 あきる　ア 飽きる　イ 飽る　（　）

3 いためる　ア 傷ためる　イ 傷める　（　）

4 たっとい　ア 貴とい　イ 貴い　（　）

5 つぐなう　ア 償う　イ 償なう　（　）

6 つつしむ　ア 謹しむ　イ 謹む　（　）

7 ととのえる　ア 調える　イ 調のえる　（　）

8 はげます　ア 励す　イ 励ます　（　）

9 あこがれる　ア 憧れる　イ 憧がれる　（　）

10 はなはだ　ア 甚だ　イ 甚はだ　（　）

11 したう　ア 慕たう　イ 慕う　（　）

12 わずらう　ア 煩らう　イ 煩う　（　）

13 うらめしい　ア 恨しい　イ 恨めしい　（　）

14 うえる
ア 飢る
イ 飢える
（　　）

15 かかる
ア 懸る
イ 懸かる
（　　）

16 さがす
ア 捜がす
イ 捜す
（　　）

17 さとす
ア 諭す
イ 諭とす
（　　）

18 しぶい
ア 渋い
イ 渋ぶい
（　　）

19 すたれる
ア 廃たれる
イ 廃れる
（　　）

20 せばめる
ア 狭める
イ 狭ばめる
（　　）

21 ちかう
ア 誓かう
イ 誓う
（　　）

22 わずかに
ア 僅かに
イ 僅ずかに
（　　）

23 ねばる
ア 粘ばる
イ 粘る
（　　）

24 ともなう
ア 伴なう
イ 伴う
（　　）

25 とむらう
ア 弔う
イ 弔らう
（　　）

ONE Point

「送り仮名の付け方」（P.116下段）の見方・使い方①

［通則］とは、「送り仮名の付け方」の基本的な法則をいいます。［本則］のほかに必要に応じて［例外］、［許容］があります。

練習 1

実施日 ／

解答は別冊P.20

1 次の――線の漢字を例にしたがって**訓読みの終止形**にし、送りがなは**ひらがな**で（　）に記せ。

(例) 窮乏（乏しい）

1 贈与（　） ヒント 下一段活用の動詞になる。
2 眺望（　）
3 諦観（　）
4 襲来（　）
5 渋滞（　） ヒント 訓読みは「とどこおる」。
6 偏執（　）

7 薫風（　）
8 妨害（　） ヒント 訓読みは「さまたげる」。
9 遮光（　） ヒント 下を目的語とする熟語の構成に注目。
10 勧誘（　）
11 合併（　） ヒント 同じ訓を持つ漢字どうしだが送りがなは違う。
12 挑発（　）
13 回顧（　） ヒント 上一段活用の動詞になる。
14 稼働（　）
15 修繕（　）

2

次の漢字を例にしたがって**訓読みの終止形**をひらがなで記し、**送りがな**の部分には——線をつけよ。答えが二つあるものは併記せよ。

(例) 担　かつ<u>ぐ</u>・にな<u>う</u>

1 欺

2 罵

3 怠　ヒント 訓が二つあるので答えも二つある。

4 赴

5 紡

6 潜　ヒント 訓が二つあるので答えも二つある。

7 拒

8 涼　ヒント 動詞と形容詞があり、答えは二つある。

9 薦

10 鑑　ヒント「先例や実例に照らして考える」という字義がある。

11 賄

12 褒

13 磨

14 醜　ヒント 形容詞の終止形は「い」で終わる。

15 矯

ONE Point

「送り仮名の付け方」(P.116下段)の見方・使い方②

[本則]「送り仮名の付け方」の基本法則。

[例外] 本則に合わない送り仮名の付け方が、慣用として一定しているもの。また、読み間違いを避けるために、本則に合わない送り仮名の付け方で慣用の認められるもの。

練習 2

実施日

解答は別冊P.20

1 次の――線のカタカナを漢字一字と送りがな（ひらがな）に直せ。

（例）時間をずらして渋滞をサケル。（避ける）

1 長い入院生活で足の力がナエル。（　）
2 客をネンゴロニもてなす。（　）注
3 会議に遅れそうになりアセル。（　）
4 羊の群れが横断して道をフサグ。（　）
5 我々がネラウのは優勝のみだ。（　）
6 明日モシクハ明後日に伺います。（　）注
7 蜜のシタタルような果物だ。（　）
8 文章の内容を的確にトラエル。（　）
9 部長の機嫌をソコネル。（　）
10 ウモレた人材を発掘する。（　）

11 高原を馬がカケル。（　）
12 胸に熱情をシノバセル。（　）
13 夜がフケルまで語り合う。（　）
14 イマワシイ事件は忘れたい。（　）難
15 試合が近いので気を引きシメル。（　）
16 他人の成功をネタムばかりだ。（　）
17 マギラワシイ商品名だ。（　）難
18 手のヨゴレを洗い落とす。（　）
19 木々に春のキザシを見た。（　）
20 品のない発言をサゲスム。（　）
21 母犬が子犬をイツクシム。（　）
22 故人を手厚くホウムル。（　）
23 この先は幅員がセバマル。（　）
24 規則を破るとはナゲカワシイ。（　）
25 弟のミダラナ生活を戒める。（　）

26 友人の逝去を心から**イタム**。

27 **ナツカシイ**映像が流れた。

28 **シカル**ばかりが教育ではない。

29 ソフトボール大会を**モヨオス**。

30 会員数が**マタタク**間に増えた。

31 サケが川を**サカノボル**。

32 賛成者が大半を**シメル**。

33 チームの結束が**ホコロビル**。

34 **ムサボル**ように本を読んだ。

難 35 組織を**スベル**地位につく。

注 36 人の心を**モテアソブ**発言だ。

37 緊張を隠して平静を**ヨソオウ**。

38 飲酒を**シイル**のはよくない。

39 参加者の多さに自信が**ユラグ**。

40 武芸に**ヒイデル**人を求める。

41 公園のベンチで**イコウ**。

42 同じ**アヤマチ**は繰り返さない。

43 **サビレ**た古寺を訪ねる。

44 二人は将来を**チギッ**た仲だ。

注 45 彼は少し金に**イヤシイ**。

46 類焼を**マヌカレ**て、ほっとする。

47 雨季には荒野が雨で**ウルオウ**。

48 **ニクラシイ**ほど弁舌が巧みだ。

49 赤ちゃんの手を**ニギル**。

難 50 **シイタゲ**られた民衆を救いたい。

ONE Point

「送り仮名の付け方」(P.116下段)の見方・使い方③

［許容］本則による形とともに、慣用として行われていると認められるものであって、本則以外に、これによってよいもの。

練習 2

実施日

解答は別冊P.21

2 次の——線の**カタカナ**を**漢字一字と送りがな(ひらがな)**に直せ。

(例) 時間をずらして渋滞を**サケル**。 (避ける)

1 難 **ウルワシイ**友情物語だ。 (　　)
2 配送中に箱が**ツブレル**と大変だ。 (　　)
3 虫に刺された足首が**ハレル**。 (　　)
4 甘味を**オサエ**て調理する。 (　　)
5 年齢を**イツワッ**て応募した。 (　　)
6 難 長老を会長として**タテマツル**。 (　　)
7 **サワヤカナ**秋晴れの一日だった。 (　　)
8 今月の標語を**カカゲル**。 (　　)
9 楽しげな雰囲気を**カモス**曲だ。 (　　)
10 人を**アザケル**ような笑い声だ。 (　　)
11 梅の花が**ニオウ**季節になった。 (　　)
12 冬は家の中に**コモル**ことが多い。 (　　)
13 難 健康を**オビヤカス**危険性がある。 (　　)
14 長い年月に**ツチカワ**れた文化だ。 (　　)
15 神へ**ミツギ**物をささげる。 (　　)
16 強い**イキドオリ**を感じた。 (　　)
17 業績はあまり**カンバシク**ない。 (　　)
18 アルバイトに学生を**ヤトウ**。 (　　)
19 難 甘い言葉で**ソソノカス**。 (　　)
20 汗**クサイ**更衣室に顔をしかめた。 (　　)
21 難 お正月に明治神宮に**モウデル**。 (　　)
22 たばこは体に悪影響を**オヨボス**。 (　　)
23 売り上げ減で苦境に**オチイル**。 (　　)
24 難 **ウヤウヤシク**褒賞を受ける。 (　　)
25 大学生の夏休みが**ウラヤマシイ**。 (　　)

難 40 予想をクツガエス結果だ。

39 夏休みを前に心がウカレル。

38 妹がバイオリンをカナデル。

37 ナスをぬかみそにツケル。

難 36 桃太郎が鬼をコラシメた。

35 常勝チームの連覇をハバム。

34 傷ついた鳥をアワレム。

33 大事な話を聞きモラス。

32 道のカタワラに碑が立っている。

31 よい医者とメグリ会った。

注 30 仲間にウトンジラれて悲しい。

29 大勢の前でハズカシメを受けた。

28 健康のためにヤセル決意をする。

27 子犬が無心にタワムレている。

26 人との出会いが人生をイロドル。

41 祭りでみこしをカツグ。

42 前例にナラウばかりでは能がない。

43 体力のオトロエを防ぐ。

難 44 勝利の旗がヒルガエル。

45 洗濯物を手早くタタム。

46 心にシミル思い出だ。

47 オボレル者はわらをもつかむ。

48 波もなくオダヤカナ海だ。

49 長年の風雨でペンキがハガレル。

注 50 人間関係がワズラワシイ。

ONE Point

「送り仮名の付け方」（P.116下段）の見方・使い方④

各通則において、許容のある語は本則、許容のいずれに従ってもよいが、許容に従うべきか判断し難い場合には、本則によるものとします。

漢検 おもしろゼミ 07

語意を理解して語彙力を磨け

「仮定」の話より努力の「過程」が大切！

同じ「カテイ」でも「家庭」「課程」「仮定」「過程」とさまざまな熟語があります。駄洒落《だじゃれ》のようですが、この「同音・同訓異字」への理解は、パソコンや携帯電話での文字入力が多くなった昨今、ますます求められる力です。つまり「語意」を理解して「語彙」力を磨くことが大切なのです。

同音異字

音《おん》が同じで意味の異なる漢字を「同音異字」といいます。

「コウ」と音読みする漢字で始まる熟語を挙げてみましょう。

勾配・梗塞・喉頭・構造・後悔・洪水・格子　などなど

「コウ」の「同音異字」はいくらでも出てきそうです。

「同音異字」は多くの場合、漢字の訓読みから意味を判断することができます。訓読みがない漢字は、別の語に置き換えて考えるなどし、文の前後関係から熟語の意味を正しく判断しましょう。

同訓異字

訓読みが同じで意味が異なる漢字を「同訓異字」（または「異字同訓」）といいます。次の①～⑤の「**たつ**」には異なる漢字が入ります。

■同音異字の例

「コウ」で始まる熟語

口実・工業・公園・功績・巧妙・広義
交際・光栄・向上・好感・江湖・考慮
行楽・坑道・孝行・抗争・攻撃・更生
効果・幸福・拘束・肯定・侯爵・厚生
恒常・皇帝・紅白・荒野・郊外・香水
候補・校正・耕作・航空・降下・高速
梗概・港湾・硬度・絞殺・項目・鉱物
綱紀・酵母・興行・鋼鉄・講義・購入
など

■同訓異字と熟語の例

あやしい
怪　怪力・奇怪
妖　妖艶・妖術

いる
射　射撃・照射
鋳　鋳造・改鋳
煎　煎茶・煎薬

きる
斬　斬殺・斬首
切　切断・切除

とらえる
捉　把捉・捉髪
捕　捕縛・逮捕

はる
張　張力・緊張
貼　貼付・貼用

わく
湧　湧出・湧水
沸　沸騰・煮沸

①立派な家が［**たつ**］。②布をはさみで［**たつ**］。
③消息を［**たつ**］。④快刀乱麻を［**たつ**］。
⑤見通しが［**たつ**］。

①は「建築物などができる」という意味で「建つ」、②は「紙や布などを寸法に合わせて切る」という意味で「裁つ」、③は「続いているものをそこで終わらせる」という意味で「絶つ」、④は「切り離す」という意味で「断つ」、⑤は「目標などがさだまる」という意味で「立つ」が、それぞれ正解です。

正しく使い分けるためには、字義を理解し、①「建設・建造」、②「裁縫・裁断」、③「絶縁・絶版」、④「断線・切断」、⑤「確立・成立」など、その漢字を使った熟語を思い浮かべるとよいでしょう。

同音異義語

音《おん》が同じで意味が異なる熟語を「**同音異義語**」といいます。

①［**センコウ**］のチームが勝つ。（**先に攻撃すること**）⇩先攻
②実力より人気が［**センコウ**］する。（**ほかの事柄よりも先に進むこと**）⇩先行
③書類で［**センコウ**］する。（**よく調べて選ぶこと**）⇩選考
④英文学を［**センコウ**］する。（**専門に研究すること**）⇩専攻
⑤独断［**センコウ**］はしない。（**自分の考えだけで行うこと**）⇩専行
⑥敵地に［**センコウ**］する。（**人目を避けて行くこと**）⇩潜行

正しく使い分けるには、文の意味を正しく読み取ることが肝腎です。少しでも疑問を感じたら、漢和辞典を活用して、正しい使い分けを確認しましょう。

同音異義語の例

こうそく
拘束　自由を制限すること
梗塞　ふさがって通じなくなること

ざしょう
挫傷　皮下組織や臓器を損傷すること
座礁　船が暗礁に乗り上げること

たいせき
堆積　うずたかく積み重なること
滞積　貨物や仕事が滞ってたまること
体積　立体が占める空間の大きさ

だんがい
断崖　険しく切り立った崖
弾劾　不正を暴き責任を追及すること

ほそく
捕捉　つかまえること
補足　不十分な点を付け足し補うこと
補則　法令の規定を補うためにつけ加えた規則

ゆうしゅう
優秀　非常にすぐれていること
憂愁　うれえ悲しむこと
有終　物事の終わりをまっとうすること
幽囚　捕らえられて閉じ込められること

ウォーミングアップ

実施日 ／

解答は別冊P.21

1 次の――線のカタカナにあてはまる**漢字**をそれぞれ**ア～オ**から選び、（　）に**記号**を記せ。

1 全速力で**カ**け抜ける。（　）
2 渓谷につり橋が**カ**けられる。（　）
3 疑いを**カ**ける。（　）
［ア 欠　イ 掛　ウ 書　エ 駆　オ 架］

4 多**ボウ**な一日だった。（　）
5 進路を**ボウ**害される。（　）
6 解**ボウ**して死因を調べる。（　）
［ア 剖　イ 坊　ウ 妨　エ 忙　オ 乏］

7 ビルが火災で**エン**上した。（　）
8 ごみ処理場の**エン**突は高い。（　）
9 上手に**エン**筆を削る。（　）
［ア 沿　イ 円　ウ 炎　エ 鉛　オ 煙］

10 **カク**家族化が進行して久しい。（　）
11 双方を比**カク**してみる。（　）
12 威**カク**射撃で様子をみる。（　）
［ア 核　イ 革　ウ 較　エ 嚇　オ 殻］

13 **オウ**凸のある道だ。（　）
14 署名して**オウ**印する。（　）
15 **オウ**打されて失神した。（　）
［ア 押　イ 欧　ウ 殴　エ 奥　オ 凹］

16 コンサートを主**サイ**する。（　）
17 同人雑誌を主**サイ**する。（　）
18 敵を粉**サイ**して快勝した。（　）
［ア 裁　イ 宰　ウ 催　エ 際　オ 砕］

19 **キュウ**歯で食べ物をすり潰す。（　）
20 鼻づまりで**キュウ**覚が鈍る。（　）
21 **キュウ**余の一策を講ずる。（　）
［ア 旧　イ 臼　ウ 嗅　エ 吸　オ 窮］

2

次の――線のカタカナにあてはまる漢字をそれぞれア～オから選び、（　）に記号を記せ。

1 論理のム盾が目立つ。（　）
2 五里ム中で方針が立たない。（　）
3 ム反の疑いで流刑された。（　）
［ア謀　イ無　ウ夢　エ矛　オ霧］

4 仏教に帰エする。（　）
5 八エ桜が美しい。（　）
6 エ釈して通り過ぎる。（　）
［ア会　イ回　ウ依　エ重　オ恵］

7 CDがイタんでしまった。（　）
8 名優の事故死をイタむ。（　）
9 捻挫した足首がイタい。（　）
［ア傷　イ痛　ウ至　エ悼　オ板］

10 気温が上ショウする。（　）
11 節水をショウ励する。（　）
12 舞台衣ショウを準備する。（　）
［ア奨　イ昇　ウ賞　エ粧　オ装］

13 論文の主シをまとめる。（　）
14 二人はよく似たシ妹だ。（　）
15 先輩の話にシ激された。（　）
［ア刺　イ指　ウ旨　エ姉　オ祉］

16 渇水でカイ滅的な打撃を受ける。（　）
17 仲カイの労を取る。（　）
18 誘カイ事件が解決した。（　）
［ア皆　イ介　ウ潰　エ戒　オ拐］

ONE Point

同音・同訓異字を解くには

同じ読み方をする熟語でも、漢字次第で意味は異なります。そのため、一字一字の字義を正しく理解していることが大切です。

練習1

実施日

解答は別冊P.21

1 次の――線のカタカナを漢字に直せ。

1 自覚**ショウ**状はなかった。

2 船が暗**ショウ**に乗り上げた。

3 はがきに切手を**チョウ**付する。

4 失敗を**チョウ**笑されて悔しい。

5 **モウ**想にとりつかれて不安だ。

6 電池が消**モウ**する。

7 法律の**モウ**点を突く。

意味 「モウ点」＝うっかり見落としているような点。

8 愛**セキ**の情を示す。

9 親**セキ**からお歳暮が届いた。

10 書**セキ**を購入する。

11 **カマ**倉時代は武士が統治した。

12 彼とは同じ**カマ**の飯を食った仲だ。

13 確定**シン**告をする。

14 読**シン**術を習得したい。

意味 「読シン術」＝くちびるの動きで言葉を読みとる技術。

15 医師の**シン**察を受ける。

16 検査の結果、妊**シン**三か月だった。

17 この区間は**ジョ**行運転となる。

18 障害物を**ジョ**去する。

19 **カ**政は虎よりも猛《たけ》し。

20 金額の多**カ**は問わない。

ヒント 少ないという意味の字。

21 実際の**カ**働台数は少ない。

22 犯人が民家に**ロウ**城した。

23 一般大衆を愚**ロウ**する発言だ。

24 半トウ明なガラスを使う。

25 物価の高トウに頭を抱える。

26 風流なトウ花の宴を楽しむ。
意味「トウ花」＝フジの花。

27 飛行機にトウ乗する。

28 徹夜して目がジュウ血した。

29 一ジュウ一菜で済ましている。
意味「一ジュウ一菜」＝質素な食事。

30 横ヘイな態度に閉口する。

31 日光を遮ヘイして実験する。

32 ヘイ害を取り除く。

33 総スイとして企業を率いる。

34 あくまで任務をスイ行する。

35 賞を獲得しセン望の的となる。

36 ぬるめの湯でセン茶をいれる。

37 一週間のコン立表を作る。

38 精コン込めて器を焼く。

39 ぜひ出席をとコン願した。

40 戦時の弾コンが残っている。

41 通訳がシ意的な誤訳を行う。

42 どんな仕事にも真シに打ち込む。
意味「真シ」＝真面目でひたむきなさま。

43 首相が委員会にシ問した。
意味「シ問」＝有識者や機関に意見を求めること。

44 汚職事件に義フンを覚える。
意味「義フン」＝世のため人のために、いきどおること。

45 事実をフン飾して話す。

46 強盗がケン銃で威嚇する。

47 ケン盤ハーモニカを演奏する。

ONE Point

同音異義語は関連する語とセットで覚えよう

「こうしょう（交渉・口承・高尚・考証）」は、「交渉がまとまる」「口承文学」「高尚な趣味」「時代考証」などのように覚えましょう。

練習2

実施日

解答は別冊P.22

1 次の——線のカタカナを漢字に直せ。

1 青春時代をカエリみた。
2 自己をカエリみて努力する。
3 内乱がようやくシズめられた。
4 ダム建設でシズんだ村がある。
5 子どもが席の大半をシめていた。
6 浴衣を着て帯をシめる。
7 部屋の整理をスませた。
8 川の上流は水がスんでいた。
9 親族会議にハカった結果だ。
10 友人が便宜をハカってくれた。
11 洋服に帽子がハえる。
12 ハえある勝利を祝う。
13 火口から煙がフき出した。
14 銅像をフいてきれいにする。
15 旅行の準備に時間をサく。
16 絹をサくような悲鳴が聞こえた。
17 波がアラく出航を見合わせる。
18 費用をアラく見積もった。
19 新しい靴をハいた。
20 思わず本音をハいた。
21 横車をオす。
22 私は彼を会長にオす。
23 曇天で洗濯物のカワきが遅い。
24 喉がカワいたので水を飲む。

2 次の——線の**カタカナ**を**漢字**に直せ。

1 幼稚園児の遊**ギ**を見る。（　）
2 油断して詐**ギ**にあう。（　）
3 **ギ**善的な行為は不愉快だ。（　）
4 大手の**サンカ**に加わる。（　）
5 痛ましい**サンカ**に落涙する。（　）
6 人生の**サンカ**と呼ぶのにふさわしい。（　）
7 役所に**セイガン**書を提出する。（　）
8 謹んで神前で**セイガン**する。（　）
9 **ホウソウ**界で活躍する検事だ。（　）
10 プレゼント用に**ホウソウ**する。（　）
11 **キョクチ**的な紛争が起きた。（　）
12 芸術の**キョクチ**に達する。（　）
13 不法**シンニュウ**で捕まる。（　）
14 **シンニュウ**生の歓迎会を行う。（　）

15 キリスト教を**シンコウ**する。（　）
16 産業の**シンコウ**に役立つ。（　）
17 **シンコウ**まで読書した。（　）
18 **シンコウ**勢力が大手を脅かす。（　）
19 **シュウチ**心でいっぱいになる。（　）
20 二人の仲は**シュウチ**の事実だ。（　）
21 国王に**エッケン**する。（　）
22 議長の**エッケン**行為を弾劾する。（　）
23 事故の原因を**キュウメイ**する。（　）
24 今回の汚職を**キュウメイ**する。（　）

ONE Point

同じ訓読みで意味の異なる字に注意！

「おさめる（納・修・治・収）」などは、短文を作るか、その字を使った別の熟語に置き換えて考えると意味が明確になる場合もあります。

練習 2

実施日

解答は別冊P.22

3 次の――線のカタカナを漢字に直せ。

1 左右タイショウの美しい建物だ。
2 二人はタイショウ的な性格だ。
3 学生をタイショウとした本だ。（注）
4 華道のキョウジュをしている。
5 自由をキョウジュする。
6 商社のショウガイ部で働く。
7 電波ショウガイが発生した。
8 ツツシんでお礼申し上げます。
9 人前では喫煙をツツシむ。
10 命をカけて仕事に取り組む。
11 メダルをカけるゲームに興ずる。

12 インコウの異常で声が枯れた。
13 少女へのインコウは処罰対象だ。
14 二列ジュウタイに並ぶ。
15 高速道路はジュウタイが激しい。
16 新しいテンポがオープンした。
17 保険で賠償額をテンポする。（難）
18 胃腸をワズラって入院した。
19 将来を思いワズラう。
20 ツぎ木をして育てる。
21 親の跡をツぐことにした。
22 激しいキハクに圧倒される。
23 高山では酸素がキハクになる。
24 再開発にキョウコウに反対する。
25 金融キョウコウに見舞われる。（注）

26 風雅なセンリツに心が洗われる。（　　　）
27 悲惨な事件にセンリツが走る。（　　　）
28 迷惑駐車があとをタたない。（　　　）
29 自分で生地をタって作った。（　　　）
30 広大な土地をリョウユウする。（　　　）
31 天下にリョウユウは並び立たず。（　　　）
32 新しい住宅をフシンする。（　　　）
33 挙動フシンな男がいる。（　　　）
34 生徒全員に注意をカンキする。（　　　）
35 室内のカンキに留意する。（　　　）
36 日本の歴史をガイカンする。（　　　）
37 内憂ガイカンで苦労が続く。（　　　）
38 契約のコウシン時期になる。（　　　）
39 無線でコウシンを続ける。（　　　）
40 コウシンに道を譲る。（　　　）

難
41 釣り人は獲物をコジし合った。（　　　）
42 謝礼をコジして受けない。（　　　）
43 表札に名前をホる。（　　　）
44 穴をホって苗木を植える。（　　　）
45 部長にルイシンする。（　　　）
46 少年野球のルイシンを務める。（　　　）
難
47 ビタミンをセッシュする。（　　　）
48 店の金をセッシュして捕まる。（　　　）
49 寺宝の由来をタズねる。（　　　）
50 友人と史跡をタズねる。（　　　）
51 腐った野菜がニオう。（　　　）
52 パンが焼ける良いニオいがする。（　　　）

ONE Point

同じ音読み・似た字形でも意味は異なる！

「フク」→福祉・幅員・副業
「ジョウ」→土壌・令嬢・譲歩・醸造

書道のつもりでひと筆で?

一画一画に心を込めて書く!

漢検では「書き取り」問題の配点は比較的高く、受検者のみなさんが力を入れて学習される分野の一つです。しかしながら、せっかく覚えた漢字も、うろ覚えであったり、雑に書いてしまって点画が誤っていたり、また逆に、美しく書こうとするあまり〝書道のつもりでひと筆で〟続けて書いてしまったりして、点数を落としてしまうというケースがあります。正確な字形に対する無頓着がミスにつながっているのです。

漢字を正確に書くためにも、〝一画一画、心を込めて書く〟ことは、書き取りの基本的な心構えともいえます。楷書で丁寧に正しい形の漢字を書く。そんな習慣を身につけるようにしたいものです。

正確な漢字を書く

漢検発行の問題集は、「教科書体」という書体を使用しています。「教科書体」は、手書きの文字に近いとされている書体です。これを見本として、しっかりと身につけることが重要です。

点画を続けて書く、略して書くなどの癖があれば、改める必要があります。たとえ時間がかかっても、一つ一つの点画をきちんと意識して書くよう、日頃から心がけましょう。

字体について

漢検では、「常用漢字表」に示された字体で解答してください。ただし「常用漢字表」に参考として示されている康熙《こうき》字典体など、旧字体と呼ばれているものを用いてはいけません。なお、次の漢字のみ、例外として許容字体が認められています。

淫〔淫〕　詮〔詮〕　謎〔謎〕
牙〔牙〕　箋〔箋〕　剥〔剥〕
葛〔葛〕　遡〔遡〕　箸〔箸〕
嗅〔嗅〕　遜〔遜〕　蔽〔蔽〕
僅〔僅〕　嘲〔嘲〕　餅〔餅〕
惧〔惧〕　捗〔捗〕　頬〔頬〕
稽〔稽〕　溺〔溺〕　喩〔喩〕
餌〔餌〕　塡〔塡〕
煎〔煎〕　賭〔賭〕

同音類字

①部首が共通しているものの例

い　【辶】しんにょう／しんにゅう
- 違—違《い》反《はん》
- 遺—遺《い》跡《せき》

書き取りの練習や問題を解くなかで、少しでも疑問や不安があれば、漢字辞典や資料に当たって確認することもあわせて習慣づけるとよいでしょう。

なお、2級では例外として許容字体が認められている漢字があります。下段を参考にしてください。

同音類字・異音類字

漢字には、偏《へん》が違うけれど旁《つくり》が同じなど、似た形の字があります。形がよく似ていて音《おん》も同じ漢字を「同音類字」、音は異なる漢字を「異音類字」と呼びます。

これらは、次のように二つに大別されます。

❶ 部首（意味を表す部分）が共通しているもの

同音類字＝ 閑《かん》・関《かん》【門】もんがまえ
候《こう》・侯《こう》【亻】にんべん

異音類字＝ 紋《もん》・絞《こう》【糸】いとへん
貧《ひん》・貪《どん》【貝】かい・こがい

❷ 部首以外の部分（原則として音を表す部分）が共通しているもの

同音類字＝ 班《はん》・斑《はん》／懇《こん》・墾《こん》
異音類字＝ 寒《かん》・塞《そく》／治《ち》・冶《や》

「書き取り」問題で点を落とさないためにも、字の成り立ちや構成を意識して、偏と旁を注意深く練習することが大切です。

② 部首以外の部分が共通しているものの例

かい
諧—俳諧《はいかい》
楷—楷書《かいしょ》

みつ
密—秘密《ひみつ》
蜜—蜂蜜《はちみつ》

き
幾—幾何《きか》
畿—近畿《きんき》

とう
塔—鉄塔《てっとう》
搭—搭乗《とうじょう》

さつ
殺—黙殺《もくさつ》
刹—古刹《こさつ》

りょ
慮—配慮《はいりょ》
虜—捕虜《ほりょ》

異音類字

① 部首が共通しているものの例

【手】て
摯—真摯《しんし》
撃—攻撃《こうげき》

【辶】しんにょう しんにゅう
逐—逐一《ちくいち》
遂—遂行《すいこう》

【心】こころ
怒—怒号《どごう》
怨—怨恨《えんこん》

② 部首以外の部分が共通しているものの例

椎—脊椎《せきつい》
推—推移《すいい》
唯—唯一《ゆいいつ》
稚—稚拙《ちせつ》
維—繊維《せんい》

ウォーミングアップ

実施日 ／

解答は別冊P.23

1 次の音と訓を持つ**漢字**を(ア)［　］から選び、（　）に記せ。また、その漢字が使われている**熟語**を(イ)［　］から選び、**二字の漢字に直して**［　］に記せ。

1 音 キ　訓 う（える）　（　）［　］

2 音 ヘイ　訓 あわ（せる）　（　）［　］

3 音 ガ　訓 かわら　（　）［　］

4 音 ガ・ゲ　訓 きば　（　）［　］

5 音 ソウ　訓 さが（す）　（　）［　］

6 音 ユウ　訓 わ（く）　（　）［　］

7 音 シャ　訓 さえぎ（る）　（　）［　］

8 音 コウ・ク　訓 みつ（ぐ）　（　）［　］

9 音 コ　訓 また　（　）［　］

(ア)
遮・貢・股・瓦・捜・併・牙・飢・湧

(イ)
ガカイ・ガッペイ・キガ・コウケン・コカン
シャダン・ソウサ・ドクガ・ユウシュツ

2 次の——線のカタカナを漢字に直せ。

1 後輩をサトす。（　　）
2 温かな心遣いに感キュウする。（　　）
3 長く伸びたカミを切る。（　　）
4 ミダらな服装だと注意を受ける。（　　）
5 生活様式の変センをたどる。（　　）
6 議会に工場の誘チを提案する。（　　）
7 フモトから山頂まで約二時間だ。（　　）
8 大胆カつ端正な筆さばきだ。（　　）
9 綿をツムいで糸にする。（　　）
10 銀行からユウ資を受ける。（　　）
11 失礼な態度にマユをひそめる。（　　）
12 友人と海に出てチョウ果を競う。（　　）
13 うれしさに心がハズむ。（　　）
14 土地のツボ数を測る。（　　）
15 多くの係ルイを養っている。（　　）
16 青いヒトミの西洋人形を贈った。（　　）
17 仕事のチュウ介を頼まれる。（　　）
18 社会見学でカマ場に行く。（　　）
19 生活をオビヤかされる。（　　）
20 いいツラ構えをした新人だ。（　　）
21 チツ序立てて考える。（　　）
22 学バツのない会社で働く。（　　）

ONE Point

漢字の書き取りに強くなるには　その①

書き取りは、漢字を書くばかりでなく、語彙力をつけることも大切です。日頃から多くの文章に接するように心掛けましょう。

練習 1

実施日 ／

解答は別冊P.23

1 次の――線のカタカナを漢字に直せ。

1 読書は心の**カテ**となる。
意味 ここでは、力づけるもの、活動の源の意。

2 要求は**キョヒ**された。

3 部活動で**ショウガイ**の友を得た。

4 難題の解決に**クリョ**する。

5 敵を**アザム**くにはまず味方からだ。

6 **アサ**の中のよもぎでまっすぐ育つ。
意味 「アサの中のよもぎ」＝善人と交わることで自然にその人も善人になることのたとえ。

7 両者の**ミゾ**は埋まらなかった。

8 屋上からの**チョウボウ**は見事だ。
ヒント 「チョウ」は右の部分が音符で、同音類字のある字。

9 **ヨコヅナ**の土俵入りを見る。

10 蚕の**マユ**から糸をとる。
ヒント 虫が糸をはいて作ったことがわかる字のつくりである。

11 朝の**アイサツ**から一日が始まる。

12 武道で克己心を**ツチカ**う。
意味 養い育てること。

13 **ジョウチョ**豊かな子に育つ。

14 白菜がおいしく**ツ**かった。

15 宴会で江戸**ナガウタ**を披露する。
意味 三味線音楽。

16 無名だが**アナド**れないチームだ。

17 凶悪事件に**リツゼン**とする。
意味 恐ろしさにぞっとすること。

18 彼は**センサイ**な心の持ち主だ。

19 休日に熱帯魚の**スイソウ**を洗う。

20 **ホタルガ**りが企画された。

21 お守りの御**リヤク**を期待する。

22 気乗りしないため返事を**シブ**る。

23 理論より**ジッセン**が大切だ。
ヒント 文意より「たたかう」ことではないので注意。

24 商隊が**スナアラシ**を避けて旅する。

25 怒りのホコサキを向けられた。

26 格下の相手とシガにもかけない。
意味 「シガにもかけない」＝問題にしない。

27 圧倒的な勝利にホコらしげな顔だ。

28 一人二千円の会費でマカナう。
意味 やりくりすること。

29 挫折せず初志をカンテツした。

30 イロツヤがよいトマトを選ぶ。

31 ロウニャク男女を問わず人気だ。

32 叔母は出家しニソウとなった。
意味 仏門に入った女性。

33 重箱のスミをつつくような意見だ。

34 ザンシンな企画だと褒められる。

35 市内をジュンカンするバスに乗る。

36 新しい仕事にチョウセンする。

37 マボロシのように美しい景色だ。

38 兄はテツガクを専攻している。

39 トクメイで投書する。
ヒント 「トク」を使った熟語には「秘トク」「隠トク」がある。

40 捨てネコを拾ってきた。

41 フロに入って一日の疲れをとる。

42 亡き祖父のメイフクを祈る。

43 キャクインがみられる詩だ。

44 機体のザンガイが散乱している。

45 ツマサキまでまっすぐ足を伸ばす。

46 妹はまだまだ世事にウトい。
意味 よく知らないこと。

ONE Point

漢字の書き取りに強くなるには　その②

言葉の意味がわからない時は、その都度、辞書で調べましょう。漢字辞典で字義を調べても、漢字力の向上につながります。

練習 1

実施日

解答は別冊P.23

2 次の――線のカタカナを漢字に直せ。

1 彼は功績がケンチョである。
意味 はっきりと目立つさま。

2 霊峰にイフの念を抱く。

3 家名をケガすわけにはいかない。

4 事務用の机とイスを新調する。

5 徹夜が続くと体にサワる。
ヒント 「ししょう」があるということ。

6 せめてイッシを報いたい。
意味 「イッシを報いる」=やられてばかりではなく反撃や反論すること。

7 とりあえずゲネツ剤を飲ませた。

8 ドウサツ力の鋭い人だ。

9 署名した後にオウインした。

10 軒下にカキの実をつるして干す。

11 苦言を呈されジュウメンを作る。
意味 不愉快そうな顔つき。

12 大学でカンコクゴを学んでいる。

13 犬と子どもがタワムれる。

14 初戦でザンパイを喫した。

15 因習のジュバクから解放される。

16 避難訓練のケイガイカを防ぐ。
意味 当初の意義や内容が失われ、かたちだけ残ること。

17 うわさの真相はサダかではない。

18 キハツしたガソリンに引火する。

19 有能な家臣にホウビを与える。

20 不当なコウテツ人事に憤る。

21 幼児が母のヒザマクラで眠る。

22 フホウを受け葬儀に参列した。

23 テレビの音が集中をサマタげる。

24 フウリンの音が涼しげだ。

25 追い風が吹くまでシンボウする。
26 車がデイドにはまって動かない。
27 制裁を加えて悪をコらしめる。
28 僅かな心のカンゲキを突く。
意味 すきま。あいだ。
29 ヤクビョウガミは敬遠したい。
30 ミニクい争いはやめてほしい。
31 カの鳴くような声で答えた。
32 小石がガケシタに転がり落ちた。
33 船出をサンバシで見送る。
34 寺院をコンリュウする。
35 退会のムネを会長に伝える。
意味 述べたことの主な狙いや考え。
36 ワザワいが降りかかった。
37 予算のワクナイで処理する。
38 イシウスでひいたそば粉を打つ。

39 チョウモン者の列が続く。
40 金魚のエサやりは妹の日課だ。
41 ごちそうを前にツバを飲み込む。
42 昼食にはよくメンルイを食べる。
43 伯父のヤッカイになる。
44 百日のモに服する。
意味 死んだ人の近親者がある期間祝い事や交際を慎むこと。
45 堪忍袋のオが切れた。
46 日々の努力が全てのモトイを作る。
意味 土台となるもの。

ONE Point

漢字の書き取りでの注意点　その①

「とめ・はね・はらい」の一点・一画を楷書で正確に書くようにしましょう。

練習 1

実施日

解答は別冊P.23

3 次の――線のカタカナを漢字に直せ。

1 休日にケイリュウ釣りに行く。
2 コケツは危険な場所のたとえだ。
意味 トラのすむあな。
3 新しいクツで出掛ける。
4 餌の匂いをカぎつけて猫が来た。
5 城の周囲にホリを巡らす。
6 集合時間にはバスにモドろう。
7 突然ワキバラに痛みを感じた。
8 ここは一里ヅカの跡だ。
9 企画のシンチョク状況を報告する。
10 セイキョした恩師の冥福を祈る。

11 豪壮なテイタクに住んでいる。
12 次々にトバが摘発されていった。
13 昼食にエビのテンドンを食べる。
14 食事を終えて静かにハシを置く。
15 イゴの話題で盛り上がる。
16 ミサキには灯台がある。
17 弱者ベッシの発言が問題になる。
18 ヤナギが風になびいている。
19 ずぶぬれでミジめな気持ちだ。
20 ヤミヨのカラスのように黒一色だ。
21 過ちをチンシャする。
意味 訳を話してあやまること。
22 歯並びをキョウセイする。
23 タイダが成績不振を招いた。
24 古都のメイサツを観光する。
意味 名高い寺。

25 危険を**サト**って引き下がった。

26 放置自転車を**テッキョ**する。

27 言葉を**メイリョウ**に発音する。

28 骨折した腕の筋肉が**イシュク**する。

29 **カゲン**の月が空に浮かんでいる。

30 お守りを**ハダミ**離さず持っている。

31 山の**ハ**に月が懸かる。
意味 「山のハ」＝山と空が接しているように見える境目のあたり。

32 サッカー観戦に**サソ**われる。

33 集中豪雨で河川が**ハンラン**した。

34 **ホニュウビン**を殺菌して使う。

35 うまい**ヒユ**を用いて説明する。

36 ボランティアの参加者を**ツノ**る。
ヒント 「ボシュウ」すること。

37 二つの作品は**コクジ**している。

38 海岸で**カイガラ**を拾う。

39 失敗を言い**ツクロ**う。

40 **ケイジ**のマナーを学ぶ。
意味 めでたいこと。祝いごと。

41 彼の裏の顔を知り**ゲンメツ**する。

42 必要な講義を**リシュウ**する。

43 赤ん坊に**ウブユ**を使わせる。

44 バスタブに**フタ**をして保温する。

45 弟は**クセ**のある字を書く。

46 お土産に木彫りの**カメ**を買う。

ONE Point

漢字の書き取りでの注意点　その②

字はくずして書かないようにしましょう。

（例）「糸―糸×」「灬―⺍×」「口―○×」

練習 1

実施日

解答は別冊P.24

4 次の――線のカタカナを漢字に直せ。

1 サメはアゴの力が非常に強い。
2 災害に備えて防災ズキンを作る。
3 年老いた両親をフヨウする。
4 故国へのキョウシュウに駆られる。 意味 ふるさとを懐かしむ気持ち。
5 シュヒンから挨拶の言葉を頂戴する。
6 ソデをまくって皿洗いをする。
7 チュウシンより感謝致します。 意味 こころの底。
8 役人が公然とワイロを受け取る。
9 病気見舞いにセンバヅルを折る。
10 眼科でドウコウの大きさを測る。
11 余暇をギセイにして練習に励んだ。
12 彼は借金を抱えてシッソウした。 意味 行方をくらますこと。
13 彼はアイマイな表情を浮かべた。
14 常に整理セイトンを心掛ける。
15 ひたすら自己をトウヤする。 意味 性質や才能を育て上げること。
16 セイチを極めた美しい日本画だ。
17 冷たいユウスイをすくって飲む。
18 自動車部品のハンヨウ性を高める。
19 ゾウゲ目当ての密猟が横行する。
20 主君の後を追ってジュンシした。 意味 主人の後を追い臣下が自害すること。
21 母は毎朝ほうきで自宅前をハく。
22 金魚鉢にモを入れる。
23 環境問題はショウビの課題だ。 ヒント 危険が迫る意。火がまゆ毛に迫っている様子。
24 圧政に苦しむ民がホウキする。 ヒント ハチが巣から一斉に飛び立つことから、大勢が反乱をおこす意。

25 港に小型センパクが停泊する。（　　）

26 東京キンコウに居を構えたい。（　　）

27 世界のナゾを追う番組が人気だ。（　　）

28 暗殺者のキョウジンに倒れる。（　　）
意味 殺害に用いるはもの。

29 高速道路にはシャオン壁がある。（　　）

30 先輩の姿からドンヨクに学ぶ。（　　）

31 ごちそうにシタツヅミを打つ。（　　）

32 本社が子会社の赤字をホテンする。（　　）

33 作家の講演にケイハツされた。（　　）
意味 気づかぬことを教え示すこと。

34 サンロクのロッジで夏を過ごす。（　　）

35 都市は荒れ地へとヘンボウした。（　　）

36 兵士はセイゼツな最期を遂げた。（　　）
意味 非常にすさまじいさま。

37 リンゴを切ってシンを取り除く。（　　）

38 海外勤務に英語力はヒッスだ。（　　）

39 曽祖父は活力オウセイだ。（　　）

40 法廷でコクビャクを争う。（　　）
意味 「コクビャクを争う」＝どちらが正しいかをはっきりさせる。

41 道理を悟りテイネンの境地に至る。（　　）

42 ショウチュウをソーダで割る。（　　）

43 書道教室でカイショから学ぶ。（　　）

44 女優のヨウエンな表情が秀逸だ。（　　）

45 遠来の客をネンゴろにもてなす。（　　）

46 他人の過ちにカンヨウに接する。（　　）

ONE Point

漢字の書き取りでの注意点　その③

「攵・欠・不・句」の1画目と2画目を続けて書かないようにしましょう。

練習 2

実施日

解答は別冊P.24

1 次の——線のカタカナを漢字に直せ。

1 家でスイジを手伝う。

2 実験の結果をケネンする。

難 3 モンピは閉ざされたままだ。

4 事故の原因をブンセキする。

5 現職の市長がキンサで当選した。

6 対外貿易のキンコウが保たれる。

7 敵の様子をテイサツしに行く。

8 ナベに野菜を入れて煮込む。

9 日本酒のメイガラにこだわる。

10 観葉植物の葉にハンテンが出る。

11 シンダンの結果、異常はなかった。

12 木陰でしばしの間スズむ。

13 創業者のショウゾウ画を飾る。

14 おにぎりをホオバる。

15 地域独自の文化がスタれる。

16 ヒヨクな三日月地帯について学ぶ。

17 ミツバチが花の間を飛び回る。

18 練習を積んでセツジョク戦に挑む。

19 結論はダトウなものだった。

難 20 優秀な人材がフッテイしている。

注 21 会員数はゼンジ増加している。

22 使用法をコンセツ丁寧に教える。

23 これは将来を見スえた企画だ。

24 「オレ」ではなく「私」と言いなさい。

25 ダエキは食べ物の消化を助ける。

26 ニジイロに輝くシールを貼る。

27 電車の座席のヒジカけを使う。
28 寝ぼけマナコで食卓についた。
29 敵国と一時的にワボクを結ぶ。
30 柔道部のモサたちが集う。
31 海外で邦人のラチ事件が起きる。
32 春のイブキが感じられる。
33 大豆をアッサク機にかける。
34 難 謀略で苦境にオトシイれられた。
35 毎週お茶のケイコに通っている。
36 対策にザンジの猶予を求めた。
37 難 領主が農民をシイタげていた。
38 不正をはたらきヒメンされた。
39 弊社の事情をごケンサツください。
40 ゲカ手術を受けることになった。
41 なだらかなヤマスソに牧場が広がる。

42 注 条約のヒジュンにこぎつけた。
43 動植物の絶滅キグ種を保護する。
44 捕虜が敵兵にイノチゴいをする。
45 痛恨のエラーをバトウされた。
46 土砂のタイセキで扇状地ができる。
47 人件費のネンシュツに苦心する。
48 博物館で動物のハクセイを見た。
49 企業がシュサイのコンクールだ。
50 家のムネアげを祝う。

ONE Point

漢字の書き取りでの注意点　その④

「支」の2・3画目、「隹」の3・5画目、「修」の5・6画目などを続けて書かないようにしましょう。

練習2

実施日

解答は別冊P.25

2 次の――線のカタカナを漢字に直せ。

1 人生についてシサクを深める。
2 オロかな行いを恥じる。
3 ユカイな仲間と宴会をする。
4 難 親友とキョウキンを開いて語る。
5 先輩からユズり受けたボールだ。
6 ジンソクな対応が好感を呼ぶ。
7 会議は野次のオウシュウになった。
8 不都合な証拠をインペイする。
9 ジュンタクな資産に物をいわせる。
10 二人は日本文学界のソウヘキだ。
11 病はすっかりチユした。

12 本堂修繕のためジョウザイを募る。
13 各地で新勢力がボッコウした。
14 汚れた作業着をセンタクする。
15 湯をワかしてコーヒーをいれた。
16 ヤヨイ時代の土器が発見される。
17 彼はいつもシュンビンに動く。
18 カチクの世話をする。
19 料理の腕をヒロウする。
20 政財界でラツワンを振るう。
21 目をコらして一点を見つめる。
22 難 月賦で負債をショウカンした。
23 休日にトダナの整理をする。
24 ケイタイ電話で連絡する。
25 ユウチョウに構えてはいけない。
26 悪いイメージをフッショクする。

27 カギアナにほこりが詰まった。

注 28 コウバイの急な坂を駆け下りる。

29 工場はテッサクで囲まれている。

30 手術でシュヨウを摘出した。

31 長い間友人からオトサタがない。

32 評判のソウシン術を受ける。

33 口下手な自分がウラめしい。

34 娘には心にヒめた人がいる。

35 年末にモチつきをした。

36 ありがたいお言葉をタマワった。

37 かみクダいて説明した。

38 映画ザンマイの夏休みを過ごす。

39 訓練で技をミガく。

40 よくウれた果物を賞味する。

41 濃いアイイロの浴衣を着る。

難 42 ヒョウロウ攻めに音を上げる。

43 風邪をひきオカンがする。

難 44 語学にヒイでた才能をみせる。

45 取引先にセイボを贈る。

46 全国を巡って民謡をサイフする。

47 互いに意思のソツウを図る。

48 ドウクツで古い絵が発見された。

49 メジリのしわが目立ってきた。

50 大漁旗が海風にヒルガエる。

ONE Point

漢字の書き取りでの注意点　その⑤

「木」の2画目、「糸」の4画目は一般的に「とめ」ですが、検定でははねても採点時に許容とされます。

練習2

実施日 ／

解答は別冊P.25

3 次の――線の**カタカナ**を**漢字**に直せ。

1 **シッコク**の髪が美しい女優だ。
2 **ダンナ**が使用人に口やかましく言う。
3 伝言を**ウケタマワ**る。
4 引っ越しの**スケダチ**を頼む。
5 二人は**ケンエン**の仲だ。
6 一茶は江戸の**ハイカイシ**の一人だ。
7 (注) のどかな**ウラザト**を旅する。
8 能力を**イカン**なく発揮する。
9 わらで**ゾウリ**を編んだ。
10 自宅**キンシン**を命じられる。
11 自信を**ソウシツ**する。
12 厳しい修行を経て**ソウリョ**になる。
13 (難) 彼の**ゴウマン**な態度が鼻につく。
14 野生動物の生存競争は**カレツ**だ。
15 原人の**ズガイコツ**が発掘された。
16 出版社を名誉**キソン**で訴える。
17 **カブキ**は日本の伝統的な演劇だ。
18 **コロア**いを見て食事を出す。
19 選挙戦で**ユウゼイ**して回る。
20 母は**ヨウツウ**で苦しんでいる。
21 世界で野球の**スソノ**を広げる。
22 寺から**ドキョウ**が聞こえる。
23 事を**オンビン**に済ます。
24 **コショウ**の水質保全に努める。
25 読書家で**ゴイ**の豊富な人だ。
26 (難) その案には**シュコウ**しかねる。

27 ダンガイの上から海を一望する。
28 突然行く手をハバまれた。
29 役所にシセイの声として届ける。
30 大声を出してイカクする。
31 将軍自ら東照宮にサンケイする。
32 長い眠りからカクセイする。
33 大手の都市銀行がハタンする。
34 芝居をサジキで見る。
注 35 マンション建設がセコウされる。
36 全国大会をセイハした。
37 バイショウ金を支払う。
38 深いキョウコクに足がすくむ。
39 台風による被害はジンダイだ。
40 ヨジョウ米を放出する。
41 貸借関係をソウサイする。

42 不平等条約のテッパイを求める。
43 糸がカラまってほどけなくなる。
44 荷物をカツいで山に登った。
45 家庭裁判所でシンリする。
46 走者がイッセイにスタートをした。
47 心のスキにつけこむ商法だ。
48 まんまとハカられてしまった。
49 ザセツを繰り返して大人になる。
難 50 悪の道にソソノカされる。

ONE Point

漢字の書き取りでの注意点　その⑥

漢字検定での解答は、必ずHB・B・2Bの鉛筆、またはシャープペンシルを使用してください。ボールペンや万年筆は厳禁です。

練習2

実施日

解答は別冊P.26

4 次の——線のカタカナを漢字に直せ。

1 心身をキタえる。
2 逆境に心がスり切れそうだ。
3 人気店にチョウダの列ができる。
4 人も魚も同じセキツイ動物だ。
5 大水で多くの動物がデキシした。
6 少ない持ちゴマを駆使して戦う。
7 不正にイキドオりを覚える。
8 難 退職後はアンカンとした日々だ。
9 上司のフトコロの深さに学ぶ。
10 ヘンケンを持たず判断したい。
11 滞納したらトクソク状が来た。
12 口の中にできたカイヨウが痛む。
13 上着のエリモトをかきあわせる。
14 この服はダレの忘れ物ですか。
15 難 会社のテイカンを再読する。
16 リンゴのカンバしい香りがする。
17 景気上昇のキザしが見えた。
18 風邪で耳鼻インコウ科に行く。
19 カンドウされて親と絶縁状態だ。
20 チケット購入にベンギを図る。
21 資金調達にホンソウした。
22 彼女の演奏はクロウトはだしだ。
23 敵船をホソクし追尾を開始する。
24 ギオン効果で劇が盛り上がる。
25 注 恒久平和をカツボウする。
26 大胆なサイハイが功を奏した。

☐ 27 功績により**ジョクン**の栄に浴する。

注 ☐ 28 **ゼンリツセン**炎の痛みに苦しむ。

☐ 29 **フンイキ**のいい酒場だ。

☐ 30 書き損じた**ビンセン**を丸める。

☐ 31 **イ**まわしい出来事を思い出す。

☐ 32 大仏**カイゲン**の供養に列席する。

☐ 33 叫び声は**コクウ**に消えていった。

難 ☐ 34 **インヨク**の葛藤を描いた小説だ。

☐ 35 **ユイショ**のある神社に詣でる。

☐ 36 **ソウケン**に責任が重くのしかかる。

☐ 37 過去は**ボウキャク**したい。

☐ 38 **オショウ**さんの法話を聴く。

☐ 39 **ユカタ**姿で縁日に行く。

難 ☐ 40 経済事情に**ツウギョウ**している。

☐ 41 彼は争いの**カチュウ**の人物だ。

☐ 42 彼女は三か国語を操る**サイエン**だ。

☐ 43 米国で**タツマキ**が発生する。

☐ 44 **ケンソン**して実績の明言は避けた。

☐ 45 政府の要人が**ソゲキ**される。

☐ 46 欧州での暮らしを**ショウケイ**する。

☐ 47 師匠から強い**シッセキ**を受ける。

注 ☐ 48 **ノドモト**過ぎれば熱さを忘れる。

☐ 49 びょうぶに**トラ**の絵を描く。

☐ 50 友人の子に絵本と**ガング**を贈る。

ONE Point

書き取りは「旧字体」で書かないで

日本漢字能力検定の2～10級では、漢字は「常用漢字表」で示された字体で書いてください。旧字体での解答は正答と認められません。

練習2

実施日

解答は別冊P.26

5 次の――線のカタカナを漢字に直せ。

1 心のカットウを乗り越え成長する。
2 ゲンソクから水面をのぞき込む。
3 ノウコウソクの手術を受けた。
4 ナグサめる言葉もなかった。
5 並み居る強敵をイッシュウする。
6 各人の前に豪華なおゼンが並ぶ。
7 ハシゲタの架設工事を行う。
8 捕らわれてユウシュウの身となる。
9 彼女の視線にオンネンを感じる。
10 二人の関係にキレツが入る。
11 初優勝で故郷へニシキを飾った。

12 オウフウの建築に興味がある。
13 アミダナに荷物を置き忘れた。
14 彼はロダンをスウハイしている。
15 ホラアナの中にコウモリがいた。
16 クオンの昔に思いをはせる。
17 注 今までの活動をソウカツする。
18 長い戦に兵士はヒヘイしている。
19 養殖が盛んな入りエだ。
20 ソウソフの百歳の誕生日を祝う。
21 注 体は大きいがショセンは子どもだ。
22 舞台でシット深い女を演じる。
23 豚にシンジュ。
24 三年のキンコケイが確定した。
25 全員で握りコブシを突き上げた。
26 難 試験前はいつもユウウツだ。

注 27 株価がホウラクを来した。

28 互いにエシャクをしてすれちがう。

29 嫌疑が晴れて無罪ホウメンとなる。

30 仏像のコウゴウしい姿に打たれる。

31 抗議によって判定がクツガエった。

難 32 恩師のクントウを受ける。

33 友人と酒をクみ交わす。

34 ジュウナンな発想で企画する。

35 京都を中心にキナイの史跡を巡る。

36 妹はウチマタで歩く癖がある。

注 37 女王のタイカンシキに列席する。

38 ジンゾウに結石が見つかった。

39 祖母はジョウルリ本を集めている。

40 人気のクシヤき店で舌鼓を打つ。

41 ガクカンセツ痛で歌手が休養する。

42 晩秋の寂しさを俳句にヨむ。

43 アヤマちは繰り返さない。

44 仏道にキエしている。

45 母が子をイツクしむ姿を描く。

46 ジュズを持って墓参りする。

47 職場のキュウジョウを訴える。

48 会長が企業のイシズエを築いた。

難 49 主人公はフウキな家に生まれた。

50 ヨセに落語を観覧しに行く。

ONE Point

例外的に許容される字体

2級の新出配当漢字には、字体に許容が認められるものがいくつかあります。詳しくは、別冊標準解答のP.1をご参照ください。

例 剥→剝　餅→餠 など

誤字訂正 ウォーミングアップ

実施日 ／

解答は別冊P.27

1 次のア・イの文のうち、漢字が**正しく使われているもの**を選び、（　）に**記号**を記せ。

1 ア 完熟した果物を食べる。
イ 完塾した果物を食べる。
（　）

2 ア 昔の景観を復元する。
イ 昔の景歓を復元する。
（　）

3 ア 遺伝子の研究をする。
イ 違伝子の研究をする。
（　）

4 ア 犯人を捕促する。
イ 犯人を捕捉する。
（　）

5 ア 彼は硬骨漢といわれる。
イ 彼は更骨漢といわれる。
（　）

6 ア 勝利を渇望する。
イ 勝利を喝望する。
（　）

7 ア 交観会に出席する。
イ 交歓会に出席する。
（　）

8 ア 寺院の界律を守る。
イ 寺院の戒律を守る。
（　）

9 ア 意見が合わず弧立した。
イ 意見が合わず孤立した。
（　）

10 ア 財政は疲弊している。
イ 財政は疲幣している。
（　）

11 ア 損害を補償する。
イ 損害を保償する。
（　）

2 次の各文にまちがって使われている**同じ読みの漢字**が**一字**ある。（　・　）の上に**誤字**を、下に**正しい漢字**を記せ。

		誤	正
1	商店街の複興に努める。	（　・　）	
2	自然の恩恵を共受する。	（　・　）	
3	空気の汚選を憂える。	（　・　）	
4	殴州旅行に出掛ける。	（　・　）	
5	寺の鐘廊に登る。	（　・　）	
6	事件以来、擬心暗鬼になる。	（　・　）	
7	画家の心の基跡をたどる。	（　・　）	
8	事件解決の端諸がつかめた。	（　・　）	
9	舞台の衣粧をそろえる。	（　・　）	
10	姉の仕事は服職関係だ。	（　・　）	
11	ようやく経剤が安定する。	（　・　）	
12	大企業の参下に入る。	（　・　）	
13	友人当てに荷物を送る。	（　・　）	
14	パーティーで缶杯する。	（　・　）	
15	道路が渋帯している。	（　・　）	
16	時代は変線する。	（　・　）	
17	堕性で日々を過ごす。	（　・　）	
18	新聞を読んで語意力を養う。	（　・　）	
19	図書館の蔵書を検策する。	（　・　）	
20	幼児が頭骸骨の標本を恐れる。	（　・　）	

ONE Point

書き間違えやすい漢字　その①

いかん　→遺感×－遺憾○
おかん　→悪感×－悪寒○
りしゅう→履習×－履修○

誤字訂正 練習 1

実施日

解答は別冊P.27

1 次の各文にまちがって使われている**同じ読みの漢字**が**一字**ある。（　・　）の上に**誤字**を、下に**正しい漢字**を記せ。

誤　正

1 娘の婚因を親戚に報告する。（　・　）
2 法亭で証言する。（　・　）
3 詰茶店で待ち合わせをする。（　・　）
ヒント 同音類字のある漢字に注目。
4 徴罰を受ける。（　・　）
5 台風は近幾地方を通過した。（　・　）
6 平日の図書館は間散としていた。（　・　）
ヒント 同音異義語のある語に注目。
7 成績不信で頭が痛い。（　・　）
8 大型書店で書籍を講入する。（　・　）
9 賞学金の貸与を申し込んだ。（　・　）
10 心に予裕を持つように心掛ける。（　・　）
11 合同体育祭を開債する。（　・　）
12 疑造硬貨が出回っている。（　・　）
13 無官の帝王と呼ばれた選手だ。（　・　）
ヒント 同音類字のある漢字に注目。
14 彼とは墾意な間柄だ。（　・　）
15 大仏殿を建隆する。（　・　）
16 彼は芸能界で偉彩を放っている。（　・　）
17 鯨が優然と泳いでいる。（　・　）
18 戦場は礁土と化した。（　・　）
19 滋悲深い顔の仏像を拝む。（　・　）
20 静弱な森の中を散策する。（　・　）
21 隣国との粉争が続く。（　・　）
22 座右の名を書き初めした。（　・　）
23 緊張した重持ちで試合に臨む。（　・　）

24 熱湯で瓶を殺禁する。

25 経歴差称で訴えられる。

26 海外付任の辞令を受ける。

27 言葉遣いには神径を使う。

ヒント 同音類字のある漢字に注目。

28 高等裁判所の判決を待つ。

29 試験前夜に撤夜で勉強する。

30 月末に清求書を郵送する。

31 隙を狙って攻激を仕掛ける。

32 日本酒やビールは蒸造酒である。

33 祖父の日課は乾布摩察だ。

34 遠虜して発言を控えた。

35 会社に理歴書を提出する。

36 容姿淡麗な婦人に出会う。

37 威義を正して目上の人と話す。

38 除夜の鐘で百八の煩脳を払う。

39 師の勲陶を受ける。

ヒント 文意に合わない熟語に注目。

40 好例の行事に参加する。

41 細胞を検微鏡で観察する。

42 酒の席で上司の気嫌を取る。

43 新しい玄楽器と楽譜を買う。

44 条約は議会で無事批準された。

45 福祉活動で社会功献がしたい。

46 低金利で誘資を受ける。

ONE Point

書き間違えやすい漢字　その②

さんぴ　→賛非×－賛否○
ぐうぜん→遇然×－偶然○
ほうもん→訪門×－訪問○

誤字訂正 練習 1

実施日 ／

解答は別冊P.27

2 次の各文にまちがって使われている**同じ読みの漢字**が**一字**ある。（　・　）の上に**誤字**を、下に**正しい漢字**を記せ。

誤・正

1 ひたすら陰忍自重の日々を送る。（　・　）

2 勇志を募って企画運営から始めた。（　・　）
ヒント 文意に合わない熟語に注目。

3 民間療法で神経痛が換和した。（　・　）

4 石油関連商品を一率値上げする。（　・　）

5 壮厳な儀式が執り行われた。（　・　）

6 三紙の新聞を並読している。（　・　）

7 ついに積年の意恨を晴らした。（　・　）

8 彼の変屈さには閉口する。（　・　）

9 諸外国と友交関係を結ぶ。（　・　）

10 彼は野生的な魅力を放っている。（　・　）
ヒント 同音異義語のある語に注目。

11 全力を尽くし精魂を使い果たす。（　・　）

12 我が校は質実剛賢の気風がある。（　・　）

13 最近の物価の謄貴に音を上げる。（　・　）
ヒント 同音類字のある漢字に注目。

14 突然の出現に暁天した。（　・　）

15 駐在大使を本国に召環する。（　・　）

16 古寺の神厳な境内を歩く。（　・　）

17 料邸で宴会を催した。（　・　）

18 無断で徐名するとは失礼だ。（　・　）

19 人生の愛歓を二人で共にする。（　・　）

20 健実な経営方針で業績を伸ばす。（　・　）

21 会長の一喝には偉力がある。（　・　）

22 日頃の無惰遣いを戒める。（　・　）

23 彼の主張に異句同音に反対した。（　・　）

24 法廷に訟拠資料を提出する。
25 野菜の速成栽培に成功する。
26 事故の負傷者を担荷で運ぶ。
27 苦手意識を克伏して成果を上げる。
28 香辛料の豊香が食欲をそそる。
29 誇大盲想で話されて迷惑だ。
ヒント 同音類字のある漢字に注目。
30 事態は随半現象によって起きた。
31 大雪で列車は立ち往上している。
32 所持品に自分の名前を銘記する。
ヒント 文意に合わない熟語に注目。
33 失敗の責任を他人に転化する。
34 健康に留意して摂生に勤める。
ヒント 使い分け要注意の語がある。
35 上位の得票者による決戦投票を行う。
ヒント 同音異義語のある語に注目。
36 鎮痛な面持ちで悲報を伝えた。
37 瞳を輝かせて将来の包負を語る。

38 土砂崩れの被害は尽大だった。
39 方外な請求に断固抗議する。
40 自宅の前の道路が補装された。
41 社長の意見に不和雷同する。
42 退職者に花束を贈提する。
43 単的な表現で的確に伝える。
44 政治家の腐廃ぶりは目に余る。
45 二酸化炭素の輩出を抑えた車だ。
46 岩礁や干型の生物を保護する。

ONE Point

形の似ている漢字を正しく覚えるには

字義を正しく覚えることが肝心です。部首をヒントに正しく書き分けましょう。

・倍増—培養—陪審—賠償

誤字訂正 練習 2

実施日

解答は別冊P.28

1 次の各文にまちがって使われている**同じ読みの漢字**が**一字**ある。（　・　）の上に**誤字**を、下に**正しい漢字**を記せ。

誤　正

1 憧れている作家の筆致を模放して文章の修練に励む。（　・　）

2 園児を遊技室に集めて歌の発表会の練習をする。（　・　）

3 前代未聞の不肖事に会社中が騒然としている。（　・　）

4 彼は富有な家で出生したが今は窮迫した生活を送っている。（　・　）

5 異論が続出して議論が沸騰し、会議はますます紛急してきた。（　・　）

6 漸次上昇する物価にはいくら家計を閉めても追いつかない。（　・　）

注 7 最初から無謀な計画は立てずに現状に則した形で実現していこう。（　・　）

注 8 半分諦めていた入学試験の合格通知を受け取り、有頂点になる。（　・　）

9 文章は慢然と書かずに要点を簡潔にまとめてください。（　・　）

難 10 辞書の範例をよく読んで編集方針と使用方法を理解した。（　・　）

11 怒りに燃えた悪鬼のような形相に身奮いがした。（　・　）

12 生存競走の激烈な社会から離脱し平穏な生活を取り戻した。（　・　）

13 原子構造の簡単な水素は引火しやすく、空気が交じると爆発する。（　・　）

14 業務が停滞するほどの誤ちを犯して顧客に謝罪する。（　・　）

難 15 教授は好奇心応盛な学生から矢継ぎ早に質問を浴びせられた。（　・　）

16 児童の輪禍を防ぐために、教員が交査点に立って指導した。（　・　）

17 老朽化で高速道路の路面に危裂が入り、一時通行禁止になった。（　・　）

18 大企業の不当な下受け単価の切り下げは規制されている。（　・　）

19 定年後は妻と静かに全国津津浦浦の社寺を参景してみたい。（　・　）

20 病状は回復してきたものの依然として予談を許さぬ状態が続いている。（　・　）

21 警備員が現金輸送車とともに失捜した事件を追う。（　・　）

22 文学作品に登場する優れた比愉表現について研究する。（　・　）

難 23 被害者の遺族に弔意金を贈ることになった。（　・　）

注 24 耳触りな音が一晩中鳴り響いて熟睡できなかった。（　・　）

25 量販店で売られる梨の重量表示は風体込みのものが多い。（　・　）

26 深山で瑠璃色の渓流に添って歩きながら大自然の美を観賞した。（　・　）

27 国際的視野から人権侵害に対する監視を行い、人権養護に取り組む。（　・　）

28 我が社では毎年四月一日に永続勤務者を表賞している。（　・　）

29 鎌倉時代から室町時代にかけての建築技術の変遷を派握したい。（　・　）

30 次回の総選挙では野党が連掲する構えを見せている。（　・　）

31 入院中の祖母が一刻も悠予ならない状態に陥った。（　・　）

注 32 容疑者は刑事の取り調べに対し黙否権を行使した。（　・　）

33 自然の豊庫といわれる湿地帯が立ち入り禁止となり柵で囲われた。（　・　）

34 雅趣あふれる老舗旅館で、坪庭に憂玄の美を感じた。（　・　）

35 太陽電池を屋根に接置し家庭で電力を自給する時代も遠くない。（　・　）

ONE Point

書き取りで次のように書いても○になる①

無─無・無　戸─戸・戸・戸

令─令・令　言─言・言・言

誤字訂正 練習 2

実施日

解答は別冊P.28

2 次の各文にまちがって使われている**同じ読みの漢字**がある場合には、（ ・ ）の上に**誤字**を、下に**正しい漢字**を**一字**記し、**まちがいがない場合**には上に○を入れて示せ。

（誤・正）

1 地球上の生命の唯持にとって大気の汚染は深刻な問題である。（ ・ ）

2 雪山での遭難の報を受け、救助隊は吹雪がやみ次第掃索を開始した。（ ・ ）

3 異法駐車は社会的な迷惑行為なので厳しく取り締まられる。（ ・ ）

注 4 新聞の家庭覧に掲載された教育についての投書に考えさせられた。（ ・ ）

5 才媛との誉れが高い姉は難関を突破して大学合格を果たした。（ ・ ）

注 6 停泊中の船が一勢に汽笛を鳴らすと野太い音が港に響き渡った。（ ・ ）

7 トラック輸送は、決められた積歳量を守るべきである。（ ・ ）

注 8 品評会で受賞ならずも褒められて以来、祖父は盆彩に夢中だ。（ ・ ）

9 商品の誇大広告に対して消費者は窮弾する構えを示そう。（ ・ ）

10 酒の勢いで冒言を吐いてしまったのは申し訳ないことだと反省する。（ ・ ）

11 内容が正しく伝われば、伝言メモの文章の巧拙は問わない。（ ・ ）

12 公約した改革実現を目指し、実現可能なところから前次実施する。（ ・ ）

13 偏狭な言動を反省して今後は平行感覚を身につける努力をしたい。（ ・ ）

14 自意識過乗で他人に意見を押し付けていたことが恥ずかしい。（ ・ ）

15 明治以降日本は欧米の文明を需容して近代化を図ってきた。（ ・ ）

16 今回の行事は前例に習うことなく独自の発想から出発したい。（ ・ ）

難 17 事故で土壌に浸透した化学物質が地下水も汚染してしまった。（ ・ ）

注 18 大臣の失言が物疑を醸し、辞職を余儀なくされた。（　・　）

19 騒音公害対策として遮音壁が高速道路沿いに設置された。（　・　）

20 君の画期的なアイデアを今度の会議に計ってみたいと思う。（　・　）

21 付近で発掘された恐竜の化石が地元の博物館で一般に広開された。（　・　）

22 法師の奏でる笛の音は一族の栄華を知る者にとって哀折極まりなかった。（　・　）

注 23 コストの変動による賃金アップの問題を労使相方で検討すべきだ。（　・　）

24 政治家が企業から多額の賄路を受け取った事が発覚した。（　・　）

注 25 目標達成には面密な計画と進捗状況の把握、全体の協力が必要だ。（　・　）

26 急逝した親友を痛んで短歌を詠み霊前に献じた。（　・　）

27 僅かな互解が思いがけない迷惑な騒ぎに発展してしまった。（　・　）

28 精巧な仕組みのからくり人形が故障したので修理を委頼した。（　・　）

29 伝統的な英雄の物語には興味深い創話が多い。（　・　）

30 憲法記念日を迎えると戦争放棄の条文が活発に議論される。（　・　）

31 各地の寺院に数多くの手掘りの仏像を残した仏師がいたそうだ。（　・　）

32 大規模商業施設には敷地内に数箇所、消火泉が設置されている。（　・　）

33 年来の目標であった全国制破の夢を達成することができた。（　・　）

34 新機能を登載した携帯電話の発売が、業界に旋風を巻き起こした。（　・　）

注 35 展望台からは朝夕の頂望が素晴らしく、誰もが旅情を満喫した。（　・　）

ONE Point

書き取りで次のように書いても○になる②

年―年・年・年　保―保・保

骨―骨・骨

2級

実力完成問題 第1回

解答には、「常用漢字表」に示された漢字の字体、読みを使用すること。旧字体での解答は認めない。

実施日 ／

総得点 ／200

解答は別冊P.29

一　次の——線の漢字の読みをひらがなで記せ。

各1点 ／30

1 生活扶助費を支給された。
2 妻の弟とは姻戚関係にあたる。
3 歯ごたえのよい煎餅を食べる。
4 荒漠たる原野が広がっている。
5 たんすを納戸に置く。
6 本社の貴賓室に案内された。
7 未曽有の危機に直面する。
8 碑文が摩滅して読めない。
9 彼は古い旅館の若旦那だ。
10 敵軍の駐屯地を偵察する。
11 満遍なく栄養を摂取したい。
12 心に響く秀逸な俳句だ。

13 思わぬ災厄に見舞われる。
14 妖艶な美女が画面に登場した。
15 古刹の秘仏が特別公開される。
16 マラリアは蚊が媒介する。
17 斎場は粛然として声もなかった。
18 好事家が欲しがる古書だ。
19 先生のご薫陶のお陰です。
20 意外に臆病なところがある。
21 日頃より培った力を発揮する。
22 近く上京する旨を伝える。
23 強敵を前に尻込みしてしまった。
24 掲示物を乱暴に剝がされた。

25 バラの茎に虫がついている。
26 レンゲの蜂蜜を紅茶に入れる。
27 彼は際立って踊りが上手だ。
28 式を厳かに執り行う。
29 この作戦の要は機動力だ。
30 野良に出てせっせと働く。

25（　） 26（　） 27（　） 28（　） 29（　） 30（　）

二 次の漢字の部首を記せ。

各1点 /10

〈例〉菜（艹）・間（門）

1 串（　）		6 椎（　）
2 準（　）		7 奪（　）
3 唇（　）		8 轄（　）
4 股（　）		9 克（　）
5 至（　）		10 顕（　）

三 熟語の構成のしかたには次のようなものがある。

各2点 /20 2×10

ア 同じような意味の漢字を重ねたもの（岩石）
イ 反対または対応の意味を表す字を重ねたもの（高低）
ウ 上の字が下の字を修飾しているもの（洋画）
エ 下の字が上の字の目的語・補語になっているもの（着席）
オ 上の字が下の字の意味を打ち消しているもの（非常）

次の熟語は右のア～オのどれにあたるか、一つ選び、記号にマークせよ。

1	懸命	ア イ ウ エ オ
2	空隙	ア イ ウ エ オ
3	衆寡	ア イ ウ エ オ
4	沃土	ア イ ウ エ オ
5	孤塁	ア イ ウ エ オ
6	呪術	ア イ ウ エ オ
7	未了	ア イ ウ エ オ
8	戴冠	ア イ ウ エ オ
9	弾劾	ア イ ウ エ オ
10	忍苦	ア イ ウ エ オ

三・四 問2の答えは［］内の記号にマークすること。
＊一・二・四 問1・五～九の答えはマークシート方式ではありません。

四 次の**四字熟語**について、問1と問2に答えよ。

問1 次の**四字熟語**の（1〜10）に入る適切な語を後の□の中から選び、**漢字二字**で記せ。

各2点 /20 2×10

ア 1 会者（　　）
イ 2 盛者（　　）
ウ 3 小心（　　）
エ 4 汎愛（　　）
オ 5 志操（　　）

カ 6（　　）西走
キ 7（　　）皆伝
ク 8（　　）諾諾
ケ 9（　　）東風
コ 10（　　）転倒

いい・けんご・けんり・しゅかく
じょうり・とうほん・ばじ・ひっすい
めんきょ・よくよく

問2 次の11〜15の**意味**にあてはまるものを問1のア〜コの**四字熟語**から**一つ**選び、**記号にマーク**せよ。

各2点 /10 2×5

11 相手の言いなりになること。
11 ［ア］［イ］［ウ］［エ］［オ］［カ］［キ］［ク］［ケ］［コ］

12 知り合ったものはいずれ別れる運命にあること。
12 ［ア］［イ］［ウ］［エ］［オ］［カ］［キ］［ク］［ケ］［コ］

13 主義や考えなどを変えないこと。
13 ［ア］［イ］［ウ］［エ］［オ］［カ］［キ］［ク］［ケ］［コ］

14 物事の順番や立場などが逆になること。
14 ［ア］［イ］［ウ］［エ］［オ］［カ］［キ］［ク］［ケ］［コ］

15 あらゆる人をいつくしみ、得るところを平等にする。
15 ［ア］［イ］［ウ］［エ］［オ］［カ］［キ］［ク］［ケ］［コ］

五 次の1〜5の**対義語**、6〜10の**類義語**を後の□の中から選び、**漢字**で記せ。□の中の語は一度だけ使うこと。

各2点 /20 2×10

対義語

1 下賜—(　　)
2 畏敬—(　　)
3 偉大—(　　)
4 暴露—(　　)
5 病弱—(　　)

類義語

6 人相—(　　)
7 尊大—(　　)
8 核心—(　　)
9 重病—(　　)
10 安眠—(　　)

けんじょう・こうまん・じゅくすい
そうけん・たいかん・ちゅうすう・ひとく
ぶべつ・ぼんよう・ようぼう

六 次の——線の**カタカナ**を**漢字**に直せ。

各2点 /20 2×10

1 税理士の**シカク**をとる。
2 暗殺を企て**シカク**を放った。
(　　)(　　)

3 **イッカツ**されて迷いから覚めた。
4 会社の備品を**イッカツ**購入する。
(　　)(　　)

5 風邪を肺炎と**ゴシン**された。
6 **ゴシン**術を習っている。
(　　)(　　)

7 亡父の一**シュウキ**に墓参りする。
8 空気清浄機で**シュウキ**を除く。
(　　)(　　)

9 当たり**サワ**りのない話に終始する。
10 名曲の**サワ**りを紹介する。
(　　)(　　)

三・四 問2の答えは「」内の記号にマークすること。
＊一・二・四 問1・五〜九の答えはマークシート方式ではありません。

七 次の各文にまちがって使われている**同じ読みの漢字**が**一字**ある。（　）に誤字を、〔　〕に**正しい漢字**を記せ。

各2点 /10 2×5

1 海外で大規模な災害が発生した場合、国は国際緊急援助隊を派遣することがある。（誤　）〔正　〕

2 上場企業の総帥が交通事故で重傷を負ったが、的切な応急処置により一命を取り留めたそうだ。（　）〔　〕

3 中高年の生涯学習や体力作りを支援する団体が長期待在型の国内旅行を提唱する。（　）〔　〕

4 この会社は諸民感覚を先取りし、巧みな通信販売で業績を順調に伸ばしている。（　）〔　〕

5 ノロウイルスの集団感潜が発生した病院の院長が緊急会見を開いて、報道陣の前で謝罪した。（　）〔　〕

八 次の――線の**カタカナ**を**漢字一字と送りがな（ひらがな）**に直せ。

各2点 /10 2×5

〈例〉問題に**コタエル**。（答える）

1 相手を**アナドッ**て油断するな。（　）

2 先に進むように**ウナガス**。（　）

3 一点差で**オシク**も敗れた。（　）

4 **ワズカナ**食料を仲間と分け合う。（　）

5 議員の名を**ハズカシメル**行為だ。（　）

九　次の――線のカタカナを漢字に直せ。

各2点
/50
2×25

1 歯茎がエンショウを起こした。

2 著書を恩師にゾウテイする。

3 イコンを晴らす時が来た。

4 彼の言動にカイギの念を持つ。

5 証拠品が警察にオウシュウされた。

6 事態のシャクメイを求める。

7 錦秋のケイコク美を堪能する。

8 トウテツした論旨に敬服した。

9 一輪挿しのカビンをいただく。

10 ガイトウする項目をチェックする。

11 部活動をショウレイする校風だ。

12 現場にケッコンが残されていた。

13 都会には欲望がウズマいている。

14 祭礼のチゴ行列が通る。

15 ナグるような大雨に打たれる。

16 キバをむいて獲物を待ち構える。

17 払暁にニワトリの鳴き声が響く。

18 鉛筆をナイフでケズる。

19 トコナツの国に永住したい。

20 奇抜だが品のあるヨソオいだ。

21 部屋中をチマナコになって探す。

22 心霊写真などマユツバモノだ。

23 カマを掛ける。

24 エンは異なもの味なもの。

25 人間万事サイオウが馬。

2級

実力完成問題

第2回

解答には、「常用漢字表」に示された漢字の字体、読みを使用すること。旧字体での解答は認めない。

実施日

総得点　／200

解答は別冊P.30

一　次の――線の漢字の読みをひらがなで記せ。（各1点　／30）

1 咽頭炎を疑い検査する。（　　）
2 時期により繁閑のある店だ。（　　）
3 自己顕示欲の強い人物だ。（　　）
4 当店の銘菓をぜひご賞玩ください。（　　）
5 胸襟を開いて語り合った。（　　）
6 食べこぼしを布巾でふきとる。（　　）
7 母は西洋美術への造詣が深い。（　　）
8 克己心を常に持ち続ける。（　　）
9 ヘリコプターが旋回している。（　　）
10 時代の奔流に巻き込まれる。（　　）
11 下士官ながら殊勲を立てた。（　　）
12 堕落した生活を母に叱責される。（　　）
13 平衡感覚に優れた人だ。（　　）
14 人倫に反する行為を戒める。（　　）
15 俊才の誉れ高い人だった。（　　）
16 落ち葉を腐らせて堆肥を作る。（　　）
17 渇水期には池が干上がりそうだ。（　　）
18 旧来の悪弊を改めたいと思う。（　　）
19 大鍋で乾麺をゆで上げた。（　　）
20 願ってもないチャンスを逸した。（　　）
21 切れた鼻緒をすげる。（　　）
22 社会から葬り去られた。（　　）
23 口幅ったいことを申し上げる。（　　）
24 降る雨にも春の兆しを感じる。（　　）

25 別紙も併せてご覧ください。（　　）

26 潔く非を認める。（　　）

27 犬は飼い主によく懐く。（　　）

28 肘をついて食べるのは行儀が悪い。（　　）

29 新米を口いっぱいに頬張った。（　　）

30 本殿の隣に神楽があった。（　　）

二

次の漢字の**部首**を記せ。

〈例〉菜（艹）・間（門）

1 刻（　　）

2 朱（　　）

3 宰（　　）

4 懲（　　）

5 眉（　　）

6 旋（　　）

7 者（　　）

8 貢（　　）

9 毀（　　）

10 赴（　　）

各1点　／10

三

熟語の構成のしかたには次のようなものがある。

ア　同じような意味の漢字を重ねたもの（岩石）

イ　反対または対応の意味を表す字を重ねたもの（高低）

ウ　上の字が下の字を修飾しているもの（洋画）

エ　下の字が上の字の目的語・補語になっているもの（着席）

オ　上の字が下の字の意味を打ち消しているもの（非常）

次の熟語は右の**ア〜オ**のどれにあたるか、**一つ**選び、**記号にマーク**せよ。

1 擬似　[ア][イ][ウ][エ][オ]

2 併記　[ア][イ][ウ][エ][オ]

3 未踏　[ア][イ][ウ][エ][オ]

4 頓首　[ア][イ][ウ][エ][オ]

5 筆禍　[ア][イ][ウ][エ][オ]

6 早晩　[ア][イ][ウ][エ][オ]

7 叱声　[ア][イ][ウ][エ][オ]

8 赦免　[ア][イ][ウ][エ][オ]

9 去就　[ア][イ][ウ][エ][オ]

10 座礁　[ア][イ][ウ][エ][オ]

各2点　／20（2×10）

三・四 問2の答えは[ ]内の記号にマークすること。

＊一・二・四 問1・五〜九 の答えはマークシート方式ではありません。

四 次の四字熟語について、問1と問2に答えよ。

問1 次の四字熟語の（1～10）に入る適切な語を後の□の中から選び、漢字二字で記せ。

各2点 /20 2×10

ア 1 心頭（　　）奮闘
イ 2 円転（　　）曲直
ウ 3 冶金（　　）一遇
エ 4 良風（　　）存亡
オ 5 当意（　　）一体
カ 6（　　）奮闘
キ 7（　　）曲直
ク 8（　　）一遇
ケ 9（　　）存亡
コ 10（　　）一体

かつだつ・ききゅう・こぐん・ぜひ
せんざい・そくみょう・びぞく
ひょうり・めっきゃく・ようやく

問2 次の11～15の意味にあてはまるものを問1のア～コの四字熟語から一つ選び、記号にマークせよ。

各2点 /10 2×5

11 うるわしいならわしやしきたり。
［ア］［イ］［ウ］［エ］［オ］［カ］［キ］［ク］［ケ］［コ］

12 またとない機会。
［ア］［イ］［ウ］［エ］［オ］［カ］［キ］［ク］［ケ］［コ］

13 その場に合った対応をすること。
［ア］［イ］［ウ］［エ］［オ］［カ］［キ］［ク］［ケ］［コ］

14 物事をそつなく取り仕切るさま。
［ア］［イ］［ウ］［エ］［オ］［カ］［キ］［ク］［ケ］［コ］

15 物事の善悪や正不正。
［ア］［イ］［ウ］［エ］［オ］［カ］［キ］［ク］［ケ］［コ］

五

次の1〜5の**対義語**、6〜10の**類義語**を後の□の中から選び、**漢字**で記せ。□の中の語は一度だけ使うこと。

各2点 /20 2×10

対義語

1 禁欲―（　　）
2 冗舌―（　　）
3 粗雑―（　　）
4 貫徹―（　　）
5 没落―（　　）

類義語

6 歴史―（　　）
7 崇拝―（　　）
8 無欠―（　　）
9 公表―（　　）
10 面倒―（　　）

いけい・えんかく・かもく・かんぺき
きょうらく・ざせつ・ちみつ・ひろう
ぼっこう・やっかい

六

次の――線の**カタカナ**を**漢字**に直せ。

各2点 /20 2×10

1 **キトク**権を守っていきたい。（　　）
2 父**キトク**の報に急いで帰る。（　　）
3 実力**ハクチュウ**の好試合だ。（　　）
4 **ハクチュウ**に強盗が押し入った。（　　）
5 **ホウヨウ**をかわして再会を喜ぶ。（　　）
6 **ホウヨウ**力があり頼もしい。（　　）
7 失敗の責任を**テンカ**する。（　　）
8 保存のため防腐剤を**テンカ**する。（　　）
9 丼に山**モ**りのご飯を食べる。（　　）
10 雨**モ**りの音がする。（　　）

三・四 問2の答えは□内の記号にマークすること。
＊一・二・四 問1・五〜九の答えはマークシート方式ではありません。

七

次の各文にまちがって使われている**同じ読みの漢字が一字**ある。（　）に**誤字**を、〔　〕に**正しい漢字**を記せ。

各2点　／10（2×5）

1 PKOは国連が受け入れ国の同意を得て憤争拡大の防止、選挙監視などの活動をする。（誤　）〔正　〕

2 手動のレトロカメラを販売したところ、注文が殺踏して不況下でも好調な売れ行きである。（　）〔　〕

3 厚生労働省は、伝染性の疫病の近急事態宣言の発令を受けて、特に若年層と高齢者に注意を促した。（　）〔　〕

4 部長は服の袖に付着した朝食の米粒を指摘され、周恥心で顔を紅潮させた。（　）〔　〕

5 家電リサイクル法も浸透した昨今だが、使用済み製品のより巧率的な回収と再利用は課題である。（　）〔　〕

八

次の――線の**カタカナ**を**漢字一字**と**送りがな（ひらがな）**に直せ。

各2点　／10（2×5）

〈例〉問題に**コタエル**。（答える）

1 **ハゲマシ**の言葉をかけた。（　）

2 少年が野球選手に**アコガレル**。（　）

3 **アキル**ほど聞いた話だ。（　）

4 耳にするのも**ケガラワシイ**話だ。（　）

5 海外進出を**クワダテル**。（　）

九 次の――線のカタカナを漢字に直せ。

各2点 ／50 2×25

1 巻末にサクインをつける。
2 ユウズウをきかせて処理する。
3 予算案を慎重にシンギする。
4 近頃の若者にはハキがない。
5 カンレキを迎えたお祝いをする。
6 戸籍トウホンを取り寄せた。
7 美しいインリツの詩だ。
8 生産カジョウを抑制する。
9 クチュウを察していただきたい。
10 母屋をフシンするつもりだ。
11 シンセキの結婚式に参列する。
12 人間はセキツイ動物だ。

13 おミキを杯にいただく。
14 マクラが変わると眠れない。
15 屋根のカワラをふきかえる。
16 他者をノノシるべきではない。
17 山間をヌうように道路が走る。
18 心を澄まして琴をカナでる。
19 情報がトボしく判断しかねる。
20 古いカラを打ち破る。
21 子どもたちが広場にカけて行く。
22 遺跡からツルギが発掘された。
23 君子のマジわりは淡きこと水のごとし。
24 ニえ湯を飲まされる。
25 沈黙は金、ユウベンは銀。

2級配当漢字表

（赤字は高校で学習する読み）

漢字	読み	部首
挨	アイ	扌
曖	アイ	日
宛	あ-てる	宀
嵐	あらし	山
畏	イ おそ-れる	田
萎	イ な-える	艹
椅	イ	木
彙	イ	彑
咽	イン	口
淫〔淫〕	イン みだ-ら	氵
唄	うた	口
鬱	ウツ	鬯
怨	エン オン	心

漢字	読み	部首
艶	エン つや	色
旺	オウ	日
臆	オク	月《にくづき》
俺	おれ	亻
苛	カ	艹
牙〔牙〕	ガ ゲ きば	牙
瓦	ガ かわら	瓦
楷	カイ	木
潰	カイ つぶ-す つぶ-れる	氵
諧	カイ	言
崖	ガイ がけ	山
蓋	ガイ ふた	艹

漢字	読み	部首
骸	ガイ	骨
柿	かき	木
顎	ガク あご	頁
葛〔葛〕	カツ くず	艹
釜	かま	金
鎌	かま	釒
韓	カン	韋
玩	ガン	王
伎	キ	亻
亀	キ かめ	亀
毀	キ	殳
畿	キ	田
臼	キュウ うす	臼
嗅〔嗅〕	キュウ か-ぐ	口

漢字	読み	部首
巾	キン	巾
僅〔僅〕	キン わず-か	亻
錦	キン にしき	釒
惧〔惧〕	グ	忄
串	くし	丨
窟	クツ	穴
詣	ケイ もう-でる	言
憬	ケイ	忄
稽〔稽〕	ケイ	禾
隙	ゲキ すき	阝
桁	けた	木
拳	ケン こぶし	手

漢字	読み	部首
鍵	ケン かぎ	金
舷	ゲン	舟
股	コ また	月《にくづき》
虎	コ とら	虍
錮	コ	金
勾	コウ	勹
梗	コウ	木
喉	コウ のど	口
乞	こ-う	乙
傲	ゴウ	亻
駒	こま	馬
頃	ころ	頁
痕	コン あと	疒
沙	サ	氵
挫	ザ	扌

漢字	読み	部首
采	サイ	釆
塞	サイ・ソク ふさ-ぐ ふさ-がる	土
柵	サク	木
刹	サツ セツ	刂
拶	サツ	扌
斬	ザン き-る	斤
恣	シ	心
摯	シ	手
餌〔餌〕	ジ えさ え	飠
叱	シツ しか-る	口
嫉	シツ	女
腫	シュ は-れる は-らす	月《にくづき》

漢字	読み	部首
呪	ジュ のろ-う	口
袖	シュウ そで	衤
羞	シュウ	羊
蹴	シュウ け-る	𧾷
憧	ショウ あこが-れる	忄
拭	ショク ふ-く ぬぐ-う	扌
尻	しり	尸
芯	シン	艹
腎	ジン	肉
須	ス	頁
裾	すそ	衤
凄	セイ	冫

漢字	読み	部首
醒	セイ	酉
脊	セキ	肉
戚	セキ	戈
煎〔煎〕	セン い-る	灬
羨	セン うらや-む うらや-ましい	羊
腺	セン	月《にくづき》
詮〔詮〕	セン	言
箋〔箋〕	セン	⺮
膳	ゼン	月《にくづき》
狙	ソ ねら-う	犭
遡〔遡〕	ソ さかのぼ-る	辶
曽	ソウ ゾ	曰
爽	ソウ さわ-やか	大
痩	ソウ や-せる	疒

漢字	読み	部首
踪	ソウ	𧾷
捉	ソク とら-える	扌
遜〔遜〕	ソン	辶
汰	タ	氵
唾	ダ つば	口
堆	タイ	土
戴	タイ	戈
誰	だれ	言
旦	タン ダン	日
綻	タン ほころ-びる	糸
緻	チ	糸
酎	チュウ	酉
貼	チョウ は-る	貝
嘲〔嘲〕	チョウ あざけ-る	口

漢字	読み	部首
捗〔捗〕	チョク	扌
椎	ツイ	木
爪	つめ つま	爪
鶴	つる	鳥
諦	テイ あきら-める	言
溺〔溺〕	デキ おぼ-れる	氵
塡〔填〕	テン	土
妬	ト ねた-む	女
賭〔賭〕	ト か-ける	貝
藤	トウ ふじ	艹
瞳	ドウ ひとみ	目
頓	トン	頁
貪	ドン むさぼ-る	貝

漢字	読み	部首
丼	どんぶり どん	丶
那	ナ	阝
謎〔謎〕	なぞ	言
鍋	なべ	金
匂	にお-う	勹
虹	にじ	虫
捻	ネン	扌
罵	バ ののし-る	罒
剝〔剥〕	ハク は-がす は-ぐ は-がれる は-げる	刂
箸〔箸〕	はし	⺮
氾	ハン	氵
汎	ハン	氵
斑	ハン	文

漢字	読み	部首
眉	ビ ミ まゆ	目
膝	ひざ	月《にくづき》
肘	ひじ	月《にくづき》
訃	フ	言
蔽〔蔽〕	ヘイ	艹
餅〔餅〕	ヘイ もち	飠
璧	ヘキ	玉
蔑	ベツ さげす-む	艹
哺	ホ	口
蜂	ホウ はち	虫
貌	ボウ	豸
頰〔頬〕	ほお	頁
睦	ボク	目
勃	ボツ	力

巻末資料

漢字	読み	部首
昧	マイ	日
枕	まくら	木
蜜	ミツ	虫
冥	メイ ミョウ	冖
麺	メン	麦
冶	ヤ	冫
弥	や	弓
闇	やみ	門
喩〔喻〕	ユ	口
湧	ユウ わ-く	氵
妖	ヨウ あや-しい	女
瘍	ヨウ	疒
沃	ヨク	氵
拉	ラ	扌
辣	ラツ	辛

漢字	読み	部首
藍	ラン あい	艹
璃	リ	王
慄	リツ	忄
侶	リョ	亻
瞭	リョウ	目
瑠	ル	王
呂	ロ	口
賂	ロ	貝
弄	ロウ もてあそ-ぶ	廾
籠	ロウ かご・こ-もる	竹
麓	ロク ふもと	木
脇	わき	月《にくづき》
計		一八五字
準二級までの合計		一九五一字
累計		二一三六字

四字熟語とその意味

▼あ

□哀毀骨立《あいきこつりつ》　悲しみの極み。親との死別にひどく悲しむこと。

□安寧秩序《あんねいちつじょ》　社会が落ち着いていて秩序立っていること。

▼い

□唯唯諾諾《いいだくだく》　相手の言いなりになるさま。

□遺憾千万《いかんせんばん》　非常に残念なさま。心残りこのうえないさま。

□衣錦還郷《いきんかんきょう》　立身出世して故郷に帰ること。

□一目瞭然《いちもくりょうぜん》　ちょっと見ただけではっきりとわかること。

□一筆勾消《いっぴつこうしょう》　これまでのすべてを取り消すこと。

□隠忍自重《いんにんじちょう》　苦しみなどをじっとこらえて、軽々しい行動をとらないこと。

▼う

□鬱鬱勃勃《うつうつぼつぼつ》　気が盛んに満ちるさま。

□雲水行脚《うんすいあんぎゃ》　僧が諸国を巡って仏法を修行すること。

□雲泥万里《うんでいばんり》　比較にならないほど大きな差異のこと。

▼え

□英俊豪傑《えいしゅんごうけつ》　人並み外れて優れた人物。

□会者定離《えしゃじょうり》　知り合ったものは必ず別れる運命にあること。

□円転滑脱《えんてんかつだつ》　物事がすらすらと運ぶさま。

□遠慮会釈《えんりょえしゃく》　他人のことを考えて応対をつつましく控え目にすること。

▼お

□怨親平等《おんしんびょうどう》　うらみ敵対する者も憎まず、親しい者でもひいきしない。

▼か

□外柔内剛《がいじゅうないごう》　外見は弱々しく見えるが、実際には意志が強いこと。

□快刀乱麻《かいとうらんま》　こじれた物事を、手際よく処理・解決すること。

□苛政猛虎《かせいもうこ》　苛酷な政治は人食い虎よりも恐ろしいということ。

□合従連衡《がっしょうれんこう》　状況に応じて結びついたり離れたりすること。

□汗牛充棟《かんぎゅうじゅうとう》　蔵書が非常にたくさんあること。

□頑固一徹《がんこいってつ》　一度決めたらあくまでも意地をはって押し通すさま。

□換骨奪胎《かんこつだったい》　古人の作品に基づいて独自のものを生み出すこと。

□簡単明瞭《かんたんめいりょう》　簡単ではっきりとしているさま。

□玩物喪志《がんぶつそうし》　無用なものに熱中して、本業がおろそかになること。

□閑話休題《かんわきゅうだい》　それはさておき。

▼き

□気宇壮大《きうそうだい》　心構えや発想が大きくて立派なこと。

□気炎万丈《きえんばんじょう》　他を圧倒するほど威勢がいいこと。

□危急存亡《ききゅうそんぼう》　生きるか死ぬかの瀬戸際。

□吉凶禍福《きっきょうかふく》　幸いとわざわい。

□教唆扇動《きょうさせんどう》　唆して人の心をあおること。

□錦衣玉食《きんいぎょくしょく》　ぜいたくな生活をすること。

□金科玉条《きんかぎょくじょう》　最も大切な決まりや法律。

□錦上添花《きんじょうてんか》　美しいものの上にさらに美しいものを加えること。

□吟風弄月《ぎんぷうろうげつ》　詩人が自然の景色を題材に即興詩を作ること。

▼く

□群雄割拠《ぐんゆうかっきょ》　多くの実力者が互いに勢力を争うこと。

▼け

□月下氷人《げっかひょうじん》　男女の縁をとりもつ人。結婚式などの仲人。

□堅塞固塁《けんさいこるい》　非常に堅固なとりで。

□堅忍不抜《けんにんふばつ》　我慢強く何事にも耐え、動揺しないこと。

▼こ

□傲岸不遜《ごうがんふそん》　思いあがって、人に従おうとしないさま。

□厚顔無恥《こうがんむち》　あつかましくて、恥知らずなさま。

□綱紀粛正《こうきしゅくせい》　乱れた規律を引き締めること。

□巧遅拙速《こうちせっそく》　上手で遅いより、下手でも速い方がよいということ。

□荒唐無稽《こうとうむけい》　言動に根拠がなく、現実性に欠けること。でたらめ。

□高論卓説《こうろんたくせつ》　抜きん出て優れた意見。

□呉越同舟《ごえつどうしゅう》　仲の悪い者どうしが、同じ場所や境遇にいること。

□孤城落日《こじょうらくじつ》　零落して昔の勢いを失い、助けもなく心細いさま。

□誇大妄想《こだいもうそう》　自分の現状を実際以上に想像して事実のように思いこむこと。

□虎頭蛇尾《ことうだび》　はじめは盛んで、終わりがふるわないこと。

▼さ

□西方浄土《さいほうじょうど》　阿弥陀如来《あみだにょらい》の支配する安楽な世界のこと。

□沙羅双樹《さらそうじゅ》　釈迦《しゃか》が涅槃《ねはん》に入ったとき、その四方に二本ずつあったという沙羅の木。

□斬新奇抜《ざんしんきばつ》　物事の着想が独特で、これまでになく新しいさま。

▼し

□詩歌管弦《しいかかんげん》　風雅な文学と音楽。

□時期尚早《じきしょうそう》　ある事を行うには、まだ時期が早すぎるということ。

□自縄自縛《じじょうじばく》　自分の心がけや言動によって、動きがとれなくなり苦しむこと。

□質実剛健《しつじつごうけん》　飾り気がなく真面目で、強くたくましいさま。

□四分五裂《しぶんごれつ》　ばらばらに分かれ統一感がなくなること。

□遮二無二《しゃにむに》　がむしゃらに。他のことは考えずに強引に物事を進めること。

□秋霜烈日《しゅうそうれつじつ》　刑罰や権威などが極めて厳しいさま。

□周知徹底《しゅうちてってい》　世間一般、広くすみずみまで知れわたるようにすること。

□自由奔放《じゆうほんぽう》　気がねなしに自分の思うままに行動するさま。

□熟読玩味《じゅくどくがんみ》　文章の意味をじっくり考えて読み味わうこと。

□春宵一刻《しゅんしょういっこく》　春の夜は趣深く、一刻にはかえがたい価値がある。

□盛者必衰《じょうしゃひっすい》　この世は無常であることをいう。

□情状酌量《じょうじょうしゃくりょう》　犯罪の諸事情を酌み量って刑罰を軽くすること。

□精進潔斎《しょうじんけっさい》　飲食などを慎み、心身を清めてけがれのない平静な状態にしておくこと。

□正真正銘《しょうしんしょうめい》　まったくうそ偽りがなく、本物であること。

□小心翼翼《しょうしんよくよく》　びくびくしているさま。

□枝葉末節《しようまっせつ》　本質から外れた重要でない部分。

□初志貫徹《しょしかんてつ》　初めに思い立った志を、最後まで貫き通すこと。

□神采英抜《しんさいえいばつ》　心も風采も、人より抜きん出ていること。

□迅速果断《じんそくかだん》　物事をすばやく決断し、思いきって行うこと。

□心頭滅却《しんとうめっきゃく》　あらゆる雑念を消し去ること。

□森羅万象《しんらばんしょう》　宇宙に存在する全てのもの。

▼す

□酔生夢死《すいせいむし》　なすところもなく、いたずらに一生を終えること。

▼せ

□凄凄切切《せいせいせつせつ》　極めてものさびしいさま。

□ 青藍氷水《せいらんひょうすい》　弟子が師よりもまさるたとえ。

□ 勢力伯仲《せいりょくはくちゅう》　互いの力が接近していて、優劣がつけにくいこと。

□ 清廉潔白《せいれんけっぱく》　心や行いが正しく、やましさがないこと。

□ 殺生禁断《せっしょうきんだん》　鳥・獣・魚などを捕ったり殺したりすることを禁ずること。

□ 浅学非才《せんがくひさい》　学識が浅く、才能も乏しいこと。自分を謙遜していう語。

□ 煎水作氷《せんすいさくひょう》　まったく不可能なこと。

▼た

□ 大願成就《たいがんじょうじゅ》　大きな望みがかなうこと。

□ 堆金積玉《たいきんせきぎょく》　非常に多くの富を集めること。

□ 大言壮語《たいげんそうご》　実力が伴わないのに、口では大きなことを言うこと。

□ 泰山北斗《たいざんほくと》　学問や芸術など、ある分野の第一人者。

□ 泰然自若《たいぜんじじゃく》　落ち着き払って動じないさま。

□ 多岐亡羊《たきぼうよう》　選択肢がありすぎて迷うこと。

□ 断崖絶壁《だんがいぜっぺき》　切り立ったがけ。また、物事がせっぱつまった状態にあることのたとえ。

▼ち

□ 昼夜兼行《ちゅうやけんこう》　昼と夜の区別なく、続けて物事を行うこと。

□ 朝三暮四《ちょうさんぼし》　目先の違いにとらわれ、同じ結果になることに気づかないたとえ。

□ 朝令暮改《ちょうれいぼかい》　命令や法令がすぐに変わって定まらないこと。

▼て

□ 天衣無縫《てんいむほう》　飾り気がなく、自然であること。

□ 天涯孤独《てんがいこどく》　身寄りがなくひとりぼっちであること。

▼と

□ 陶犬瓦鶏《とうけんがけい》　格好ばかりで役に立たないもののたとえ。

□ 東奔西走《とうほんせいそう》　仕事や用事のため四方八方へと忙しく走りまわること。

□ 読書百遍《どくしょひゃっぺん》　難しい書物でも繰り返して読めば意味がわかってくる意。

□ 徒手空拳《としゅくうけん》　物事を始めようとするとき、頼れるもののないこと。

□ 怒髪衝天《どはつしょうてん》　激しく憤る形相。

□ 土崩瓦解《どほうがかい》　物事が根底から崩れ、手の施しようもない状態のこと。

▼な

□ 内疎外親《ないそがいしん》　仲良く見えても、心は離れていること。

□ 内憂外患《ないゆうがいかん》　内部にも外部にも、あれこれ心配事の多いこと。

□ 南船北馬《なんせんほくば》　絶えず各地を忙しく旅すること。

▼に

□ 二律背反《にりつはいはん》　相互に対立する二つの命題が、同等の権利をもって主張されること。

▼ね

□ 熱願冷諦《ねつがんれいてい》　熱心に願うことと冷静に本質を見つめること。

▼は

□ 白砂青松《はくしゃせいしょう》《はくさせいしょう》　浜辺の美しい景観。

□ 拍手喝采《はくしゅかっさい》　手をたたいて、おおいにほめたたえること。

□ 薄暮冥冥《はくぼめいめい》　夕暮れの薄暗いさま。夕暮れのように薄暗いさま。

□ 破邪顕正《はじゃけんしょう》《はじゃけんせい》　不正を打破し正義を守ること。

□ 破綻百出《はたんひゃくしゅつ》　言動がいい加減で、次々にぼろを出すこと。

□ 抜山蓋世《ばつざんがいせい》　非常に威勢が強いこと。また、気性が勇壮盛んなこと。

□ 抜本塞源《ばっぽんそくげん》　災いの原因を取り除くこと。

□ 汎愛兼利《はんあいけんり》　すべての人を愛し、利益をともに広く分け合うこと。

□ 万緑一紅《ばんりょくいっこう》　多くの中で目立って優れているもの。

▼ひ

□ 眉目秀麗《びもくしゅうれい》　顔かたちが美しくととのっていること。

□ 百八煩悩《ひゃくはちぼんのう》　人間が持っている多くの迷いのこと。

□ 比翼連理《ひよくれんり》　男女の情愛が深く、仲むつまじいことのたとえ。

▼ふ

□ 普遍妥当《ふへんだとう》　どんな場合でも適切として認められること。

□ 不偏不党《ふへんふとう》　公正・中立の立場をとること。

□ 附和雷同《ふわらいどう》　自分の主義主張がなく、他人の言動に軽々しく同調すること。「付和雷同」とも書く。

□ 粉骨砕身《ふんこつさいしん》　全力を尽くして努力すること。

▼へ

□ 閉月羞花《へいげつしゅうか》　美しい女性のこと。「羞花閉月」「羞月閉花」とも。

□ 片言隻語《へんげんせきご》　僅かな言葉。ほんのひと言ふた言。

▼ほ

□ 放歌高吟《ほうかこうぎん》　辺り構わず大声で歌うこと。「高歌放吟《こうかほうぎん》」とも。

□ 傍若無人《ぼうじゃくぶじん》　辺りをはばからず、勝手気ままに振る舞うさま。

□ 忙中有閑《ぼうちゅうゆうかん》　仕事に追われていても一息つく時間があること。

□ 方底円蓋《ほうていえんがい》　物事が食い違って合わないことのたとえ。

▼み

□ 名詮自性《みょうせんじしょう》　名はそのものの本質を表すこと。

▼む

□ 無為徒食《むいとしょく》　何もせず漫然と日々を送ること。

▼ゆ

□ 唯我独尊《ゆいがどくそん》　自分だけが優れているとうぬぼれること。ひとりよがり。

▼よ

□ 妖怪変化《ようかいへんげ》　人間には理解できないふしぎな化け物。

□ 妖言惑衆《ようげんわくしゅう》　あやしげなことを言いふらして多くの人を惑わすこと。

□ 羊質虎皮《ようしつこひ》　外見は立派だが中身がないこと。

□ 沃野千里《よくやせんり》　土地のよく肥えた広々とした原。

▼れ

□ 冷汗三斗《れいかんさんと》　非常に恐ろしい目に遭ったり、恥ずかしい思いをしたりすること。

□ 冷嘲熱罵《れいちょうねつば》　冷ややかにあざけり、熱心になじること。

▼ろ

□ 籠鳥恋雲《ろうちょうれんうん》　束縛されている者が自由を望むことのたとえ。

□ 六根清浄《ろっこんしょうじょう》　欲や迷いから脱け出て、心身が清らかになること。

▼わ

□ 和魂漢才《わこんかんさい》　和の心を持ちつつ中国伝来の学問の才を備え持つこと。

□ 和衷協同《わちゅうきょうどう》　心を合わせて物事に当たること。

学年別漢字配当表

「小学校学習指導要領」(令和2年4月実施)による。

	ア	イ	ウ	エ	オ	カ	キ	ク	ケ	コ	サ
第一学年 10級		一	右雨	円	王音	下火花貝学	気九休玉金	空	月犬見	五口校	左三山
第二学年 9級		引	羽雲	園遠		何科夏家歌画回会海絵外角楽活間丸岩顔	汽記帰弓牛魚京強教近		兄形計元言原	戸古午後語工公広交光考行高黄合谷国黒今	才細作算
第三学年 8級	悪安暗	医委意育員院飲	運	泳駅	央横屋温	化荷界開階寒感漢館岸	起期客究急級宮球去橋業曲局銀	区苦具君	係軽血決研県	庫湖向幸港号根	祭皿
第四学年 7級	愛案	以衣位茨印		英栄媛塩	岡億	加果貨課芽賀改械害街各覚潟完官管関観願	岐希季旗器機議求泣給挙漁共協鏡競極	熊訓軍郡群	径景芸欠結建健験	固功好香候康	佐差菜最埼材崎昨札刷察参産散残
第五学年 6級	圧	囲移因		永営衛易益液演	応往桜	可仮価河過快解格確額刊幹慣眼	紀基寄規喜技義逆久旧救居許境均禁	句	型経潔件険検限現減	故個護効厚耕航鉱構興講告混	査再災妻採際在財罪殺雑酸賛
第六学年 5級		胃異遺域	宇	映延沿	恩	我灰拡革閣割株干巻看簡	危机揮貴疑吸供胸郷勤筋		系敬警劇激穴券絹権憲源厳	己呼誤后孝皇紅降鋼刻穀骨困	砂座済裁策冊蚕

ノ	ネ	ニ	ナ	ト	テ	ツ	チ	タ	ソ	セ	ス	シ
	年	二日入		土	天田		竹中虫町	大男	早草足村	正生青夕石赤千川先	水	子四糸字耳七車手十出女小上森人
		肉	内南	刀冬当東答頭同道読	弟店点電	通	地池知茶昼長鳥朝直	多太体台	組走	西声星晴切雪船線前	図数	止市矢姉思紙寺自時室社弱首秋週春書少場色食心新親
農				都度投豆島湯登等動童	定庭笛鉄転	追	着注柱丁帳調	他打対待代第題炭短談	相送想息速族	世整昔全		仕死使始指歯詩次事持式実写者主守取酒受州拾終習集住重宿所暑助昭消商章勝乗植申身神真深進
	熱念		奈梨	徒努灯働特徳栃	低底的典伝		置仲沖兆	帯隊達単	争倉巣束側続卒孫	井成省清静席積折節説浅戦選然		氏司試児治滋辞鹿失借種周祝順初松笑唱焼照城縄臣信
能	燃	任		統堂銅導得毒独	停提程適		築貯張	貸態団断	祖素総造像増則測属率損	制性政勢精製税責績接設絶		士支史志枝師資飼示似識質舎謝授修述術準序招証象賞条状常情織職
納脳		乳認	難	討党糖届	敵展	痛	値宙忠著庁頂腸潮賃	退宅担探誕段暖	奏窓創装層操蔵臓存尊	盛聖誠舌宣専泉洗染銭善	垂推寸	至私姿視詞誌磁射捨尺若樹収宗就衆従縦縮熟純処署諸除承将傷障蒸針仁

学年	級	ハ	ヒ	フ	ヘ	ホ	マ	ミ	ム	メ	モ	ヤ	ユ	ヨ	ラ	リ	ル	レ	ロ	ワ	学年字数	累計字数
第一学年	10級	白八	百	文		木本				名	目					立力林			六		80字	80字
第二学年	9級	馬売買麦半番		父風分聞	米	歩母方北	毎妹万			明鳴	毛門	夜野	友	用曜	来	里理				話	160字	240字
第三学年	8級	波配倍箱畑発 反坂板	皮悲美鼻筆氷 表秒病品	負部服福物	平返勉	放		味		命面	問	役薬	由油有遊	予羊洋葉陽様	落	流旅両緑		礼列練	路	和	200字	440字
第四学年	7級	敗梅博阪飯	飛必票標	不夫付府阜富 副	兵別辺変便	包法望牧	末満	未民	無			約	勇	要養浴		利陸良料量輪	類	令冷例連	老労録		202字	642字
第五学年	6級	破犯判版	比肥非費備評 貧	布婦武復複仏 粉	編弁	保墓報豊防貿 暴		脈	務夢	迷綿			輸	余容		略留領		歴			193字	835字
第六学年	5級	派拝背肺俳班 晩	否批秘俵	腹奮	並陛閉片	補暮宝訪亡忘 棒	枚幕	密		盟	模	訳	郵優	預幼欲翌	乱卵覧	裏律臨			朗論		191字	1026字

級別漢字表

小学校学年別配当漢字を除く一一一〇字。

	ア	イ	ウ	エ	オ	カ	キ	ク	ケ	コ	サ	シ
4級	握扱	依威為偉違維緯壱 芋陰隠		影鋭越援煙鉛縁	汚押奥憶	菓暇箇雅介戒皆壊 較獲刈甘汗乾勧歓 監環鑑含	奇祈鬼幾輝儀戯詰 却脚及丘朽巨拠距 御凶叫狂況狭恐響 驚仰	駆屈掘繰	恵傾継迎撃肩兼剣 軒圏堅遣玄	枯誇鼓互抗攻更恒 荒項稿豪込婚	鎖彩歳載剤咲惨	旨伺刺脂紫雌執芝 斜煮釈寂朱狩 シ続く
3級	哀	慰		詠悦閲炎宴	欧殴乙卸穏	佳架華嫁餓怪悔塊 慨該概郭隔穫岳掛 滑肝冠勘貫喚換敢 緩	企忌軌既棋棄騎欺 犠菊吉喫虐虚峡脅 凝斤緊	愚偶遇	刑契啓掲携憩鶏鯨 倹賢幻	孤弧雇顧娯悟孔巧 甲坑拘郊控慌硬絞 綱酵克獄恨紺魂墾	債催削搾錯撮擦暫	祉施諮侍慈軸疾湿 赦邪殊寿潤遵 シ続く
準2級	亜	尉逸姻韻	畝浦	疫謁猿	凹翁虞	渦禍靴寡稼蚊拐懐 劾涯垣核殻嚇括喝 渇褐轄且缶陥患堪 棺款閑寛憾還艦頑	飢宜偽擬糾窮拒享 挟恭矯暁菌琴謹襟 吟	隅勲薫	茎渓蛍慶傑嫌献謙 繭顕懸弦	呉碁江肯侯洪貢溝 衡購拷剛酷昆懇	唆詐砕宰栽斎索酢 桟傘	肢嗣賜璽漆遮蛇酌 爵珠儒囚臭愁 シ続く
2級	挨曖宛嵐	畏萎椅彙咽淫	唄鬱	怨艶	旺臆俺	苛牙瓦楷潰諧崖蓋 骸柿顎葛釜鎌韓玩	伎亀毀畿臼嗅巾僅 錦	惧串窟	詣憬稽隙桁拳鍵舷	股虎錮勾梗喉乞傲 駒頃痕	沙挫采塞柵刹拶斬	恣摯餌叱嫉腫呪袖 羞蹴憧拭尻芯 シ続く

	シ続き	ス	セ	ソ	タ	チ	ツ	テ	ト	ナ	ニ	ネ	ノ	ハ
4級	趣需舟秀襲柔獣瞬 旬巡盾召床沼称紹 詳丈畳殖飾触侵振 浸寝慎震薪尽陣尋	吹	是姓征跡占扇鮮	訴僧燥騒贈即俗	耐替沢拓濁脱丹淡 嘆端弾	恥致遅蓄跳徴澄沈 珍		抵堤摘滴添殿	吐途渡奴怒到逃倒 唐桃透盗塔稲踏闘 胴峠突鈍曇		弐		悩濃	杯輩拍泊迫薄爆髪 抜罰般販搬範繁盤
3級	如徐匠昇掌晶焦衝 鐘冗嬢錠譲嘱辱伸 辛審	炊粋衰酔遂穂随髄	瀬牲婿請斥隻惜籍 摂潜繕	阻措粗礎双桑掃葬 遭憎促賊	怠胎袋逮滞滝択卓 託諾奪胆鍛壇	稚畜窒抽鋳駐彫超 聴陳鎮	墜	帝訂締哲	斗塗凍陶痘匿篤豚		尿	粘		婆排陪縛伐帆伴畔 藩蛮
準2級	酬醜汁充渋銃叔淑 粛塾俊准殉循庶緒 叙升抄肖尚宵症祥 渉訟硝粧詔奨彰償 礁浄剰壌醸津唇娠 紳診刃迅甚	帥睡枢崇据杉	斉逝誓析拙窃仙栓 旋践遷薦繊禅漸	租疎塑壮荘捜挿曹 喪槽霜藻	妥堕惰駄泰濯但棚	痴逐秩嫡衷弔挑眺 釣懲勅朕	塚漬坪	呈廷邸亭貞逓偵艇 泥迭徹撤	悼搭棟筒謄騰洞督 凸屯	軟	尼妊忍	寧		把覇廃培媒賠伯舶 漠肌鉢閥煩頒
2級	腎	須裾	凄醒脊戚煎羨腺詮 箋膳	狙遡曽爽痩踪捉遜	汰唾堆戴誰旦綻	緻酎貼嘲捗	椎爪鶴	諦溺塡	妬賭藤瞳頓貪丼	那謎鍋	匂虹	捻		罵剝箸氾汎斑

	ヒ		フ		ヘ	ホ			マ	ミ	ム	メ	モ	ヤ	ユ	ヨ	ラ	リ		ル	レ	ロ	ワ
計313字 5級まで 1026字 累計 1339字	彼疲被避尾微匹描	浜敏	怖浮普腐敷膚賦舞	幅払噴	柄壁	捕舗抱峰砲忙坊肪	冒傍帽凡盆		慢漫	妙眠	矛霧娘		茂猛網黙紋	躍	雄	与誉溶腰踊謡翼	雷頼絡欄	離粒慮療隣		涙	隷齢麗暦劣烈恋	露郎	惑腕
計284字 4級まで 1339字 累計 1623字	卑碑泌姫漂苗		赴符封伏覆紛墳		癖	募慕簿芳邦奉胞倣	崩飽縫乏妨房某膨	謀墨没翻	魔埋膜又	魅		滅免			幽誘憂	揚揺擁抑	裸濫	吏隆了猟陵糧厘			励零霊裂廉錬	炉浪廊楼漏	湾
計328字 3級まで 1623字 累計 1951字	妃披扉罷猫賓頻瓶		扶附譜侮沸雰憤		丙併塀幣弊偏遍	泡俸褒剖紡朴僕撲	堀奔		麻摩磨抹	岬		銘	妄盲耗	厄	愉諭癒唯悠猶裕融	庸窯	羅酪	痢履柳竜硫虜涼僚	寮倫	累塁	戻鈴		賄枠
計185字 準2級まで 1951字 累計 2136字	眉膝肘		訃		蔽餅璧蔑	哺蜂貌頬睦勃			昧枕	蜜		冥麺		冶弥闇	喩湧	妖瘍沃	拉辣藍	璃慄侶瞭		瑠		呂賂弄籠麓	脇

■中学校で学習する音訓一覧表

＊学習漢字のうち、中学校で習う読み方を学年・字音の五十音順に一覧表にした。

小学校1年	
音	イン
下	もと
字	あざ
耳	ジ
手	た
出	スイ
女	ニョ め
上	のぼ(せる) のぼ(す)
生	お(う) き
夕	セキ
石	コク
川	セン
早	サッ
文	ふみ
目	ボク
小学校2年	
羽	ウ
園	その
何	カ
夏	ゲ
外	ゲ
弓	キュウ
京	ケイ
強	ゴウ し(いる)
兄	ケイ
後	おく(れる)
公	おおやけ
交	か(う) か(わす)
黄	コウ こ
谷	コク
今	キン
姉	シ
室	むろ
図	はか(る)
声	こわ
星	ショウ
切	サイ
体	テイ
茶	サ
弟	テイ デ
頭	かしら
内	ダイ
麦	バク
歩	ブ
妹	マイ
万	バン
門	かど
来	きた(る) きた(す)
小学校3年	
化	ケ
荷	カ
客	カク
究	きわ(める)
宮	グウ
業	わざ
軽	かろ(やか)
研	と(ぐ)
幸	さち
次	シ
守	も(り)
州	す
拾	シュウ ジュウ
集	つど(う)
助	すけ
商	あきな(う)
勝	まさ(る)
申	シン
神	かん
昔	シャク
相	ショウ
速	すみ(やか)
対	ツイ
代	しろ
丁	テイ
調	ととの(う) ととの(える)
度	タク たび
童	わらべ
発	ホツ
反	タン
鼻	ビ
病	や(む)
命	ミョウ
面	おも おもて
役	エキ
有	ウ
和	やわ(らぐ) やわ(らげる) なご(む) なご(やか)
小学校4年	
衣	ころも
媛	エン
街	カイ
岐	キ
器	うつわ
機	はた
泣	キュウ
競	きそ(う)
極	ゴク きわ(める) きわ(まる) きわ(み)
結	ゆ(う) ゆ(わえる)
健	すこ(やか)
香	コウ
氏	うじ
試	ため(す)
児	ニ
滋	ジ
辞	や(める)
初	そ(める)
笑	ショウ え(む)
焼	ショウ
縄	ジョウ
井	ショウ
省	かえり(みる)
静	ジョウ
浅	セン
戦	いくさ
仲	チュウ
阪	ハン
夫	フウ
望	モウ

牧	まき
民	たみ
要	い(る)
小学校5年	
仮	ケ
眼	まなこ
基	もと
技	わざ
境	ケイ
経	キョウ
故	ゆえ
厚	コウ
災	わざわ(い)
財	サイ
示	シ
似	ジ
質	シチ
謝	あやま(る)
授	さず(ける) さず(かる)
修	シュ
性	ショウ
精	ショウ
素	ス
率	ソツ
損	そこ(なう) そこ(ねる)
貸	タイ
断	た(つ)
提	さ(げる)
程	ほど
得	う(る)
犯	おか(す)
費	つい(やす) つい(える)
貧	ヒン
報	むく(いる)
暴	バク
迷	メイ
小学校6年	
遺	ユイ
映	は(える)
我	ガ わ
灰	カイ
革	かわ
割	カツ さ(く)
干	ひ(る)
危	あや(うい) あや(ぶむ)
机	キ
貴	たっと(い) とうと(い) たっと(ぶ) とうと(ぶ)
胸	むな
郷	ゴウ
穴	ケツ
厳	おごそ(か)
己	キ おのれ
紅	ク くれない
鋼	はがね
砂	シャ
座	すわ(る)
裁	た(つ)
若	ジャク
宗	ソウ
就	つ(く) つ(ける)
熟	う(れる)
除	ジ
承	うけたまわ(る)
傷	いた(む) いた(める)
蒸	む(す) む(れる) む(らす)
仁	ニ
推	お(す)
盛	セイ さか(る) さか(ん)
誠	まこと
舌	ゼツ
専	もっぱ(ら)
染	セン
銭	ぜに
装	ショウ
操	あやつ(る)
蔵	くら
探	さぐ(る)
値	あたい
著	あらわ(す) いちじる(しい)
敵	かたき
討	う(つ)
乳	ち
認	ニン
納	ナッ トウ
背	そむ(く) そむ(ける)
秘	ひ(める)
閉	と(ざす)
並	ヘイ
片	ヘン
暮	ボ
訪	おとず(れる)
忘	ボウ
優	やさ(しい) すぐ(れる)
欲	ほ(しい)
卵	ラン
裏	リ
臨	のぞ(む)
朗	ほが(らか)

高等学校で学習する音訓一覧表 1

＊学習漢字のうち、高等学校で習う読み方を学年・字音の五十音順に一覧表にした。

小学校1年	
火	ほ
女	ニョウ
上	ショウ
青	ショウ
赤	シャク
天	あめ
白	ビャク
目	ま
立	リュウ
小学校2年	
遠	オン
回	エ
会	エ
行	アン
矢	シ
食	ジキ　く(らう)
数	ス
声	ショウ
通	ツ
頭	ト
道	トウ
南	ナ
風	フ
聞	モン
歩	フ
小学校3年	
悪	オ
期	ゴ
宮	ク
業	ゴウ
庫	ク
仕	ジ
事	ズ
主	ス
神	こう
昔	セキ
想	ソ
着	ジャク
定	さだ(か)
度	ト
反	ホン
坂	ハン
氷	ひ
病	ヘイ
面	つら
由	ユイ　よし
遊	ユ
流	ル
緑	ロク
礼	ライ
和	オ
小学校4年	
栄	は(え)　は(える)
各	おのおの
競	せ(る)
建	コン
験	ゲン
功	ク
香	キョウ
候	そうろう
産	うぶ
祝	シュウ
初	うい
井	セイ
成	ジョウ
清	ショウ
節	セチ
説	ゼイ
巣	ソウ
沖	チュウ
兆	きざ(す)　きざ(し)
灯	ひ
博	バク
富	フウ
法	ハッ　ホッ
末	バツ
利	き(く)
老	ふ(ける)
小学校5年	
因	よ(る)
益	ヤク
桜	オウ
価	あたい
過	あやま(つ)　あやま(ち)
解	ゲ
格	コウ
眼	ゲン
基	もとい
久	ク
潔	いさぎよ(い)
興	おこ(る)　おこ(す)
際	きわ
殺	サイ　セツ
酸	す(い)
枝	シ
質	チ
常	とこ
情	セイ
織	ショク
政	ショウ　まつりごと
接	つ(ぐ)
団	トン
統	す(べる)
暴	あば(く)
奏	かな(でる)
染	し(みる)　し(み)
盛	ジョウ
障	さわ(る)
従	ショウ　ジュ
衆	シュ
就	ジュ
若	ニャク　も(しくは)
冊	サク
厳	ゴン
権	ゴン
絹	ケン
勤	ゴン
供	ク
小学校6年	
装	よそお(う)
操	みさお
担	かつ(ぐ)　にな(う)
難	かた(い)
納	ナ　ナン
否	いな
亡	モウ　な(い)
欲	ほっ(する)
律	リチ

■高等学校で学習する音訓一覧表 2

＊「4級」「3級」配当漢字のうち、高等学校で習う読み方を字音の五十音順に一覧表にした。

4級

依	エ
汚	けが(す)　けが(れる)　けが(らわしい)
押	オウ
奥	オウ
鑑	かんが(みる)
戯	たわむ(れる)
詰	キツ
脚	キャ
狭	キョウ
仰	おお(せ)
肩	ケン
鼓	つづみ
更	ふ(ける)　ふ(かす)
彩	いろど(る)
惨	ザン　みじ(め)
旨	むね
伺	シ
煮	シャ
寂	セキ
秀	ひい(でる)
瞬	またた(く)
沼	ショウ
端	は
澄	チョウ
滴	したた(る)
敷	フ
払	フツ
柄	ヘイ
傍	かたわ(ら)
凡	ハン
腰	ヨウ
謡	うたい　うた(う)
絡	から(む)　から(まる)　から(める)
麗	うるわ(しい)

3級

詠	よ(む)
殴	オウ
華	ケ
嫁	カ
忌	い(む)　い(まわしい)
虐	しいた(げる)
虚	コ
脅	おびや(かす)
契	ちぎ(る)
憩	いこ(う)
控	コウ
慌	コウ
絞	コウ
搾	サク
施	セ
慈	いつく(しむ)
如	ニョ
焦	あせ(る)
辱	はずかし(める)
穂	スイ
婿	セイ
請	シン　こ(う)
阻	はば(む)
礎	いしずえ
桑	ソウ
葬	ほうむ(る)
袋	タイ
壇	タン
鎮	しず(める)　しず(まる)
卑	いや(しい)　いや(しむ)　いや(しめる)
泌	ヒ
苗	ビョウ
覆	くつがえ(す)　くつがえ(る)
芳	かんば(しい)
奉	たてまつ(る)
倣	なら(う)
謀	ム　はか(る)
翻	ひるがえ(る)　ひるがえ(す)
免	まぬか(れる)
憂	う(い)
陵	みささぎ
糧	ロウ　かて
霊	リョウ　たま

■高等学校で学習する音訓一覧表 3

＊「準2級」「2級」配当漢字のうち、高等学校で習う読み方を字音の五十音順に一覧表にした。

級	漢字	読み方
準2級	疫	ヤク
	渦	カ
	靴	カ
	稼	カ
	懐	ふところ なつ(かしい) なつ(かしむ) なつ(く) なつ(ける)
	渇	カツ
	陥	おとしい(れる)
	患	わずら(う)
	堪	カン
	偽	にせ
	窮	きわ(める) きわ(まる)
	挟	キョウ
	恭	うやうや(しい)
	矯	た(める)
	暁	ギョウ
	襟	キン
	薫	クン
	繭	ケン
	懸	ケ
	弦	つる
	貢	ク みつ(ぐ)
	懇	ねんご(ろ)
	唆	そそのか(す)
	傘	サン
	賜	シ
	酌	く(む)
	愁	うれ(える) うれ(い)
	充	あ(てる)
	宵	ショウ
	詔	みことのり
	醸	かも(す)
	津	シン
	唇	シン
	刃	ジン
	甚	ジン
	逝	ゆ(く) い(く)
	疎	うと(い) うと(む)
	霜	ソウ
	釣	チョウ
	泥	デイ
	悼	いた(む)
	棟	むな
	尼	ニ
	培	つちか(う)
	鉢	ハツ
	煩	ボン
	扉	ヒ
	猫	ビョウ
	侮	あなど(る)
	憤	いきどお(る)
	褒	ホウ
	紡	つむ(ぐ)
	妄	ボウ
	耗	コウ
	唯	イ
	窯	ヨウ
	戻	レイ
2級	淫	みだ(ら)
	怨	エン
	艶	エン
	牙	ガ
	瓦	ガ
	葛	くず
	詣	ケイ
	隙	ゲキ
	刹	サツ
	餌	ジ
	袖	シュウ
	拭	ショク
	羨	セン
	遡	ソ
	痩	ソウ
	賭	ト
	眉	ビ
	冥	ミョウ
	藍	ラン
	籠	ロウ

常用漢字表　付表（熟字訓・当て字など）

＊小・中・高：小学校・中学校・高等学校のどの時点で学習するかの割り振りを示した。

※以下に挙げられている語を構成要素の一部とする熟語に用いてもかまわない。

例「河岸（かし）」→「魚河岸（うおがし）」／「居士（こじ）」→「一言居士（いちげんこじ）」

付表1

語	読み	小	中	高
明日	あす	●		
小豆	あずき		●	
海女・海士	あま			●
硫黄	いおう		●	
意気地	いくじ		●	
田舎	いなか		●	
息吹	いぶき			●
海原	うなばら		●	
乳母	うば		●	
浮気	うわき			●
浮つく	うわつく		●	
笑顔	えがお		●	
叔父・伯父	おじ		●	
大人	おとな	●		
乙女	おとめ		●	
叔母・伯母	おば		●	
お巡りさん	おまわりさん		●	
お神酒	おみき			●
母屋・母家	おもや			●
母さん	かあさん	●		
神楽	かぐら			●
河岸	かし			●
鍛冶	かじ		●	
風邪	かぜ		●	
固唾	かたず		●	
仮名	かな		●	
蚊帳	かや			●
為替	かわせ		●	
河原・川原	かわら	●		
昨日	きのう	●		
今日	きょう	●		
果物	くだもの	●		
玄人	くろうと			●
今朝	けさ	●		
景色	けしき	●		
心地	ここち		●	

語	読み	小	中	高
居士	こじ			●
今年	ことし	●		
早乙女	さおとめ		●	
雑魚	ざこ			●
桟敷	さじき			●
差し支える	さしつかえる		●	
五月	さつき		●	
早苗	さなえ		●	
五月雨	さみだれ		●	
時雨	しぐれ		●	
尻尾	しっぽ		●	
竹刀	しない		●	
老舗	しにせ		●	
芝生	しばふ		●	
清水	しみず	●		
三味線	しゃみせん		●	
砂利	じゃり		●	

語	読み	小	中	高
数珠	じゅず			●
上手	じょうず	●		
白髪	しらが		●	
素人	しろうと			●
師走	しわす（しはす）			●
数寄屋・数奇屋	すきや			●
相撲	すもう		●	
草履	ぞうり		●	
山車	だし			●
太刀	たち		●	
立ち退く	たちのく		●	
七夕	たなばた	●		
足袋	たび		●	
稚児	ちご			●
一日	ついたち	●		
築山	つきやま			●
梅雨	つゆ		●	

語	読み	小	中	高
凸凹	でこぼこ		●	
手伝う	てつだう	●		
伝馬船	てんません			●
投網	とあみ			●
父さん	とうさん	●		
十重二十重	とえはたえ			●
読経	どきょう			●
時計	とけい	●		
友達	ともだち	●		
仲人	なこうど			●
名残	なごり		●	
雪崩	なだれ		●	
兄さん	にいさん	●		
姉さん	ねえさん	●		
野良	のら			●
祝詞	のりと			●
博士	はかせ	●		

語	読み	小	中	高
二十・二十歳	はたち		●	
二十日	はつか	●		
波止場	はとば		●	
一人	ひとり	●		
日和	ひより		●	
二人	ふたり	●		
二日	ふつか	●		
吹雪	ふぶき		●	
下手	へた	●		
部屋	へや	●		
迷子	まいご	●		
真面目	まじめ	●		
真っ赤	まっか	●		
真っ青	まっさお	●		
土産	みやげ		●	
息子	むすこ		●	
眼鏡	めがね	●		

語	読み	小	中	高
猛者	もさ			●
紅葉	もみじ		●	
木綿	もめん		●	
最寄り	もより		●	
八百長	やおちょう			●
八百屋	やおや	●		
大和	やまと		●	
弥生	やよい		●	
浴衣	ゆかた			●
行方	ゆくえ		●	
寄席	よせ			●
若人	わこうど		●	

語	読み	小	中	高
愛媛	えひめ	●		
茨城	いばらき	●		
岐阜	ぎふ	●		
鹿児島	かごしま	●		
滋賀	しが	●		
宮城	みやぎ	●		
神奈川	かながわ	●		
鳥取	とっとり	●		
大阪	おおさか	●		
富山	とやま	●		
大分	おおいた	●		
奈良	なら	●		

二とおりの読み／注意すべき読み

「常用漢字表」（平成22年）本表備考欄による。

二とおりの読み

↓のようにも読める。

語	読み	↓のようにも読める
遺言	ユイゴン	イゴン
奥義	オウギ	おくギ
堪能	カンノウ	タンノウ
吉日	キチジツ	キツジツ
兄弟	キョウダイ	ケイテイ
甲板	カンパン	コウハン
合点	ガッテン	ガテン
昆布	コンブ	コブ
紺屋	コンや	コウや
詩歌	シカ	シイカ
七日	なのか	なぬか
老若	ロウニャク	ロウジャク
寂然	セキゼン	ジャクネン
法主	ホッス	ホウシュ ホッシュ
十	ジッ	ジュッ
情緒	ジョウチョ	ジョウショ
憧憬	ショウケイ	ドウケイ
人数	ニンズ	ニンズウ
寄贈	キソウ	キゾウ
側	がわ	かわ
唾	つば	つばき
愛着	アイジャク	アイチャク
執着	シュウジャク	シュウチャク
貼付	チョウフ	テンプ
難しい	むずかしい	むつかしい
分泌	ブンピツ	ブンピ
富貴	フウキ	フッキ
文字	モンジ	モジ
大望	タイモウ	タイボウ
頰	ほお	ほほ
末子	バッシ	マッシ
末弟	バッテイ	マッテイ
免れる	まぬかれる	まぬがれる
妄言	ボウゲン	モウゲン
面目	メンボク	メンモク
問屋	とんや	といや
礼拝	ライハイ	レイハイ

注意すべき読み

三位一体	サンミイッタイ
従三位	ジュサンミ
一羽	イチわ
三羽	サンば
六羽	ロッぱ
春雨	はるさめ
小雨	こさめ
霧雨	きりさめ
因縁	インネン
親王	シンノウ
勤王	キンノウ
反応	ハンノウ
順応	ジュンノウ
観音	カンノン
安穏	アンノン
天皇	テンノウ
身上	シンショウ シンジョウ （読み方により意味が違う）
一把	イチワ
三把	サンバ
十把	ジッ（ジュッ）パ

漢検 2級 分野別問題集 改訂三版

2024年2月20日 第1版第2刷 発行
編　者　公益財団法人日本漢字能力検定協会
発行者　山崎　信夫
印刷所　株式会社 太洋社
製本所　株式会社 渋谷文泉閣

発行所　公益財団法人日本漢字能力検定協会
〒605-0074　京都市東山区祇園町南側551番地
☎(075)757-8600
ホームページ　https://www.kanken.or.jp/

Printed in Japan
ISBN978-4-89096-481-9 C0081

漢検

漢検 分野別問題集

改訂三版

別冊 標準解答

2級

「標準解答」は、
別冊になっています。
とりはずして使って
ください。

※「標準解答」をとじているはり金でけがをしないよう、
気をつけてください。

【2級配当漢字の許容字体について】

「日本漢字能力検定採点基準」にて2～10級の解答は、内閣告示「常用漢字表」による。ただし、旧字体での解答は正答とは認めない。としています。書き取り形式の問題は、「常用漢字表」に示された字体（本書の漢字表に記載した字体）で書いてください。ただし、例外として、次の25字は、〔　〕内の字体も正答と認めます。

淫〔淫〕	箋〔箋〕	箸〔箸〕
牙〔牙〕	遡〔遡〕	蔽〔蔽〕
葛〔葛〕	遜〔遜〕	餅〔餅〕
嗅〔嗅〕	嘲〔嘲〕	頬〔頬〕
僅〔僅〕	捗〔捗〕	喩〔喩〕
惧〔惧〕	溺〔溺〕	
稽〔稽〕	填〔填〕	
餌〔餌〕	賭〔賭〕	
煎〔煎〕	謎〔謎〕	
詮〔詮〕	剥〔剥〕	

※すべて2級の新出配当漢字です。

●巻頭カラーページ「漢検」受検の際の注意点もご確認ください。

漢字の読み　音読み

▼本誌P.10～23

ウォーミングアップ　P.10・11

1 P.10

1 把・覇（順不同）
2 窃・拙・刹（順不同）
3 筒・騰・謄・藤（順不同）
4 罷・妃・扉（順不同）

2

1 シン　津・紳・唇（順不同）
2 ハン　氾・汎・阪（順不同）
3 チュウ　衷・抽・鋳（順不同）
4 ヘイ　柄・塀・蔽（順不同）
5 カ　靴・寡・苛（順不同）

3 P.11

1 じょさい
2 にょじつ
3 れいじょう
4 おんりょう
5 けんぎ
6 きげん
7 ほうけん
8 みっぷう
9 ゆいいつ
10 いだく
11 ばっそく
12 ばち
13 どくが
14 ぞうげ
15 じゃばら
16 だこう
17 じっし
18 せじょう

練習1　P.12～17

1 P.12・13

1 きょうけん
2 せっちゅう
3 こうてつ
4 あいとう
5 あいさつ
6 はんぷ
7 しさ（じさ）
8 どうさつ
9 るいせき
10 ちつじょ
11 ひっす
12 すうよう
13 せいか
14 おくせつ
15 けいこ
16 しょほうせん
17 しっぺい
18 じょうるり
19 あいびょう
20 めんるい
21 めいふく
22 しい
23 けいりゅう
24 ふゆう
25 ちょうか
26 しゃっかん
27 だんがい
28 ゆうかい
29 かんにん
30 えっけん
31 きんこう
32 くちく
33 もうしん（ぼうしん）
34 じんそく
35 ゆちゃく
36 けんちょ
37 じみ
38 ちかけい
39 けんきょ
40 かいそう
41 こんちゅう
42 はっしょう
43 きょぎ
44 ちょうもん
45 きょうらく
46 いつだつ
47 かいしょ

2 P.14・15

1 しょうがい
2 かじょう
3 かとく
4 おうせい
5 かつあい
6 せんりつ
7 がんぜ
8 けんえん
9 ぶんぴつ
（ぶんぴ）
10 しっと
11 こうぼく
12 かんてい
13 ふせつ
14 じょうと
15 かくせい
16 しゅうわい
17 そち
18 すんか
19 はいぜん
20 きさい
21 はんよう
22 きょうじん
23 ひじゅん
24 さんろく
25 きつもん
26 じょくん
27 きんき
28 おうとう
29 ばいしゃく
30 られつ
31 へいしゃ
32 きんせん
33 ほうしょう
34 はんてん
35 ていげん
36 ぎんみ
37 ふんきゅう
38 ひごう
39 まさつ
40 ぜんじ
41 げだつ
42 げんしゅく
43 とくれい
44 しゃふつ
45 ひぎょう
46 きょうきん
47 とうろう

3 P.16・17

1 さた
2 しゅうちしん
3 しん
4 いったん
5 ふしょう
6 こくひょう
7 しんらつ
8 はんりょ
9 こうでい
10 とんざ
11 ひんぱん
12 さいしょう
13 けいこう
14 そしょう
15 ししゅく
16 しゅこう
17 そぼく
18 すうこう
19 ばいしょう
20 ほにゅうるい
21 しゅうか
22 はしゃ
23 ろうおう
24 じぎ
25 えんこん
26 しがい
27 ごばん
28 せつな
29 せきじつ
30 ぼくじゅう
31 ならく
32 そうてん
33 ちみつ
34 しょくじょう
35 しょうほん
36 へんせん
37 めいりょう
38 じゅんしょく
39 ぞうお
40 びぼう
41 はんらん
42 きゅうす
43 うげん
44 だっかん
45 かんじん
46 せいさん
47 しんせき

練習2 P.18～23

1 P.18・19

1 あいまい
2 ごい
3 せんりつ
4 てっしょう
5 あっさく
6 ぼくめつ
7 いかく
8 くんぷう
9 くんこう
10 おんしゃ
11 ごうふく
12 おくびょう
13 もんぴ
14 そうかん
15 しんおう
16 かっぱ
17 かんきゃく
18 しし
19 まっしょう
20 ちょうもん
21 だしん
22 かぶん
23 てんさく
24 かし
25 かんぺき
26 ふろ
27 へんれい
28 せっしょう
29 きょうせい
30 らち
31 こうそく
32 たいだ
33 しゅうび
34 ひよく
35 かんげき
36 しんし
37 ちょうだい
38 ぼっぱつ
39 やきん
40 にそう
41 こうしょう
42 ちょうぼう
43 おうとつ
44 みつ
45 さぎ
46 こうしゃく
47 かんだい
48 ばくぜん
49 へんきょう
50 あんねい

スキルアップ 練習2 1

4 「徹宵《てっしょう》」は、夜通し、一晩中、徹夜のこと。

10 「恩赦《おんしゃ》」は、裁判で決まった刑罰を特別な恩典によって軽くすること。

15 「深奥《しんおう》」は、奥深くて、容易に計り知れないこと。

16 「喝破《かっぱ》」は、大声で叱りつけること。また、他人の誤りを正し、真理を明らかにすること。

18 「嗣子《しし》」は、家のあとを継ぐ子、あと継ぎのこと。

24 「下賜《かし》」は、身分の高い人が下の人に何かを与えること。

35 「間隙《かんげき》」は、物と物のあいだ。空間的なものにも時間的なものにも使う。

36 「真摯《しんし》」は、真面目で熱心なこと。類義語は「真剣《しんけん》」。

39 「冶金《やきん》」は、鉱石から金属を取り出し、精製する技術。「冶」を「治」と誤って覚えないように注意。

43 「でこぼこ」と読まない。でこぼこは「凸凹」。

練習2

2 P.20・21

1 こんいん
2 うんでい
3 いつざい
4 けんあん
5 いす
6 あんしょう
7 かちゅう
8 めんえき
9 ごうけつ
10 いんじゅん
11 ゆうしゅつ
12 きんせい
13 へい
14 みょうり
15 しんちょく
16 せんさく
17 こうりゅう
18 わいろ
19 ほうき
20 しょうちゅう
21 てっさく
22 きそん
23 いんうつ
24 しゅびょう
25 せきずい
26 せん
27 ほりょ
28 だけつ
29 しょうれい
30 しょうちょく
31 しさく
32 すいま
33 かこく
34 ふたく
35 こくじ
36 とうかつ
37 きゅうとう
38 ねんぽう
39 かこん
40 しっこく
41 しもん
42 ぐち
43 さいえん
44 あんたい
45 かくりょう
46 ちょっかつ
47 ひめん
48 まもう
49 いかん
50 さいかい

スキルアップ 練習2 2

2 「雲泥《うんでい》」は、雲と泥。転じてたいへんな隔たりのこと。

9 「豪傑《ごうけつ》」は、武勇に優れ、力も強く、肝も据わっている人。

14 「○○冥利《みょうり》に尽きる」は、その立場にいる者として最高の幸せを表す慣用句。

16 「詮索《せんさく》」とは、細かい点まで調べ求めること。

30 「詔勅《しょうちょく》」は、天皇が公に発する文書の総称。

34 「付託《ふたく》」は、頼んで任せること。特に議会で議案の審査を他の機関に委ねること。

35 「璽《じ》」は、印章のこと。

41 「諮問《しもん》」は、一定の機関に対して法令上定められた事項について の意見を尋ね求めること。

43 「才媛《さいえん》」は、高い教養・才能のある女性。

50 「斎戒《さいかい》」は、神仏に祈ったり、神聖な仕事をしたりするとき、事前に飲食や行動を慎み、心身を清浄にすること。

3 P.22・23

1 かぶき
2 かっとう
3 きんこ
4 しっそう
5 ねんざ
6 いんゆ
7 そうくつ
8 かっさい
9 ふそん
10 いんぺい
11 しゃくりょう
12 びょうそう
13 りこう
14 ふしん
15 はあく
16 ほんぽう
17 なんじゅう
18 いんこう
19 ほうしゅう
20 そうしつ
21 きんてい
22 せんい
23 ゆうよ
24 おうだ
25 ちゅうかく
26 はいかい
27 あいがん
28 きぐ
29 しゅんけつ
30 こうけん
31 ぼんよう
32 たいせき
33 そぞう
34 ちゅうとん
35 きょうげき
36 だみん
37 ふうたい
38 しゅうたい
39 きゅうだん
40 かいじゅう
41 ぞうきん
42 ふほう
43 けいじ
44 せったく
45 そうそん
46 ごうぜん
47 かんこく
48 しんぼく
49 ついかんばん
50 るいせん

スキルアップ 練習2 3

7 「巣窟《そうくつ》」は、悪党のすみかや、隠れ家のこと。

9 「不遜《ふそん》」は、思い上がっていること。対義語は「謙遜《けんそん》」。

13 「履行《りこう》」は、約束や契約などを実際に行うこと。

14 「普請《ふしん》」は、土木や建築の工事のこと。「ふせい」と読まないように注意。

21 「謹呈《きんてい》」は、つつしんで差し上げること。

31 「凡庸《ぼんよう》」は、すぐれた点がなく平凡なこと。

37 「風袋《ふうたい》」は、はかりで物の重さを量る時に、それを入れている包装・容器・箱など。

39 「糾弾《きゅうだん》」は、罪状を問いただして非難すること。

46 「傲然《ごうぜん》」は、おごり高ぶって尊大に振る舞うさま。

漢字の読み　訓読み　▼本誌 P.24〜33

ウォーミングアップ　P.24・25

1

1 お
2 ふ
3 え
4 がら
5 こご
6 こお
7 いね
8 いなだ
9 ぬぐ
10 ふ
11 にお
12 くさ
13 くつがえ
14 おお
15 ひそ
16 もぐ
17 こ
18 とりかご
19 さわ
20 ふ
21 おこた
22 なま
23 きそ
24 せ
25 いつわ
26 にせ
27 いや
28 きら
29 きたな
30 けが
31 ぞ
32 うい
33 たの
34 たよ
35 く
36 くや

練習1　P.26・27

1

1 つちか
2 ひがた
3 つか
4 くしざ
5 くつずみ
6 こ
7 あてさき
8 しりもち
9 つる
10 ただ
11 はさき
12 あかつき
13 かわ
14 つ
15 おそれ
16 いた
17 ほっ
18 みが
19 くちびる
20 うぶぎ
21 たてつぼ
22 さえぎ
23 すす
24 はなは
25 つむ
26 すた
27 とむら
28 むなぎ
（むねぎ）
29 いど
30 つぐな
31 はさ
32 しもばしら
33 いな
34 ととの
35 よ
36 か
37 どろなわ
38 あ
39 さ
40 かたよ
41 まなこ
42 あまでら
43 うじがみ
44 あなど
45 から
46 まゆだま
47 はぐく

練習2　P.28〜33

1　P.28・29

1 けたはず
2 しず
3 いこ
4 き
5 うね
6 いや
7 みさお
8 いつく
9 かな
10 あわ
11 ほりばた
12 つくろ
13 もっぱ
14 しの
15 ねんご
16 たてまつ
17 ひじ
18 なべ
19 ふじ
20 だれ
21 か
22 ひごろ
23 すきま
24 かき
25 うた
26 あ
27 あば
28 か
29 よそお
30 みつ
31 したた
32 のど
33 あせ
34 こば
35 かんば
36 てぜま
37 たわむ
38 なわば
39 かて
40 はさ
41 はなお
42 きざ
43 ひるがえ
44 ほお（ほほ）
45 す
46 とびら
47 おびや
48 こわき
49 つつし
50 も

スキルアップ　練習2 1

5 「畝《うね》」は、畑の土を盛って作物を植えるところ。

7 「操《みさお》」は、自分の意志を固く守り通すこと。

15 「懇《ねんご》ろ」は、心がこもっているさま、親切で丁寧なことをいう。

16 「奉《たてまつ》る」は、神や身分の高い人に差し上げること。音節数が多いので、送りがなにも注意。

21 「鹿」の読みは「か・しか」で、ともに訓読み。「鹿《か》の子《こ》」は、シカの子どもの意味。シカの子の背中の白い斑紋に似た絞り染めを「鹿の子絞り」という。

39 「糧《かて》」は、食糧という意味のほかに活動の本源となるもの、という意味がある。

47 文意に注意。あぶなくさせるという意味の「脅《おびや》かす」が適切。「おど-かす」という訓もあるが、ここでは不適。

練習2

2 P.30・31

1 しぼ
2 せとぎわ
3 たなあ
4 た
5 うと
6 たまわ
7 そこ
8 ひか
9 うたい
10 かた
11 ほま
12 はし
13 むね
14 おのおの
15 よ
16 おおわく
17 な
18 つら
19 やわ
20 うるわ
21 うるし
22 たっと(とうと)
23 よし
24 かせ
25 なら

26 いろど
27 く
28 すぎ
29 す
30 かま
31 ふところ
32 まぬか(まぬが)
33 ほ
34 ひ
35 た
36 そうろう
37 ふ
38 こ
39 かお
40 うずしお
41 まくらもと
42 にお
43 どん
44 つまび
45 も
46 ふさ
47 けたちが
48 かま
49 つや
50 おれ

スキルアップ 練習2 2

3 「棚上《たなあ》げ」は、問題を一時保留して、解決や処理を先に延ばすこと。

9 「謡《うたい》」は、能楽の歌詞、およびそれに曲節をつけたもの。または、それをうたうこと。

18 「泣《な》きっ面《つら》に蜂《はち》」は、悪いことや不幸なことが重なることのたとえ。

19 「和」の訓読みは「和《やわ》らげる」のほか「和《やわ》らぐ」「和《なご》む」「和《なご》やか」がある。

25 「倣《なら》う」は、あることを見本にして、それに従うこと。まねる意味。

35 「矯《た》める」には、矯正するという意味と、じっと狙いをつける、という意味がある。

38 「請《こ》う」は、願うこと、頼むこと。「請」には「うーける」という訓もある。

44 「爪弾《つまび》く」は、弦楽器を指先で弾いて鳴らすこと。

3 P.32・33

1 みさき
2 あらし
3 つ
4 み
5 つ
6 から
7 あわ
8 こ
9 さだ
10 どんぶりめし
11 にじ
12 くらやみ
13 から
14 い
15 ますめ
16 ふもと
17 えり
18 さ
19 い
20 よい
21 かも
22 そそのか
23 またた
24 わずら
25 うやうや

26 ねこぜ
27 とむら
28 ひぶた
29 つつ
30 すず
31 こま
32 えさ
33 ゆだ
34 ねた
35 なぞ
36 ひざがしら
37 わ
38 ひとがき
39 すそ
40 かんが
41 まぎ
42 おちい
43 おこ
44 くだ
45 とりはだ
46 ほうむ
47 ひむろ
48 も
49 うらかぜ
50 にな

スキルアップ 練習2 3

1 「岬《みさき》」は、海や湖などに細長く突き出た陸地のこと。「崎《さき》」と同じ意味。

19 「忌《い》まわしい」は、いやなこと、不吉なこと。

22 「唆《そそのか》す」は、相手がある行動(特によくない行動)をするように、すすめたりおだてたりすること。

28 「火蓋《ひぶた》」は、火縄銃の火皿を覆う蓋のこと。「火蓋を切る」で、火蓋を開いて点火の準備をすることを表し、戦いや競争の開始の比喩に使われる。「火蓋を切って落とす」という表現は誤り。

38 「人垣《ひとがき》」は、多くの人が垣のように立ち並ぶこと。

40 「鑑《かんが》みる」は、先例や手本などに照らして考えること。

46 この「葬《ほうむ》る」は、存在を隠してこっそり始末するの意。

47 「氷室《ひむろ》」とは、天然の氷を夏まで蓄えておくための部屋や穴のこと。

ウォーミングアップ P.34

1

1 かぐら
2 こうごう
3 かんぬし
4 みき
5 おもや
6 おば
7 うば
8 なっとう
9 あずき
10 だいず

2

1 のら
2 りょうえん
3 なだれ
4 やまくず
5 のりと（しゅうし）
6 しゅくじ
7 なこうど
8 ちゅうかい
9 すもう
10 しょうばん

練習1 P.35

1

1 つゆ
2 あんか
3 ろうにゃく（ろうじゃく）
4 ひより
5 たち
6 まぶか
7 すきや
8 さいご
9 るす
10 よせ
11 だんじき
12 におう
13 こんだて
14 つきやま
15 ゆさん
16 うわき
17 たび
18 たぐ
19 はんれい
20 やおちょう
21 じょうじゅ
22 ゆくえ
23 げんち
24 せき

練習2 P.36・37

1

1 むほん
2 ゆいしょ
3 どきょう
4 さじき
5 こくう
6 あんぎゃ
7 ゆかた
8 せっしょう
9 はっと
10 ぼんのう
11 じゅず
12 いぶき
13 ざこ
14 ごんぎょう
15 しわす（しはす）
16 こんりゅう
17 もさ
18 ろくしょう
19 しょうよう
20 そうさい
21 げし
22 くり
23 ぞうり
24 やよい
25 だし
26 あま
27 えこう
28 てんません
29 いはつ
30 りちぎ
31 るろう
32 いおう
33 うおがし
34 やくびょうがみ
35 そうごん
36 くどく
37 きゃたつ
38 ちご
39 けねん
40 れいげん（れいけん）
41 ほて
42 かや
43 くろうと
44 しっぽ
45 しろうと
46 とあみ
47 かじ
48 でこぼこ
49 かたず
50 くおん

スキルアップ

練習2 **1**

1 「謀反《むほん》」は、国家や君主に背いて兵をおこすこと。「むはん」と読まないこと。

4 「桟敷《さじき》」は、他より一段と高く設けた見物席のこと。

9 「法度《はっと》」は、禁じられていること。また、おきてのこともさす。

17 「猛者《もさ》」は、勇敢で気力あふれる強い人、技に優れて盛んに活躍する人をいう。「もうじゃ」と読まないこと。

18 「緑青《ろくしょう》」は、銅の器物の表面にできる緑色のさびのこと。

19 「従容《しょうよう》」は、ゆったりとして落ち着いたさまをいう。

20 「相殺《そうさい》」は、差し引きして損得がないようにすること。

22 「庫裏《くり》」は、寺の台所、または住職とその家族の住む部屋。

27 「回向《えこう》」は、布施などを行って、死者の冥福を祈ること。

49 「固唾《かたず》」は、緊張した時に口の中にたまるつばのこと。

50 「久遠《くおん》」は、永遠、永久。また、遠くて久しいこと。

漢字の読み 同字の音訓 ▼本誌 P.38〜51

ウォーミングアップ P.38・39

1

1 えい
2 は
3 せん
4 し
5 れい
6 すず
7 かん
8 わずら
9 とう
10 す
11 がい
12 ふた
13 たん
14 かつ
15 しゅう
16 うれ
17 なん
18 やわ
19 せつ
20 つたな
21 さい
22 いろど
23 すい
24 いき
25 しょう
26 さわ
27 じゃっ
28 も
29 か
30 あやま
31 りゅう
32 やなぎ
33 そう
34 さが
35 せい
36 い

練習1 P.40〜45

1 P.40・41

1 そし
2 はば
3 けいやく
4 ちぎ
5 かんきゅう
6 ゆる
7 ぼうちょう
8 かたわ
9 じんだい
10 はなは
11 じょうぞう
12 かも
13 じひ
14 いつく
15 きせい
16 すで
17 せいきょ
18 ゆ(い)
19 じゅうめん
20 しぶ
21 しこう
22 うかが
23 かっこんとう
24 くずゆ
25 きんさ
26 わず
27 けんばん
28 かぎ
29 こうじ
30 えじき
31 いっしゅう
32 け
33 そげき
34 ねら
35 ぎょうてん
36 おお
37 けっぺき
38 いさぎよ
39 そつう
40 うと
41 りょうしゅう
42 はんそで

2 P.42・43

1 けんぽう
2 こぶし
3 そうしん
4 や
5 せんぼう
6 うらや
7 いけい
8 おそ
9 がくかんせつ
10 あご
11 こうはい
12 すた
13 はんか
14 あたい
15 がじょう
16 きば
17 ないしょ
18 お
19 かれい
20 うるわ
21 ぞうわい
22 まかな
23 しゅうりょう
24 すず
25 こうしゅ
26 しぼ
27 だいこ
28 つづみ
29 かどう
30 かせ
31 きゅうち
32 きわ
33 きょうりょう
34 せま
35 じんじょう
36 とこなつ
37 しゅうぶん
38 みにく
39 ふっとう
40 わ
41 しゅつらん
42 あいぞ

3 P.44・45

1 しんとう
2 ひた
3 ちょうはつ
4 いど
5 くどう
6 か
7 こかつ
8 か
9 てんか
10 とつ
11 きゅうかく
12 か
13 こんせき
14 つめあと
15 じゅもん
16 のろ
17 ちょうふ (てんぷ)
18 は
19 とばく
20 か
21 いしゅく
22 な
23 かつぼう
24 かわ
25 しゅぼう
26 はか
27 はいすいこう
28 みぞ
29 じゅんたく
30 うる
31 もほう
32 なら
33 せいちょう
34 す
35 ほそく
36 とら
37 じちょう
38 あざけ
39 どうこう
40 ひとみ
41 しっと
42 ねた

練習2　P.46〜51

1 P.46・47

1 いちぐう
2 すみ
3 きょうこう
4 あわ
5 きょぜつ
6 こば
7 かんかい
8 なつ
9 ふんさい
10 くだ
11 きちゅう
12 い
13 そじょう
14 さかのぼ
15 だき
16 まゆつば
17 ていかん
18 あきら
19 どんよく
20 むさぼ
21 はくだつ
22 は
23 ようかい
24 あや
25 きょうゆ
26 さと
27 いんこう
28 みだ
29 つうぎょう
30 あかつき
31 ぶじょく
32 あなど
33 ざんさつ
34 き
35 ひおう
36 おく
37 だこう
38 へび
39 ばんそう
40 しも
41 ふんがい
42 いきどお
43 ほんやく
44 ひるがえ
45 しょうど
46 あせ
47 たんせい
48 としは

練習2 **1**　スキルアップ

11 「忌中《きちゅう》」は、家族に死者があって、家人が慎んでいる期間。

15 「唾棄《だき》」は、本来つばを吐き捨てることで、転じて非常に軽蔑して嫌うことを表す。

17 「諦観《ていかん》」は、本質をはっきり見きわめること。あきらめることの意もある。

19 「貪欲《どんよく》」は、非常に欲が深いこと。対義語は「無欲」。

29 「通暁《つうぎょう》」には、夜通しという意味もあるが、すみずみまで非常に詳しくよく知っていること。

35 「秘奥《ひおう》」は、容易に到達できない奥深いところ。

39 「晩霜《ばんそう》」は、晩春に降りるおそじものこと。

45 「焦土《しょうど》」は、建物や草木が焼けて、焼け野原になった所のこと。

48 「年端《としは》」は、年齢のこと。「年端もいかぬ」で幼いという意味。

2 P.48・49

1 しゅうぜん
2 つくろ
3 ちょうかい
4 こ
5 たんとう
6 にな
7 きが
8 う
9 けんし
10 まゆ
11 せいやく
12 ちか
13 がかい
14 かわらやね
15 むざん
16 みじ
17 さんか
18 かさ
19 しょうしょ
20 みことのり
21 しゅしょう
22 ことさら
23 くじゅう
24 しるこ
25 だんがい
26 がけ
27 だっきゅう
28 いしうす
29 さんけい
30 もう
31 もうこ
32 とら
33 しゅよう
34 は
35 せんちゃ
36 い
37 そうかい
38 さわ
39 しもん
40 はか
41 ふってい
42 しはら
43 ちょうぼう
44 なが
45 はんざつ
46 わずら
47 ぞくしゅう
48 くさ

練習2 **2**　スキルアップ

9 「繭糸《けんし》」は、繭と糸、または繭からとった糸のこと。

17 「傘下《さんか》」は、中心的な人物・勢力の支配や指導を受ける立場にあること。

20 「詔《みことのり》」は、天皇の言われたこと。または、それを書いた文書のこと。

29 社寺にお参りする意味の「参《さん》詣《けい》」の「詣」は、訓読みは「詣《もう》でる」。混同して「参詣」を「さんもう」と読まないように。

40 「はかる」と読む漢字には、「計る・測る・量る・図る・謀る」などがある。「諮る」は、皆に相談するの意で用いる。

41 「払底《ふってい》」は、ものがなくなり、補充がきかない状態にあること、欠乏することをいう。

練習2

3 P.50・51

1 かいよう
2 つぶ
3 きれつ
4 かめ
5 きんしゅう
6 にしきえ
7 こかんせつ
8 おおまた
9 しっせき
10 しか
11 しょうけい（どうけい）
12 あこが
13 けっかん
14 おとしい
15 きそ
16 いしずえ
17 こうそ
18 ひか
19 ゆうしょく
20 う
21 しゅうばつ
22 ひい
23 ひげ
24 いや

25 しゃだん
26 さえぎ
27 びょうとう
28 むねあ
29 ぼうぎゃく
30 しいた
31 こんだん
32 ねんご
33 ようぎょう
34 かまもと
35 くつじょく
36 はずかし
37 じゅうじつ
38 あ
39 はたん
40 ほころ
41 できあい
42 おぼ
43 ばせい
44 ののし
45 けいべつ
46 さげす
47 ほんろう
48 もてあそ

スキルアップ

練習2 **3**

5 「錦秋《きんしゅう》」は、紅葉が錦の織物のように美しい秋のこと。

14 「陥《おちい》る」と「陥《おとしい》れる」は文脈と送りがなで区別しよう。

16 「礎《いしずえ》」は、建物の下に据え置く土台の石。物事の基礎となる大事なものという意味もある。

17 「控」の「空」から「くうそ」と読まないように注意。

28 「棟《むね》上《あ》げ」は、家を建てる時、骨組みができて、棟木を上げること。「棟上げ式」はその儀式。

39 「破綻《はたん》」は、物事が成り立たなくなること。「はじょう」と読まないように。

41 「溺愛《できあい》」は、むやみにかわいがること。

漢字の部首

▼本誌 P.58～67

ウォーミングアップ P.58・59

1 P.58

1 塁・土
2 夢・夕
3 丙・一
4 歴・止
5 相・目
6 放・攵
7 畑・田
8 化・匕
9 次・欠
10 料・斗

11 協・十
12 賊・貝
13 鳴・鳥
14 勝・力
15 瀬・氵
16 則・刂
17 賓・貝
18 役・彳
19 覚・見
20 堆・土

2 P.59

1 ウ
2 ア
3 ウ
4 イ
5 エ
6 ア
7 ア
8 ア

9 ウ
10 イ
11 エ
12 イ
13 ア
14 ア
15 ア
16 ア

17 ウ
18 イ
19 エ
20 ア
21 エ
22 イ

練習1 P.60～63

1 P.60・61

1 女
2 缶
3 麦
4 心
5 乚
6 走
7 尸
8 巾
9 羊
10 阝
11 廾
12 口
13 足
14 口
15 麻
16 十
17 言
18 艹
19 戸
20 臣
21 罒
22 手
23 阝
24 犬

25 艹
26 門
27 缶
28 血
29 至
30 辰
31 見
32 山
33 衣
34 鬯
35 皿
36 鳥
37 欠
38 囗
39 戈
40 馬
41 艹
42 宀
43 艹
44 勹
45 虫
46 羽
47 灬
48 又

49 日
50 亻
51 心
52 亀
53 寸
54 玉
55 扌
56 弓
57 土
58 虫
59 亻
60 行
61 亠
62 口
63 亻
64 甘
65 貝
66 魚
67 玄
68 鳥
69 羽
70 罒

2 P.62・63

1 扌　2 木　3 火　4 王　5 土　6 田　7 罒　8 丶　9 穴　10 犭　11 斤　12 卩　13 心　14 艹　15 言　16 弓　17 曰　18 手　19 彡　20 瓦　21 大　22 氺　23 刀　24 疒

25 金　26 艹　27 衣　28 虍　29 禾　30 小　31 辶　32 衣　33 宀　34 頁　35 巾　36 艹　37 彡　38 囗　39 疒　40 歹　41 頁　42 穴　43 阝　44 日　45 車　46 虍　47 儿　48 足

49 土　50 田　51 山　52 八　53 鬼　54 木　55 阝　56 犭　57 冫　58 心　59 尸　60 石　61 耒　62 角　63 食　64 皿　65 几　66 一　67 酉　68 戸　69 儿　70 頁

練習2 P.64〜67

1 P.64・65

1 言　げん
2 豸　むじなへん
3 木　きへん
4 金　かね
5 竜　りゅう
6 女　おんな
7 斤　きん
8 心　こころ
9 口　くち
10 日　ひ
11 弓　ゆみ
12 勹　つつみがまえ
13 革　かわへん
14 虍　とらがしら・とらかんむり
15 斉　せい
16 文　ぶん
17 木　き
18 口　くち
19 又　また
20 日　ひ
21 女　おんな
22 力　ちから
23 辛　からい
24 灬　れんが・れっか
25 大　だい
26 酉　とりへん
27 辛　からい
28 爪　つめ
29 虫　むし
30 山　やま
31 二　に
32 田　た

33 卩　わりふ・ふしづくり
34 冫　にすい
35 甘　かん・あまい
36 卜　と・うらない
37 尸　かばね・しかばね
38 立　たつへん
39 骨　ほねへん
40 凵　うけばこ
41 弓　ゆみ
42 門　もんがまえ
43 辶　しんにょう・しんにゅう
44 頁　おおがい
45 广　まだれ
46 心　こころ
47 巾　はば
48 止　とめる
49 羊　ひつじ
50 人　ひとやね
51 貝　かいへん
52 刂　りっとう
53 十　じゅう
54 虫　むしへん
55 口　くちへん
56 廾　こまぬき・にじゅうあし
57 刂　りっとう
58 日　ひ
59 頁　おおがい
60 山　やまへん
61 乙　おつ
62 彡　さんづくり
63 米　こめへん
64 凵　うけばこ
65 忄　りっしんべん
66 戸　とだれ・とかんむり
67 一　いち
68 心　こころ

69 音　おと
70 宀　うかんむり
71 丶　てん

スキルアップ　練習2 1

2　「豸(むじなへん)」に属するものは常用漢字表内では「貌」のみ。

16　「王(おうへん・たまへん)」ではないので注意。

23　「辛」は漢字自体がその部首となる。

28　「爪」は漢字自体がその部首となる。

31　「亜」以外に、「互」「井」なども「二(に)」を部首とするが、「二」は意味ではなく、形の上から部首に立てられている。

49　部首は「羊」だが、漢字では「羨」と、部首と字形が少し異なるので注意。

56　常用漢字では「弊」以外に「弄」「弁」が「廾(こまぬき・にじゅうあし)」を部首とする。

68　「慮」の部首は、「虍(とらがしら・とらかんむり)」ではないので注意。気持ちに関係のある字なので、「心(こころ)」を部首とする。

71　「丼」は「二(に)」だが「丼」は「丶(てん)」が部首となる。

練習2

2 P.66・67

1 魚 うおへん
2 色 いろ
3 耒 すきへん・らいすき
4 王 おうへん・たまへん
5 釆 のごめへん
6 癶 はつがしら
7 隶 れいづくり
8 殳 るまた・ほこづくり
9 戈 ほこづくり・ほこがまえ
10 欠 あくび・かける
11 攵 のぶん・ぼくづくり
12 糸 いと
13 廴 えんにょう
14 屮 てつ
15 口 くち
16 土 つち
17 子 こ
18 矢 やへん
19 頁 おおがい
20 自 みずから
21 虫 むしへん
22 巾 はば
23 宀 うかんむり
24 瓦 かわら
25 刂 りっとう
26 冂 どうがまえ・けいがまえ
27 頁 おおがい
28 罒 あみがしら・あみめ・よこめ
29 亠 なべぶた・けいさんかんむり
30 斗 とます
31 髟 かみがしら
32 冖 わかんむり
33 耳 みみへん
34 臼 うす
35 目 め
36 臼 うす
37 田 た
38 牙 きば
39 石 いし
40 車 くるまへん
41 艹 くさかんむり
42 大 だい
43 飠 しょくへん
44 囗 くにがまえ
45 肉 にく
46 山 やま
47 歹 かばねへん・いちたへん・がつへん
48 月 つきへん
49 車 くるま
50 行 ぎょうがまえ・ゆきがまえ
51 鼓 つづみ
52 穴 あなかんむり
53 竹 たけかんむり
54 犭 けものへん
55 片 かたへん
56 隹 ふるとり
57 羊 ひつじ
58 糸 いとへん
59 力 ちから
60 羽 はね
61 口 くちへん
62 阝 こざとへん
63 穴 あなかんむり
64 雨 あめかんむり
65 心 こころ
66 力 ちから
67 广 まだれ
68 面 めん
69 彳 ぎょうにんべん
70 糸 いと
71 虫 むし

練習2 2 スキルアップ

7 「隶(れいづくり)」は、つかまえる意を表す部首。

14 「屮(てつ)」は、一本の草が芽を出した様子をかたどったもの。これを部首とするのは、常用漢字では「屯」のみ。

34 「臼(うす)」以外に36の「興」も部首「臼(うす)」に属する。

38 「牙」は、漢字自体がその部首になる。

45 体に関係のある漢字なので、部首は「肉(にく)」。「肉」が変形して「月」の形になった漢字。

46 「風(かぜ)」(属する漢字は「風」のみ)という部首もあるが、「嵐」の部首は「山(やま)」。

47 「歹(かばねへん・いちたへん・がつへん)」には、死ぬことに関係する漢字が分類される。「殊」のもともとの意味は断ち切って殺す。

51 「鼓」は漢字自体がその部首となる。

熟語の理解 熟語の構成

▼本誌 P.74〜83

ウォーミングアップ P.74・75

1 P.74
1 逸脱
2 韻律
3 免疫
4 婚姻
5 威厳
6 渦中
7 腫瘍
8 拝謁
9 誘拐
10 寡黙
11 叙勲
12 肝腎
13 奨励
14 醜悪
15 倫理

2
1 e
2 d
3 c
4 e
5 c
6 a
7 b
8 f
9 c
10 f
11 c
12 f

3 P.75
1 イ
2 ア
3 カ
4 ウ
5 シ
6 エ
7 ス
8 ケ
9 コ
10 ク

4
1 ウ
2 ア
3 ケ
4 シ
5 オ
6 ソ
7 ク
8 エ

練習1 P.76〜78

1 P.76・77

1	2	3	4	5	6	7	8	9	10	11	12	13	14	15	16	17	18	19	20	21	22	23	24
ウ	ウ	イ	ア	イ	エ	ア	エ	オ	ウ	エ	ア	ウ	イ	エ	ウ	ウ	ウ	ウ	イ	ア	エ	エ	イ

25	26	27	28	29	30	31	32	33	34	35	36	37	38	39	40	41	42	43	44	45	46	47	48
ウ	ア	エ	オ	ウ	ア	ア	ウ	ア	エ	ウ	オ	エ	ア	エ	エ	ウ	エ	オ	イ	エ	ア	ア	ウ

49	50	51	52	53	54	55	56	57	58	59	60	61	62	63	64
オ	ウ	オ	ア	ア	ウ	ア	ウ	エ	ア	イ	オ	エ	エ	イ	ア

2 P.78

1	2	3	4	5	6	7
エ	オ	ウ	ウ	オ	ウ	ア

8	9	10	11	12	13	14
イ	ア	オ	オ	イ	ウ	ア

15	16	17	18	19	20
ア	ウ	オ	エ	オ	ウ

練習2 P.79〜83

1 P.79

1	2	3	4	5
c	c	a	b	b

6	7	8	9	10
a	d	d	b	a

11	12	13	14
d	b	a	c

スキルアップ

練習2 **1**

問題と選択肢の熟語の構成は次のとおり。（ア〜オの意味は本誌P.78参照）

	問題	a	b	c	d
1	叙景—エ	監督—ア	不穏—オ	検疫—エ	贈答—イ
2	未満—オ	上棟—エ	奔流—ウ	不偏—オ	顕在—ウ
3	河畔—ウ	銃創—ウ	廃業—エ	過誤—ア	及落—イ
4	抑揚—イ	俊秀—ア	往還—イ	懲悪—エ	尚早—ウ
5	模擬—ア	怒号—ウ	扶助—ア	窮地—ウ	不昧—オ
6	来賓—ウ	義憤—ウ	座礁—エ	開廷—エ	好悪—イ
7	露顕—ア	遵法—エ	全潰—ウ	弊風—ウ	具備—ア
8	不浄—オ	英俊—ア	仙境—ウ	需給—イ	未到—オ
9	要塞—ウ	剰余—ア	懇請—ウ	破戒—エ	叙事—エ
10	抗菌—エ	免租—エ	未熟—オ	陳述—ア	繊毛—ウ
11	無粋—オ	懐郷—エ	施肥—エ	痛快—ウ	不朽—オ
12	把握—ア	疎密—イ	疾患—ア	盲信—ウ	功罪—イ
13	遭難—エ	出廷—エ	広漠—ア	駄弁—ウ	逓減—ウ
14	禍福—イ	享受—ア	抹茶—ウ	向背—イ	旋風—ウ

練習2

2 P.80

1 g　2 i　3 h　4 b
5 e　6 d　7 c　8 f
9 j　10 a

スキルアップ（練習2 **2**）

2「俊」も「英」も、すぐれるという意味を持つ漢字。「俊英《しゅんえい》」で、能力や才能などがすぐれていること。またその人。

10「不惑《ふわく》」とは、考えに迷いがないこと。『論語』の記述から、四十歳の異名としても用いられる。

3 P.81

1 c　2 h　3 f　4 d
5 a　6 e　7 b　8 j
9 g　10 i

スキルアップ（練習2 **3**）

1「枢要《すうよう》」は、物事の大切なところ。「枢」にもかなめという意味がある。

2「凡」には、ありふれた・なみの、「庸」は偏らない・ふつうなどの意味がある。

4 P.82

1 弔　2 狭　3 軟　4 楽
5 陽　6 彼　7 雲　8 削
9 雌　10 偽

スキルアップ（練習2 **4**）

6「彼我《ひが》」とは、相手と自分のこと。

9「雌雄《しゆう》」には、めすとおすという意味のほかに、優劣や勝ち負けという意味もある。

5

1 悪　2 監　3 逐　4 拭
5 併　6 妬　7 循　8 密
9 沸　10 虚

スキルアップ（練習2 **5**）

3「放逐《ほうちく》」は、追い払うこと。「逐」には、追い払う、順を追う、競うなどの意味がある。

6「嫉」「妬」はともに、ねたむ、そねむという意味を持つ字。

9「煮沸《しゃふつ》」は、水などを煮えたぎらせること。

6 P.83

1 f　2 c　3 e
4 h　5 a　6 b
7 g　8 d

スキルアップ（練習2 **6**）

2「慶事《けいじ》」は、めでたいこと。よろこびごと。

5「貴賓《きひん》」は、身分の高い客。「賓」は、客という意味。

7

1 イ　2 ア
3 ウ　4 イ
5 エ

スキルアップ（練習2 **7**）

1 ア・ウ・エの「容」は、かたち、ありさまの意味で、オの「容」は、たやすいの意味で用いられている。

3 ア・イの「要」は、しめくくり、あらましの意で、エ・オの「要」は、かなめの意で用いられている。

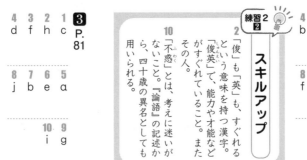

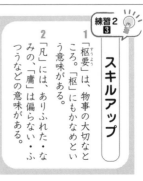

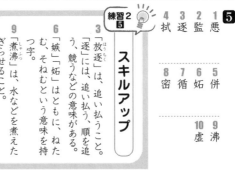

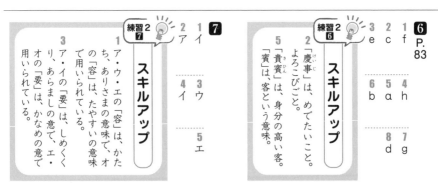

対義語・類義語
▼本誌P.90〜99

ウォーミングアップ P.90・91

1 P.90
1 暗愚
2 稚拙
3 恭順
4 強壮
5 枯渇
6 侮蔑
7 追随
8 今後
9 清澄
10 衰微

2
1 平癒
2 梗概
3 前途
4 逝去
5 踏襲
6 慶賀
7 配慮
8 幽閉
9 墨守
10 由緒

3 P.91
1 括
2 漆
3 敗
4 耗
5 融
6 念
7 配
8 侶
9 日
10 出

4
1 余
2 舶
3 撤
4 践
5 窮
6 泰
7 駆
8 傘
9 辛
10 造

練習1 P.92〜95

1 P.92
1 ウ・エ
2 ア・エ
3 イ・ウ
4 イ・ウ
5 イ・エ
6 ア・ウ
7 イ・エ
8 ア・エ
9 ア・イ
10 ウ・エ
（いずれも順不同）

2 P.93
1 ウ・エ
2 ア・エ
3 ウ・エ
4 ア・イ
5 イ・ウ
6 イ・エ
7 イ・ウ
8 ア・イ
9 ア・イ
10 ウ・エ
（いずれも順不同）

3 P.94
1 ア こうきゅう　イ 暫時
2 ア ざんしん　イ 陳腐
3 ア そうしつ　イ 獲得
4 ア とうき　イ 下落
5 ア あいご　イ 虐待
6 ア けんめい　イ 愚昧
7 ア ぼんさい　イ 逸材
8 ア きょうりょう　イ 寛容
9 ア ふへん　イ 特殊
10 ア はんぼう　イ 閑散

4 P.95
1 ア けっしゅつ　イ 卓抜
2 ア そうへき　イ 両雄
3 ア けんじょう　イ 謹呈
4 ア しんぼう　イ 忍耐
5 ア かんきん　イ 幽閉
6 ア ろうらく　イ 懐柔
7 ア せっしょう　イ 交渉
8 ア そうちょう　イ 厳粛
9 ア もさ　イ 豪傑
10 ア ひめん　イ 解雇

練習2 P.96〜99

1 P.96
1 丁寧
2 愚鈍
3 分析
4 充足
5 寛大
6 憂慮
7 邪魔
8 匹敵
9 泰然
10 陶酔

2
1 点在
2 快諾
3 卑近
4 酷評
5 没落
6 紛糾
7 変遷
8 勘弁
9 富豪
10 厄介

スキルアップ（練習2 **1**）
3 「総合《そうごう》して考える」「分析《ぶんせき》して考える」のように文にして考えるとよい。考察の手段という点で対義語関係にある。

スキルアップ（練習2 **2**）
6 「紛糾《ふんきゅう》」の「紛」を「粉」にしないように注意。
8 「勘弁《かんべん》」の「勘」と、「堪忍《かんにん》」の「堪」を混同しないように注意。

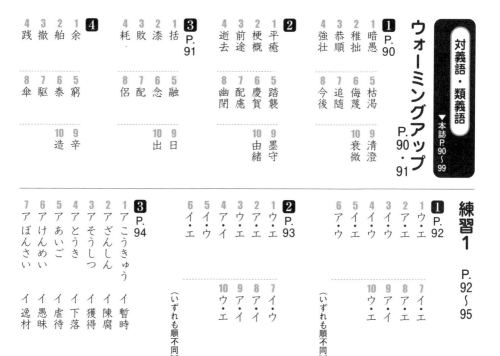

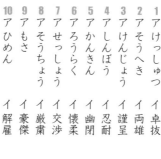

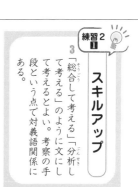

練習2

3 P.97

1 懲罰　2 濃厚　3 擁護　4 拙速　5 虚偽　6 倫理　7 浴槽　8 報酬　9 黙認　10 累計

スキルアップ　練習2 3

4「巧遅《こうち》」は、巧みではあるが遅いこと。「拙速《せっそく》」は、できあがりはまずいが仕事は速いこと。「巧遅より拙速を尊ぶ」という言葉がある。

4

1 酷寒　2 飢餓　3 慶祝　4 分割　5 簡潔　6 普請　7 撲滅　8 午睡　9 枢軸　10 堅固

スキルアップ　練習2 4

3「慶祝《けいしゅく》」は、よろこび祝うこと。

6「普請《ふしん》」とは、家を建てたり修理したりすること。

9「枢軸《すうじく》」とは、物事や活動の中心となる大切な部分のこと。特に、政治機関や権力の中心をいう。

5 P.98

1 哀悼　2 穏健　3 頑健　4 凝固　5 自生　6 窮乏　7 肯定　8 緒言　9 唐突　10 虚構

スキルアップ　練習2 5

1「哀悼《あいとう》」とは、人の死をかなしみいたむこと。

2「穏健《おんけん》」の「穏」を「隠」にしないように注意。

5「栽培《さいばい》」は、食用・薬用・観賞用に、植物をうえて育てること。「自生《じせい》」は、植物が自然に生え育つこと。

8「序文《じょぶん》」「緒言《しょげん》」ともに、本文の前におく文章という意味。

6

1 左遷　2 束縛　3 答申　4 陳腐　5 一斉　6 同僚　7 脈絡　8 親睦　9 威嚇　10 妊娠

スキルアップ　練習2 6

4「新奇《しんき》」は、目新しくもの珍しいこと。「陳腐《ちんぷ》」は、ありふれていて新しさがなく、つまらないこと。

7 P.99

1 汚濁　2 催眠　3 新鋭　4 妥結　5 罵倒　6 刹那　7 抄録　8 懸念　9 謀反　10 鼓舞

練習2 **7** スキルアップ

5 「罵倒《ばとう》」の「倒」を「到」としないように注意。

7 「抄」は、抜き書きするという意味を持つ漢字。

10 「激励《げきれい》」も「鼓舞《こぶ》」も、励ますことを表す。

8
1 縫合
2 軽侮
3 貫徹
4 尊大
5 中庸
6 伯仲
7 光陰
8 流浪
9 悠久
10 殊勲

練習2 **8** スキルアップ

3 「貫徹《かんてつ》」の「徹」を「撤」としないように注意。

5 「中庸《ちゅうよう》」とは、偏らず調和がとれていること。

7 「光陰《こういん》」とは、「月日。年月。時間。」という意味。

9 「悠久《ゆうきゅう》」は「永遠《えいえん》」に比べると、文語的な表現。

四字熟語 ▼本誌P.104〜115

ウォーミングアップ P.104・105

1 P.104
1 代
2 不
3 言
4 瞭
5 一
6 雲
7 果
8 骨
9 水
10 日
11 泰
12 蓋

2 P.105
1 万
2 千
3 百
4 四
5 千
6 百
7 九
8 万
9 三
10 一
11 五
12 二
13 八
14 七
15 百
16 二
17 六
18 一
19 三
20 九

練習1 P.106〜109

1 P.106
1 制
2 刻
3 援
4 呉
5 平
6 池
7 迅
8 鶏
9 生
10 薄

2
1 恥
2 妄
3 奔
4 転
5 岐
6 憂
7 瞭（了）
8 秋
9 花
10 来

3 P.107
1 枯
2 猛
3 尚
4 棄
5 忍
6 離
7 尽
8 髪
9 傲
10 閑

4
1 勧、
2 喝
3 鋭
4 騎
5 眺
6 就
7 浄
8 薄
9 躍
10 篤

5 P.108
1 涯
2 復
3 異
4 頭
5 慮
6 稽〔稽〕
7 粛
8 鯨
9 休
10 岐

6
1 垂
2 縛
3 偏
4 象
5 魂
6 廉
7 崖
8 双
9 拙
10 隠

7 P.109
1 玩味
2 正銘
3 管弦
4 端麗
5 割拠
6 熱願
7 大慈
8 経世
9 妙計
10 吉凶

8
1 無縫
2 伯仲
3 徹底
4 披露
5 辛苦
6 胆大
7 殺生
8 土崩
9 奮励
10 斬新

練習2

P.110〜115

1 P.110

1 激励
2 棒大
3 墨客
4 浮木
5 内剛
6 枝葉
7 和衷
8 神出
9 論功
10 夏炉

練習2 1 スキルアップ

3 「文人墨客《ぶんじんぼっかく》《ぼっきゃく》」は、詩文や書画などの風雅なものに携わる人のこと。

4 「盲亀浮木《もうきふぼく》」は、極めてまれなことのたとえ。

5 「外柔内剛《がいじゅうないごう》」は、外見は穏やかそうに見えるが、実際は意志が強いこと。

6 「枝葉末節《しようまっせつ》」は、本質から外れたささいなこと。どうでもよい部分。

7 「和衷協同《わちゅうきょうどう》」は、心を同じくして力を合わせて事に当たること。

10 「夏炉冬扇《かろとうせん》」は、夏の火鉢と冬の扇のことで、時季外れで無用なもの、役に立たないもののたとえ。

2

1 環視
2 必滅
3 幽谷
4 依然
5 喝采
6 徒手
7 教唆
8 緩急
9 抑揚
10 春宵

練習2 2 スキルアップ

1 「衆人環視《しゅうじんかんし》」は、多くの人がまわりで見ていることをいう。「環視」を「監視」としないように注意。

3 「深山幽谷《しんざんゆうこく》」は、人が踏み入れていない、奥深く静かな自然のこと。

9 「抑揚頓挫《よくようとんざ》」は、言葉の調子を上下させること。勢いが途中でくじける意味もある。

10 「春宵一刻《しゅんしょういっこく》」は、「春宵一刻値千金《あたいせんきん》」の略で、春の夜は何よりも趣深く、その一刻は何ものにもかえがたい価値があるということ。

3 P.111

1 悪口
2 朝令
3 面従
4 安寧
5 眉目
6 劣敗
7 諾諾(諾々)
8 青松
9 徒食
10 落胆

練習2 3 スキルアップ

2 「朝令暮改《ちょうれいぼかい》」は、命令や法令がすぐに変わって定まらないこと。「朝三暮四《ちょうさんぼし》」と混同しないように注意。

3 「面従腹背《めんじゅうふくはい》」は、表面だけ服従するふりをして、内心は反抗していること。

7 「唯唯諾諾《いいだくだく》」とは、何事も迷わず他人の言いなりになるさま。

8 「白砂青松《はくしゃせいしょう》《はくさ》」は、美しい海岸の景色のことで、白い砂と青々とした松が続く海岸線をいう。

9 「無為徒食《むいとしょく》」は、何もしないで、ただぶらぶらと日を過ごすこと。

4

1 暖衣
2 先憂
3 抜本
4 謹厳
5 内疎
6 無双
7 御免
8 玉食
9 衝天
10 集散

練習2 4 スキルアップ

1 「暖衣飽食《だんいほうしょく》」は、物質的に何の不足もない満ち足りた生活をすることをいう。

4 「謹厳実直《きんげんじっちょく》」は、極めて慎み深く誠実で正直なこと。「謹厳」を「謹言」としないように注意。

5 「内疎外親《ないそがいしん》」は、外見は親しそうにしているが、内心では疎んじていること。

6 「国士無双《こくしむそう》」は、国内に比べる者がないほどすぐれた人物のこと。「無双」は並ぶ者がない意。

8 「錦衣玉食《きんいぎょくしょく》」は、ぜいたくな生活、富貴な身分という意味。「錦衣」はきらびやかな衣服、「玉食」は上等な料理の意。

5 P.112

1 妄想
2 貫徹
3 果敢
4 潔斎
5 堅固
6 普遍
7 禍福
8 簡単
9 懇切
10 妖怪

練習2 5

スキルアップ

4 「精《しょう》進《じん》潔《けっ》斎《さい》」とは、肉食や飲酒を断ち、行いを慎んで身を清めること。

5 「要《よう》害《がい》堅《けん》固《ご》」とは、地形が有利で、敵に対する備えがかたいこと。

6 「普《ふ》遍《へん》妥《だ》当《とう》」は、どんな場合にも真理として承認されること。「不偏」としないように注意。

7 「禍《か》福《ふく》得《とく》喪《そう》」とは、わざわいにあったり、幸いにあったり、成功して出世したり、位を失ったりすること。

6

1 酌量
2 喪志
3 氷人
4 湯池
5 卓説
6 延命
7 巧言
8 遺憾
9 虚虚（虚々）
10 博覧

練習2 6

スキルアップ

3 「月《げっ》下《か》氷《ひょう》人《じん》」とは、婚姻の媒酌人をいう。

4 「金《きん》城《じょう》湯《とう》池《ち》」とは、守りが堅固で攻めるのが難しい城をいう。他が侵害しにくい勢力範囲という意味でも使う。

7 「巧《こう》言《げん》令《れい》色《しょく》」は、愛想のよいことを言ったり、顔色をつくろって、人にこびへつらうこと。「好言」「広言」などとしないこと。

9 「虚《きょ》虚《きょ》実《じっ》実《じつ》」とは、互いに計略や技の限りを尽くして戦うこと。

---

7 P.113

1 奔放
2 津津（津々）
3 会釈
4 虎皮
5 隻語
6 唯一
7 喜色
8 孤城
9 南船
10 晴耕

練習2 7

スキルアップ

4 「羊《よう》質《しつ》虎《こ》皮《ひ》」とは、見掛け倒しで中身が伴わないことのたとえ。

5 「片《へん》言《げん》隻《せき》語《ご》」とは、僅かな言葉、ほんのひと言ふた言。

8 「孤《こ》城《じょう》落《らく》日《じつ》」は、零落して昔の勢いを失い、助けもなく心細いさま。

9 「南《なん》船《せん》北《ほく》馬《ば》」とは、絶えず旅していること。似た四字熟語に絶えずあちこち走り回っている意味の「東《とう》奔《ほん》西《せい》走《そう》」がある。

8

1 再拝
2 壮語
3 豪傑
4 蛇尾
5 充棟
6 金科
7 放歌
8 理路
9 浅学
10 雄心

練習2 8

スキルアップ

1 「頓《とん》首《しゅ》再《さい》拝《はい》」は、相手への深い敬意を表す語。

3 「英《えい》俊《しゅん》豪《ごう》傑《けつ》」は、多くの中で特に優れた人物。「英俊」は人並みより秀で優れていること。また、その人。

5 「汗《かん》牛《ぎゅう》充《じゅう》棟《とう》」は、蔵書が非常に多いことのたとえ。

6 「金《きん》科《か》玉《ぎょく》条《じょう》」は、非常に大切なきまり。

7 「放《ほう》歌《か》高《こう》吟《ぎん》」とは、周囲を気にせず声高に詩歌を吟じたり歌を歌ったりすること。

10 「雄《ゆう》心《しん》勃《ぼっ》勃《ぼつ》」は、気持ちが盛んにわき立つさまを表す。

練習2

9 P.114

1 活殺・c
2 瓦鶏・e
3 唯我・a
4 気宇・d
5 乱麻・b

練習2 9 スキルアップ

4 「気宇《きう》」は、心構え、心の広さのこと。

5 「快刀《かいとう》」は切れ味のよい刀、「乱麻《らんま》」はもつれた麻糸の意。

10

1 花鳥・e
2 兼行・a
3 夢死・d
4 堆金・b
5 一紅・c

練習2 10 スキルアップ

3 「酔生夢死《すいせいむし》」は、酒に酔ったように生き、夢心地で死んでいく意から、何をなすこともなく、ぼんやりと生涯を過ごすことを表す。

11 P.115

1 異端・d
2 錦上・c
3 剛健・e
4 流転・b
5 比翼・a

練習2 11 スキルアップ

4 「生生《しょうじょう》」はものがつぎつぎと生まれ変化すること、「流転《るてん》」は絶えず移り変わる意。

5 「比翼《ひよく》」は、「比翼の鳥」で、雌雄の二羽が翼を共有して常に一体となって飛ぶという想像上の鳥のこと。「連理《れんり》」は、「連理の枝」で、根や幹は別だが、枝と枝が結合して一つになっているもの。男女の仲のよいことに例える。

12

1 連衡・c
2 落葉・e
3 流言・a
4 以徳・b
5 気炎・d

練習2 12 スキルアップ

1 「従」は縦、「衡」は横の意。縦(南北)の同盟と横(東西)の同盟を表している。

3 「流言《りゅうげん》」は根拠のないでたらめなうわさ。「飛語《ひご》」は世間に飛び交う根拠のない話。

5 「気炎」は燃えあがる炎のように盛んな意気のこと、「万丈《ばんじょう》」は非常に高く上がる意。意気込みの強さを、高く燃えあがる炎にたとえたもの。

送りがな

▼本誌P.122～129

ウォーミングアップ P.122・123

1

1 ア
2 ア
3 イ
4 イ
5 ア
6 イ
7 ア
8 イ
9 ア
10 ア
11 イ
12 イ
13 イ
14 イ
15 イ
16 イ
17 ア
18 ア
19 イ
20 ア
21 イ
22 ア
23 イ
24 イ
25 ア

練習1 P.124・125

1 P.124

1 与える
2 眺める
3 諦める
4 襲う
5 滞る
6 偏る
7 薫る
8 妨げる
9 遮る
10 誘う
11 併せる
12 挑む
13 顧みる
14 稼ぐ
15 繕う

2 P.125

1 あざむく
2 ののしる
3 おこたる・なまける（順不同）
4 おもむく
5 つむぐ
6 ひそむ・もぐる（順不同）
7 こばむ
8 すずしい・すずむ（順不同）
9 すすめる
10 かんがみる
11 まかなう
12 ほめる
13 みがく
14 みにくい
15 ためる

練習2 P.126～129

1 P.126・127

1 萎える
2 懇ろに
3 焦る
4 塞ぐ
5 狙う
6 若しくは
7 滴る
8 捉える
9 損ねる
10 埋もれ
11 駆ける
12 忍ばせる
13 更ける
14 忌まわしい
15 締める
16 妬む
17 紛らわしい
18 汚れ
19 兆し
20 蔑む
21 慈しむ
22 葬る
23 狭まる
24 嘆かわしい
25 淫〔淫〕らな
26 悼む
27 懐かしい
28 叱る
29 催す
30 瞬く
31 遡〔遡〕る
32 占める
33 綻びる
34 貪る
35 統べる
36 弄ぶ
37 装う
38 強いる
39 揺らぐ
40 秀でる
41 憩う
42 過ち
43 寂れ
44 契っ
45 卑しい
46 免れ
47 潤う
48 憎らしい
49 握る
50 虐げ

スキルアップ 練習2 **1**

2 「懇《ねんご》ろだ」は、「送り仮名の付け方」通則1の例外により、活用語尾を送るという本則が適用されないので注意。

6 接続詞は最後の音節を送るというのが本則だが、「送り仮名の付け方」通則5の例外により「若《も》しくは」と送る。

14 通則2の本則により、「忌《い》まわしい」は活用語尾以外の部分に他の語「忌む」を含んでいるので「忌む」の送りがなのつけ方によって「忌まわしい」と送る。

17 動詞の「まぎらす」「まぎれる」が、「紛らす」「紛れる」と送ることから考える。

27 「懐」は、「ふところ」のほかに、「なつ-かしい」「なつ-かしむ」「なつ-く」「なつ-ける」という訓があるので注意。

35 「統《す》べる」は下一段活用の動詞なので「べる」が活用語尾。

練習2

2 P.128・129

1 麗しい
2 潰れる
3 腫れる
4 抑え
5 偽っ
6 奉る
7 爽やかな
8 掲げる
9 醸す
10 嘲〔嘲〕る
11 匂う
12 籠もる
13 脅かす
14 培わ
15 貢ぎ
16 憤り
17 芳しく
18 雇う
19 唆す
20 臭い
21 詣でる
22 及ぼす
23 陥る
24 恭しく
25 羨ましい

26 彩る
27 戯れ
28 痩せる
29 辱め
30 疎んじら
31 巡り
32 傍ら
33 漏らす
34 哀れむ
35 阻む
36 懲らしめ
37 漬ける
38 奏でる
39 浮かれる
40 覆す
41 担ぐ
42 倣う
43 衰え
44 翻る
45 畳む
46 染みる
47 溺〔溺〕れる
48 穏やかな
49 剝〔剥〕がれる
50 煩わしい

スキルアップ

練習2 **2**

1 語幹が「し」で終わる形容詞は「し」から送るので、「麗《うるわ》しい」となる。

6 音節数は多いが、五段活用の動詞なので、最後の「る」が活用語尾。よって、「奉《たてまつ》る」と送る。

30 通則2の本則により、「疎《うと》んじる」は、活用語尾以外の部分に他の語「疎《うと》む」を含んでいるので「疎む」の送りがなのつけ方によって「疎んじる」と送る。

32 「傍《かたわ》ら」は、「送り仮名の付け方」通則3の例外により、名詞は送りがなをつけないという本則が適用されないので注意。「情け」「互い」「誉れ」「勢い」なども同様で、名詞だが最後の音節を送る。

43 活用のある語から転じた名詞はもとの語の送りがなのつけ方によるので、「衰《おとろ》える」→「衰《おとろ》え」となる。

同音・同訓異字

▼本誌P.132〜139

ウォーミングアップ P.132・133

1 P.132

1 エ
2 オ
3 イ
4 エ
5 ウ
6 ア
7 ウ
8 オ
9 エ

10 ア
11 ウ
12 エ
13 オ
14 ア
15 ウ
16 ウ
17 イ
18 オ

19 イ
20 ウ
21 オ

2 P.133

1 エ
2 オ
3 ア
4 ウ
5 エ
6 ア

7 ア
8 エ
9 イ
10 イ
11 ア
12 オ

13 ウ
14 エ
15 ア
16 ウ
17 イ
18 オ

練習1 P.134・135

1

1 症
2 礁
3 貼
4 嘲〔嘲〕
5 妄
6 耗
7 盲
8 惜
9 戚
10 籍
11 鎌
12 釜
13 申
14 唇
15 診
16 娠

17 徐
18 除
19 苛
20 寡
21 稼
22 籠
23 弄
24 透
25 騰
26 藤
27 搭
28 充
29 汁
30 柄
31 蔽〔蔽〕
32 弊

33 帥
34 遂
35 羨
36 煎〔煎〕
37 献
38 魂
39 懇
40 痕
41 恣
42 摯
43 諂
44 憤
45 粉
46 拳
47 鍵

練習2 P.136〜139

1 P.136

1 顧
2 省
3 鎮
4 沈
5 占
6 締
7 済
8 澄
9 諮
10 図
11 映
12 栄
13 噴
14 拭
15 割
16 裂
17 荒
18 粗
19 履
20 吐
21 押
22 推
23 乾
24 渇

スキルアップ（練習2 **1**）

1・2 回顧・反省する場合は「顧《かえり》みる」、反省する場合は「省《かえり》みる」。

3 文脈から「鎮圧《ちんあつ》」という熟語を連想して考えるとよい。

11 他のものとの関係で一段と美しく見えることをいうのは「映《は》える」。

12 「栄《は》え」は、光栄、名誉。

21 「横車《よこぐるま》を押《お》す」は、道理に合わないことを無理に押し通すこと。

---

2 P.137

1 戯
2 欺
3 偽
4 傘下
5 惨禍
6 賛歌
7 請願
8 誓願
9 法曹
10 包装
11 局地
12 極致
13 侵入
14 新入
15 信仰
16 振興
17 深更
18 新興
19 羞恥
20 周知
21 謁見
22 越権
23 究明
24 糾明

スキルアップ（練習2 **2**）

7 「請願《せいがん》」は、書類を出して希望を願い出ること。

8 「誓願《せいがん》」は、神仏に誓い願うこと。

9 「法曹《ほうそう》」は、法律事務に従事する者をいう。

17 「深更《しんこう》」は、夜中、夜更けの意。

20 「衆知《しゅうち》」（多くの人の知恵）と誤らないように注意。

21 「謁見《えっけん》」は、身分の高い人に会うこと。

24 罪・不正などを問いただし、明らかにすることを「糾明《きゅうめい》」という。

---

3 P.138・139

1 対称
2 対照
3 対象
4 教授
5 享受
6 渉外
7 障害
8 謹
9 慎
10 懸
11 賭（賭）
12 咽喉
13 淫（淫）行
14 縦隊
15 渋滞
16 店舗
17 塡（填）補
18 患
19 煩
20 接
21 継
22 気迫
23 希薄
24 強硬
25 恐慌
26 旋律
27 戦慄
28 絶
29 裁
30 領有
31 両雄
32 普請
33 不審
34 喚起
35 換気
36 概観
37 外患
38 更新
39 交信
40 後進
41 誇示
42 固辞
43 彫
44 掘
45 累進
46 塁審
47 摂取
48 窃取
49 尋
50 訪
51 臭
52 匂

スキルアップ（練習2 **3**）

6 「渉外《しょうがい》」は、団体や組織で、外部に対して連絡や交渉をすることをいう。

17 「塡補《てんぽ》」は「補塡《ほてん》」と同義。

20 切れているものをつなぎ合わせる意では、「接ぐ」を用いる。

34 「喚起《かんき》」は、呼び起こすこと。

36 「概観《がいかん》」は、ある物事の全体をざっと見わたすこと。また、だいたいの様子。

42 「固辞《こじ》」は、かたく辞退すること。

45 「累進《るいしん》」は、地位などが次々と上に進むこと、または数量の増加につれて、それに対する比率が増すことをいう。

48 「窃取《せっしゅ》」は、こっそりと盗み取ること。

51・52 「臭《にお》う」は悪臭に、「匂《にお》う」は芳香に使用する。

書き取り ▼本誌P.142〜161

ウォーミングアップ P.142・143

1 P.142
1 飢・飢餓
2 併・合併
3 瓦・瓦解
4 牙〔牙〕・毒牙〔牙〕
5 捜・捜査
6 湧・湧出
7 遮・遮断
8 貢・貢献
9 股・股間

2 P.143
1 諭
2 泣
3 髪
4 淫〔淫〕
5 遷
6 致
7 麓
8 且
9 紡
10 融
11 眉
12 釣
13 弾
14 坪
15 累
16 瞳
17 仲
18 窯
19 脅
20 面
21 秩
22 閲

練習1 P.144〜151

1 P.144・145
1 糧
2 拒否
3 生涯
4 苦慮
5 欺
6 麻
7 溝
8 眺望
9 横綱
10 繭
11 挨拶
12 培
13 情緒
14 漬
15 長唄
16 侮
17 慄然
18 繊細
19 水槽
20 蛍狩
21 利益
22 渋
23 実践
24 砂嵐
25 矛先
26 歯牙〔牙〕
27 誇
28 賄
29 貫徹
30 色艶
31 老若
32 尼僧
33 隅
34 斬新
35 循環
36 挑戦
37 幻
38 哲学
39 匿名
40 猫
41 風呂
42 冥福
43 脚韻
44 残骸
45 爪先
46 疎

2 P.146・147
1 顕著
2 畏怖
3 汚
4 椅子
5 障
6 一矢
7 解熱
8 洞察
9 押印
10 柿
11 渋面
12 韓国語
13 戯
14 惨敗
15 呪縛
16 形骸化
17 定
18 揮発
19 褒美
20 更迭
21 膝枕
22 訃報
23 妨
24 風鈴
25 辛抱
26 泥土
27 懲
28 間隙
29 疫病神
30 醜
31 蚊
32 崖下
33 桟橋
34 建立
35 旨
36 災
37 枠内
38 石臼
39 弔問
40 餌〔餌〕
41 唾
42 麺類
43 厄介
44 喪
45 緒
46 基

3 P.148・149
1 渓流
2 虎穴
3 靴
4 嗅〔嗅〕
5 堀
6 戻
7 脇腹
8 塚
9 進捗〔捗〕
10 逝去
11 邸宅
12 賭〔賭〕場
13 天井
14 箸〔箸〕
15 囲碁
16 岬
17 蔑視
18 柳
19 惨
20 闇夜
21 陳謝
22 矯正
23 怠惰
24 名刹
25 悟
26 撤去
27 明瞭
28 萎縮
29 下弦
30 肌身
31 端
32 誘
33 氾濫〔汎濫〕
34 哺乳瓶
35 比喩〔喻〕
36 募
37 酷似
38 貝殻
39 繕
40 慶事
41 幻滅
42 履修
43 産湯
44 蓋
45 癖
46 亀

4 P.150・151

1 顎
2 頭巾
3 扶養
4 郷愁
5 主賓
6 袖
7 衷心
8 賄賂
9 千羽鶴
10 瞳孔
11 犠牲
12 失踪
13 曖昧
14 整頓
15 陶冶
16 精緻
17 湧水
18 汎用
19 象牙〔牙〕
20 殉死
21 掃
22 藻
23 焦眉
24 蜂起
25 船舶
26 近郊
27 謎〔謎〕
28 凶刃
29 遮音
30 貪欲
31 舌鼓
32 補塡〔填〕
33 啓発
34 山麓
35 変貌
36 凄絶
37 芯
38 必須
39 旺盛
40 黒白
41 諦念
42 焼酎
43 楷書
44 妖艶
45 懇
46 寛容

練習2 P.152〜161

1 P.152・153

1 炊事
2 懸念
3 門扉
4 分析
5 僅〔僅〕差
6 均衡
7 偵察
8 鍋
9 銘柄
10 斑点
11 診断
12 涼
13 肖像
14 頰〔頬〕張
15 廃
16 肥沃
17 蜜蜂
18 雪辱
19 妥当
20 払底
21 漸次
22 懇切
23 据
24 俺
25 唾液
26 虹色
27 肘掛
28 眼
29 和睦
30 猛者
31 拉致
32 息吹
33 圧搾
34 陥
35 稽〔稽〕古
36 暫時
37 虐
38 罷免
39 賢察
40 外科
41 山裾
42 批准
43 危惧〔惧〕
44 命乞
45 罵倒
46 堆積
47 捻出
48 剝〔剥〕製
49 主催
50 棟上

スキルアップ 練習2 1

2 「懸念《けねん》」は、気にかかって心配に思うこと。

5 僅かの差を表す「僅差《きんさ》」は「近差」と誤らないように。

6 「均衡《きんこう》」は、バランス、つりあい。

16 「肥沃《ひよく》」の「沃」には土地が肥えるという「肥」と同じような字義がある。

21 「漸次《ぜんじ》」は、次第に、だんだんの意。**36**の「暫時《ざんじ》」と混同しないように注意。

39 「賢察《けんさつ》」は、相手が推察することを敬っていう言葉。

42 「批准《ひじゅん》」は、条約を国家が最終的に承認することや、その手続きをいう。

46 「堆積《たいせき》」は、積み重なること。同音異義語の「滞積」は、荷物や問題などが滞ってたまる限定的な意味を表すので、書き分けに注意。

練習2

2 P.154・155

1 思索
2 愚
3 愉快
4 胸襟
5 譲
6 迅速
7 応酬
8 隠蔽〔蔽〕
9 潤沢
10 双璧
11 治癒
12 浄財
13 勃興
14 洗濯
15 沸
16 弥生
17 俊敏
18 家畜
19 披露
20 辣腕
21 凝
22 償還
23 戸棚
24 携帯
25 悠長

26 払拭
27 鍵穴
28 勾配
29 鉄柵
30 腫瘍
31 音沙汰
32 痩身
33 恨
34 秘
35 餅〔餅〕
36 賜
37 砕
38 三昧
39 磨
40 熟
41 藍色
42 兵糧
43 悪寒
44 秀
45 歳暮
46 採譜
47 疎通
48 洞窟
49 目尻
50 翻

スキルアップ 練習2 2

4 「胸襟《きょうきん》」は、心の中。「胸襟を開く」で、打ちとけて心中を打ち明けることを表す。

19 「披露《ひろう》」の「披」は同音類字の「被」と書かないように注意。

20 「辣腕《らつわん》」は、物事を的確に処理する能力があること。

22 「償還《しょうかん》」は、借金・負債を返却することをいう。

25 「悠長《ゆうちょう》」は、ゆうゆうとしている様子、のんびりと落ち着いている様子。

28 「勾配《こうばい》」は、傾きの度合いのこと。「勾」を「匂」と書かないように注意。

42 敵の食糧補給路を断って戦闘力を弱める攻め方が「兵糧攻《ひょうろうぜ》め」。

46 「採譜《さいふ》」は、民謡などのメロディーを楽譜に書き取ること。

48 「洞窟《どうくつ》」の「窟」は同音類字の「掘」「屈」と書かないように注意。

3 P.156・157

1 漆黒
2 旦那
3 承
4 助太刀
5 犬猿
6 俳諧師
7 浦里
8 遺憾
9 草履
10 謹慎
11 喪失
12 僧侶
13 傲慢
14 苛烈
15 頭蓋骨
16 毀損
17 歌舞伎
18 頃合
19 遊説
20 腰痛
21 裾野
22 読経
23 穏便
24 湖沼
25 語彙

26 首肯
27 断崖
28 阻
29 市井
30 威嚇
31 参詣
32 覚醒
33 破綻
34 桟敷
35 施工
36 制覇
37 賠償
38 峡谷
39 甚大
40 余剰
41 相殺
42 撤廃
43 絡
44 担
45 審理
46 一斉
47 隙
48 謀
49 挫折
50 唆

スキルアップ 練習2 3

7 「浦里《うらざと》」は、海の近くにある集落、漁村のこと。「裏里」などとしない。

8 「遺憾《いかん》」は、心残りがして不本意なこと。「遺憾なく」は副詞で、心残りなく、十分に、の意。

14 「苛烈《かれつ》」は、厳しく激しいさま。類義語に「激烈《げきれつ》」「猛烈《もうれつ》」がある。

26 「首肯《しゅこう》」は、もっともだと認め、賛同すること。

29 井戸の近くには人が集まり、市が立ったことから「市井《しせい》」は、人や家が集まる場所を表す。

35 「施工《せこう》」は「しこう」とも読み、工事を行うこと。

4 P.158・159

1 鍛
2 擦
3 長蛇
4 脊椎
5 溺〔溺〕死
6 駒
7 憤
8 安閑
9 懐
10 偏見
11 督促
12 潰瘍
13 襟元
14 誰
15 定款
16 芳
17 兆
18 咽喉
19 勘当
20 便宜
21 奔走
22 玄人
23 捕捉
24 擬音
25 渇望

26 采配
27 叙勲
28 前立腺
29 雰囲気
30 便箋〔箋〕
31 忌
32 開眼
33 虚空
34 淫〔淫〕欲
35 由緒
36 双肩
37 忘却
38 和尚
39 浴衣
40 通暁
41 渦中
42 才媛
43 竜巻
44 謙遜〔遜〕
45 狙撃
46 憧憬
47 叱責
48 喉元
49 虎
50 玩具

練習2 4 スキルアップ

8 「安閑《あんかん》」は、何もせずにのんきにしている様子。安らかで静かな様子。

12 「潰瘍《かいよう》」は、皮膚・粘膜が炎症などで傷つき欠損した状態。「瘍」には「できもの」の字義がある。

15 「定款《ていかん》」は、会社や公益法人などの、組織や目的、業務内容に関する基本的な規則、その文書のこと。

24 「擬音《ぎおん》」の「擬」を同音類字の「疑」、異音類字の「凝」と書かないように注意。

27 「叙勲《じょくん》」は、功績・功労のあった人に勲等を授け、勲章を与えること。

36 「双肩《そうけん》」は、左右の肩のこと。比喩的に責任や任務を担う身の意味にも使う。

46 「憧憬《しょうけい》」は「どうけい」とも読む。

48 「喉《のど》」の「侯」の部分を「候」と書かないように。

5 P.160・161

1 葛〔葛〕藤
2 舷側
3 脳梗塞
4 慰
5 一蹴
6 膳
7 橋桁
8 幽囚
9 怨念
10 亀裂
11 錦
12 欧風
13 網棚
14 崇拝
15 洞穴
16 久遠
17 総括
18 疲弊
19 江
20 曽祖父
21 所詮〔詮〕
22 嫉妬
23 真珠
24 禁錮刑
25 拳

26 憂鬱
27 崩落
28 会釈
29 放免
30 神神（神々）
31 覆
32 薫陶
33 酌
34 柔軟
35 畿内
36 内股
37 戴冠式
38 腎臓
39 浄瑠璃
40 串焼
41 顎関節
42 詠
43 過
44 帰依
45 慈
46 数珠
47 窮状
48 礎
49 富貴
50 寄席

練習2 5 スキルアップ

2 「舷側《げんそく》」とは、船体の側面。

17 「総括《そうかつ》」は、個々のものを全体を見通してまとめること。

18 「疲弊《ひへい》」は、心身が疲れて弱ること。経済状態などが悪化し活力がなくなることにも使う。

27 「崩落《ほうらく》」は、崩れ落ちることのほかに、相場が急に下落することもいう。

32 「薫陶《くんとう》」は、優れた人格をもって人を感化すること。

44 「帰依《きえ》」は、仏の教えを信じ、すがること。

49 「富貴《ふうき》」は、金持ちで地位も高いこと。

書き取り 誤字訂正

▼本誌P.162〜171

ウォーミングアップ P.162・163

1 P.162

1 ア
2 ア
3 ア
4 イ
5 ア

6 ア
7 イ
8 イ

9 イ
10 ア
11 ア

2 P.163

1 複・復
2 共・享
3 選・染
4 殴・欧
5 廊・楼
6 擬・疑
7 基・軌
8 諸・緒
9 粧・装
10 職・飾
11 剤・済

12 参・傘
13 当・宛
14 缶・乾
15 帯・滞
16 線・遷
17 堕・惰
18 意・彙
19 策・索
20 骸・蓋

練習1 P.164〜167

1 P.164・165

1 因・姻
2 亭・廷
3 詰・喫
4 徴・懲
5 幾・畿
6 間・閑
7 信・振
8 講・購
9 賞・奨
10 予・余
11 債・催
12 疑・偽
13 官・冠
14 墾・懇
15 隆・立
16 偉・異
17 優・悠
18 礁・焦
19 滋・慈
20 弱・寂
21 粉・紛
22 名・銘
23 重・面

24 禁・菌
25 差・詐
26 付・赴
27 径・経
28 栽・裁
29 撤・徹
30 清・請
31 激・撃
32 蒸・醸
33 察・擦
34 虜・慮
35 理・履
36 淡・端
37 義・儀
38 脳・悩
39 勲・薫
40 好・恒
41 検・顕
42 気・機
43 玄・弦
44 準・准
45 功・貢
46 誘・融

2 P.166・167

1 陰・隠
2 勇・有
3 換・緩
4 率・律
5 壮・荘
6 並・併
7 意・遺
8 変・偏
9 交・好
10 生・性
11 魂・根
12 賢・健
13 謄・騰
14 暁・仰
15 環・還
16 神・森
17 邸・亭
18 徐・除
19 愛・哀
20 健・堅
21 偉・威
22 惰・駄
23 句・口

24 訟・証
25 速・促
26 荷・架
27 伏・服
28 豊・芳
29 盲・妄
30 半・伴
31 上・生
32 銘・明
33 化・嫁
34 勤・努
35 戦・選
36 鎮・沈
37 包・抱
38 尽・甚
39 方・法
40 補・舗
41 不・附（付）
42 提・呈
43 単・端
44 廃・敗
45 輩・排
46 型・潟

練習2 P.168〜171

1 P.168・169

1 放・倣
2 技・戯
3 肖・祥
4 有・裕
5 急・糾
6 閉・締
7 則・即
8 点・天
9 慢・漫
10 範・凡
11 奮・震
12 走・争
13 交・混
14 誤・過
15 応・旺
16 査・差
17 危・亀

18 受・請
19 景・詣
20 談・断
21 捜・踪
22 愉・喩〔喻〕
23 意・慰
24 触・障
25 体・袋
26 添・沿
27 養・擁
28 賞・彰
29 派・把
30 掲・携
31 悠・猶
32 否・秘
33 豊・宝
34 憂・幽
35 接・設

スキルアップ 練習2 1

2 遊びたわむれることには「遊《ゆう》戯《ぎ》」を用いる。「遊技」は遊びとして行う技のこと。特に、景品がかかった遊びや勝負事。

7 物事の状態にうまく対応しあてはまることには「即する」を用いる。「則する」はある事柄を基準としてそれに従うこと。(例)「法に則する」。

10 「凡例《はんれい》」は、書物の初めに編集方針やその使い方などを書いた文章のこと。

16 「輪禍《りんか》」は、電車・自動車・オートバイなどによる交通事故の災難のこと。

23 「弔慰金《ちょういきん》」は、死者を弔い遺族を慰める気持ちを込めて、遺族に贈るお金のこと。

32 「黙秘《もくひ》」は、何も言わないで黙っていること。「黙秘権」は、取り調べなどで自分に不利な供述を強制されない権利。

---

2 P.170・171

1 唯・維
2 掃・捜
3 異・違
4 覧・欄
5 ◯
6 勢・斉
7 歳・載
8 彩・栽
9 窮・糾
10 冒・暴
11 ◯
12 前・漸
13 行・衡
14 乗・剰
15 需・受
16 習・倣
17 譲・壌
18 疑・議

19 ◯
20 計・諮
21 広・公
22 折・切
23 相・双
24 路・賂
25 面・綿
26 痛・悼
27 互・誤
28 委・依
29 創・挿
30 ◯
31 掘・彫
32 泉・栓
33 破・覇
34 登・搭
35 頂・眺

スキルアップ 練習2 2

6 大勢がそろって同時に行うことには「一斉《いっせい》」を用いる。

16 ある物事を手本としてまねることは「倣《なら》う」を用いる。

20 「はか-る」の使い分けに注意する。「計る」は、主に数を数えたり、時間についての数値を得る時に使う。「諮る」は、専門家や他の人の意見を聞く、という意味。

26 「いた-む」の使い分けに注意する。「悼む」は、人の死を悲しみ、嘆くこと。「痛む」は、病気やけがによって、体に痛みを感じること。また「傷む」は傷ついたり破損したりすること。

実力完成問題 第1回

▼本誌P.172～177

一

1 ふじょ
2 いんせき
3 せんべい
4 こうばく
5 なんど
6 きひん
7 みぞう
8 まめつ
9 わかだんな
10 ていさつ
11 まんべん
12 しゅういつ
13 さいやく
14 ようえん
15 こさつ
16 ばいかい
17 しゅくぜん
18 こうずか
19 くんとう
20 おくびょう
21 つちか
22 むね
23 しりご
24 は
25 くき
26 はちみつ
27 きわだ
28 おごそ
29 かなめ
30 のら

二

1 丨
2 氵
3 口
4 月
5 至
6 木
7 大
8 車
9 儿
10 頁

三

1 エ
2 ア
3 イ
4 ウ
5 ウ
6 ウ
7 オ
8 エ
9 ア
10 エ

四 問1

1 定離
2 必衰
3 翼翼（翼々）
4 兼利
5 堅固
6 東奔
7 免許
8 唯唯（唯々）
9 馬耳
10 主客

四 問2

11 ク
12 ア
13 オ
14 コ
15 エ

五

1 献上
2 侮蔑
3 凡庸
4 秘匿
5 壮健
6 容貌
7 高慢
8 中枢
9 大患
10 熟睡

六

1 資格
2 刺客
3 一喝
4 一括
5 誤診
6 護身
7 周忌
8 臭気
9 障
10 触

七

1 募・模
2 的・適
3 待・滞
4 諸・庶
5 潜・染

八

1 侮っ
2 促す
3 惜しく
4 僅〔僅〕かな
5 辱める

九

1 炎症
2 贈呈
3 遺恨
4 懐疑
5 押収
6 釈明
7 渓谷
8 透徹
9 花瓶
10 該当
11 奨励
12 血痕
13 渦巻
14 稚児
15 殴
16 牙〔牙〕
17 鶏
18 削
19 常夏
20 装
21 血眼
22 眉唾物
23 鎌
24 縁
25 塞翁

実力完成問題 第2回

▼本誌P.178〜183

一

1 いんとうえん
2 はんかん
3 けんじ
4 しょうがん
5 きょうきん
6 ふきん
7 ぞうけい
8 こっきしん
9 せんかい
10 ほんりゅう
11 しゅくん
12 だらく
13 へいこう
14 じんりん
15 しゅんさい
16 たいひ
17 かっすい
18 あくへい
19 かんめん
20 いっ
21 はなお
22 ほうむ
23 くちはば
24 きざ
25 あわ
26 いさぎよ
27 なつ
28 ひじ
29 ほおば
30 かぐら

二

1 力
2 木
3 宀
4 心
5 目
6 方
7 耂
8 貝
9 殳
10 走

三

1 ア
2 ウ
3 オ
4 エ
5 ウ
6 イ
7 ウ
8 ア
9 イ
10 エ

四 問1

1 滅却
2 滑脱
3 踊躍
4 美俗
5 即妙
6 孤軍
7 是非
8 千載
9 危急
10 表裏

四 問2

11 エ
12 ク
13 オ
14 イ
15 キ

五

1 享楽
2 寡黙
3 緻密
4 挫折
5 勃興
6 沿革
7 畏敬
8 完璧
9 披露
10 厄介

六

1 既得
2 危篤
3 伯仲
4 白昼
5 抱擁
6 包容
7 転嫁
8 添加
9 盛
10 漏

七

1 憤・紛
2 踏・到
3 近・緊
4 周・羞
5 巧・効

八

1 励まし
2 憧れる
3 飽きる
4 汚らわしい
5 企てる

九

1 索引
2 融通
3 審議
4 覇気
5 還暦
6 謄本
7 韻律
8 過剰
9 苦衷
10 普請
11 親戚
12 脊椎
13 神酒
14 枕
15 瓦
16 罵
17 縫
18 奏
19 乏
20 殻
21 駆
22 剣
23 交
24 煮
25 雄弁

ふろく

都道府県名

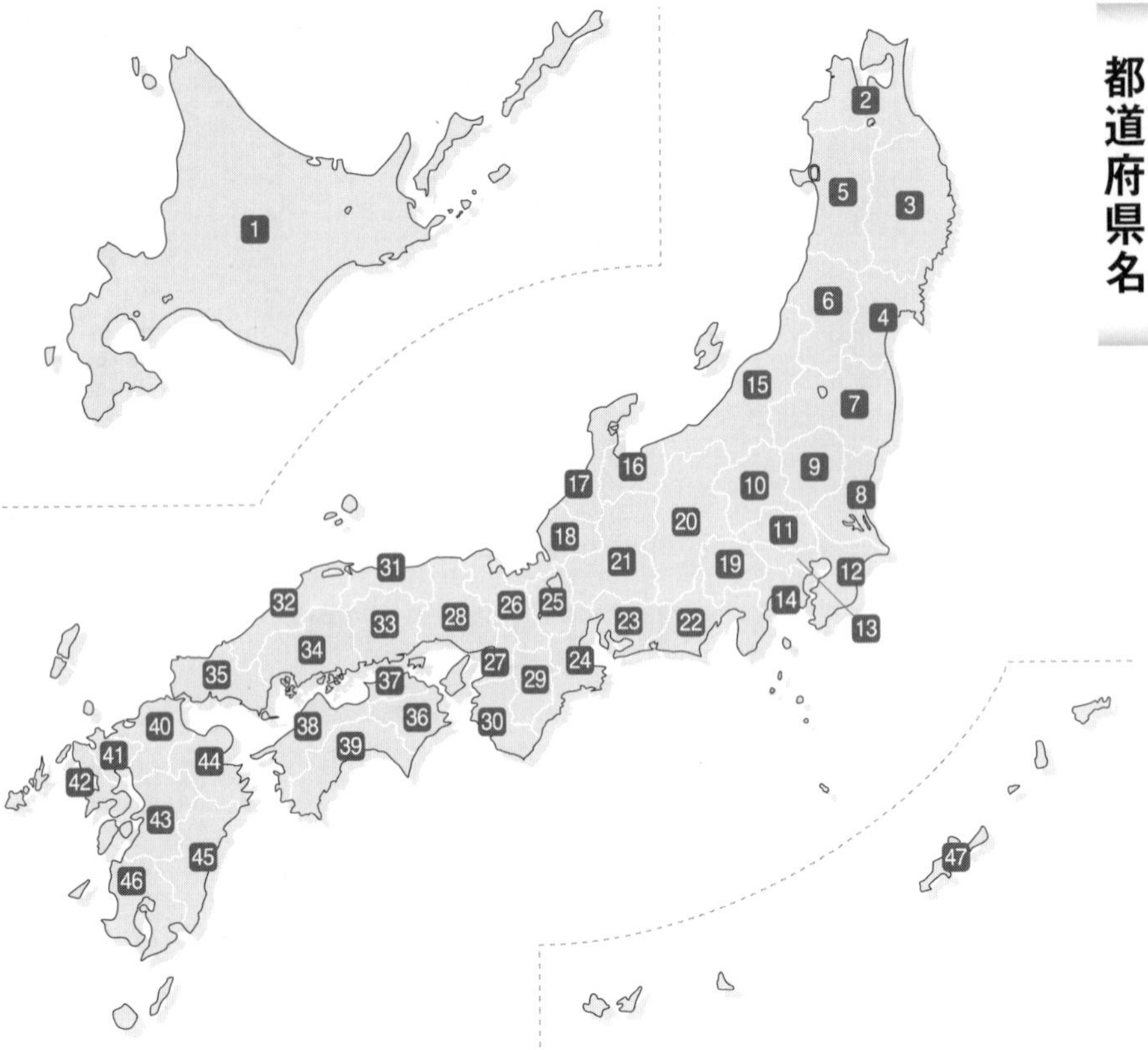

16	15	14	13	12	11	10	9	8	7	6	5	4	3	2	1
富山《とやま》県	新潟《にいがた》県	神奈川《かながわ》県	東京都《とうきょうと》	千葉《ちば》県	埼玉《さいたま》県	群馬《ぐんま》県	栃木《とちぎ》県	茨城《いばらき》県	福島《ふくしま》県	山形《やまがた》県	秋田《あきた》県	宮城《みやぎ》県	岩手《いわて》県	青森県《あおもりけん》	北海道《ほっかいどう》

32	31	30	29	28	27	26	25	24	23	22	21	20	19	18	17
島根《しまね》県	鳥取《とっとり》県	和歌山《わかやま》県	奈良《なら》県	兵庫《ひょうご》県	大阪《おおさか》府	京都府《きょうとふ》	滋賀《しが》県	三重《みえ》県	愛知《あいち》県	静岡《しずおか》県	岐阜《ぎふ》県	長野《ながの》県	山梨《やまなし》県	福井《ふくい》県	石川《いしかわ》県

47	46	45	44	43	42	41	40	39	38	37	36	35	34	33
沖縄《おきなわ》県	鹿児島《かごしま》県	宮崎《みやざき》県	大分《おおいた》県	熊本《くまもと》県	長崎《ながさき》県	佐賀《さが》県	福岡《ふくおか》県	高知《こうち》県	愛媛《えひめ》県	香川《かがわ》県	徳島《とくしま》県	山口《やまぐち》県	広島《ひろしま》県	岡山《おかやま》県